ÉTICA
PROFISSIONAL

O GEN | Grupo Editorial Nacional – maior plataforma editorial brasileira no segmento científico, técnico e profissional – publica conteúdos nas áreas de ciências sociais aplicadas, exatas, humanas, jurídicas e da saúde, além de prover serviços direcionados à educação continuada e à preparação para concursos.

As editoras que integram o GEN, das mais respeitadas no mercado editorial, construíram catálogos inigualáveis, com obras decisivas para a formação acadêmica e o aperfeiçoamento de várias gerações de profissionais e estudantes, tendo se tornado sinônimo de qualidade e seriedade.

A missão do GEN e dos núcleos de conteúdo que o compõem é prover a melhor informação científica e distribuí-la de maneira flexível e conveniente, a preços justos, gerando benefícios e servindo a autores, docentes, livreiros, funcionários, colaboradores e acionistas.

Nosso comportamento ético incondicional e nossa responsabilidade social e ambiental são reforçados pela natureza educacional de nossa atividade e dão sustentabilidade ao crescimento contínuo e à rentabilidade do grupo.

Antônio Lopes de Sá

ÉTICA PROFISSIONAL

10ª edição

Atualização
René Armand Dentz Junior

- O autor deste livro e a editora empenharam seus melhores esforços para assegurar que as informações e os procedimentos apresentados no texto estejam em acordo com os padrões aceitos à época da publicação, *e todos os dados foram atualizados pelo autor até a data de fechamento do livro*. Entretanto, tendo em conta a evolução das ciências, as atualizações legislativas, as mudanças regulamentares governamentais e o constante fluxo de novas informações sobre os temas que constam do livro, recomendamos enfaticamente que os leitores consultem sempre outras fontes fidedignas, de modo a se certificarem de que as informações contidas no texto estão corretas e de que não houve alterações nas recomendações ou na legislação regulamentadora.

- O autor e a editora se empenharam para citar adequadamente e dar o devido crédito a todos os detentores de direitos autorais de qualquer material utilizado neste livro, dispondo-se a possíveis acertos posteriores caso, inadvertida e involuntariamente, a identificação de algum deles tenha sido omitida.

- **Atendimento ao cliente: (11) 5080-0751** | faleconosco@grupogen.com.br

- Direitos exclusivos para a língua portuguesa
Copyright © 2019, 2021 (2ª impressão) by
Editora Atlas Ltda.
Uma editora integrante do GEN | Grupo Editorial Nacional
Travessa do Ouvidor, 11
Rio de Janeiro – RJ – 20040-040
www.grupogen.com.br

  Reservados todos os direitos. É proibida a duplicação ou reprodução deste volume, no todo ou em parte, em quaisquer formas ou por quaisquer meios (eletrônico, mecânico, gravação, fotocópia, distribuição pela Internet ou outros), sem permissão, por escrito, da Editora Atlas Ltda.

- Capa: Rejane Megale
- Imagem de capa: artisteer | iStockphoto
- Editoração eletrônica: Set-up Time Artes Gráficas
- Ficha catalográfica

CIP-BRASIL. CATALOGAÇÃO NA PUBLICAÇÃO
SINDICATO NACIONAL DOS EDITORES DE LIVROS, RJ

S11e
10. ed.

Sá, Antônio Lopes de
Ética profissional / Antônio Lopes de Sá; atualização René Armand Dentz Junior. – 10. ed. – [2. Reimpr.]. – São Paulo: Atlas, 2021.

ISBN 978-85-97-02122-6

1. Ética do trabalho. I. Dentz Junior, René Armand. II. Título.
19-55624
CDD: 174
CDU: 174

Vanessa Mafra Xavier Salgado - Bibliotecária - CRB-7/6644

Esta obra só poderia ser dedicada a um profissional que a personificasse como modelo de virtude e que, ao mesmo tempo, como colega, exercesse, para conosco, a plenitude da fraternidade.

Por isto, os esforços que despendi para produzi-la dedico ao

Prof. José Luis Lopes Marques

– amigo, colega, modelo de virtude.

Prefácio à 10ª Edição

Bem-vindos ao século XXI! Por mais que possa parecer atrasada a exclamação, ela se mostra ainda inserida em significativa tensão. O século XXI apresenta um mundo com enorme complexidade, onde o pensamento é desafiado constantemente a encontrar caminhos não trilhados, a inovar, a pensar diferente e a diferença. No entanto, o "mesmo", ou "mesmidade", como diria um importante filósofo do século XX, Emmanuel Lévinas, é insistente...

A complexidade em que vivemos se mostra na insuficiência de métodos antigos e de pensamentos arcaicos para encontrar soluções, mesmo que eles possam parecer o único e natural caminho e que se apresentem como única "salvação". Podemos notar esse movimento em três campos da existência e do saber, entre outros: na Religião, na Educação e nas Ciências Sociais Aplicadas. A Religião se mostra hoje como uma negação de fundamentos teológicos e de racionalidade, sustentando-se em elementos emocionais, a favor do bem-estar individual, como se fosse, em muitos momentos, um objeto de consumo. Como esse processo não pode ser dito e faz-se necessário retirar qualquer culpa (ou pecado!) do mesmo, ele se transveste em moral, moralismo, fundamentos últimos da existência humana, elementos imutáveis e vistos como absolutamente necessários ao bem comum. A tensão ou contradição está instaurada: o Cristianismo, por exemplo, que surgiu a partir de uma relativização da lei judaica, como uma proposta de radicalidade no outro, na diferença, morre. Não faz sentido afirmar a moral absoluta ao negar a diferença, o outro em sua subjetividade e liberdade.

Um movimento parecido verificamos na Educação. As escolas estão perdidas, não sabem lidar com um novo aluno que provém de uma nova configuração familiar e de um novo mundo. É verificável, por exemplo, grande insatisfação na escola, evasão e, ainda mais grave, índice crescente de suicídio e de automutilação. A família mudou, a relação edípica mudou, o conhecimento mudou, a tecnologia transformou. No entanto, as escolas ainda continuam insistindo em métodos arcaicos, achando que o real é que deve ser mudado em nome de um ideal (imaginário e paranoico). A saída encontrada por muitas é insistir em se tornar uma escola "forte", com métodos rígidos, com ensino "puxado", que prepara para o Enem, para o vestibular, para o mercado. O grande paradoxo é que este último, tido como parâmetro e uma divindade, não enfatiza mais conhecimentos técnicos e sim criatividade, inovação, pensar "fora da caixa", buscar novos mundos e novos pensamentos. Ou seja, mais uma vez a proposta afirmada se mostra fantasmagórica e cadavérica.

E as Ciências Sociais Aplicadas? Também vivem essa espécie de tensão. Em razão de um ensino, muitas vezes, "manualesco" (fundamentado apenas em manuais e videoaulas), cria-se um pensamento de que a complexidade do mundo pode ser pensada a partir de códigos e suas interpretações diretas. O problema é que a racionalidade de uma época é diversa de outra, além de muitas vezes os princípios constitucionais não serem respeitados mesmo a partir da aplicação da lei. Pensar a ciência social a partir dela mesma é uma enorme contradição, pois é um conhecimento *a posteriori*, existindo como resposta à sociedade, à época, à história e, sobretudo, a uma fundamentação filosófica (que se mostra comumente como "Ética"). Somente pudemos pensar o horizonte de Direitos Fundamentais, por exemplo, a partir da noção de sujeito e de liberdade advindos da Modernidade e que devem ser problematizados (e aprofundados!) com a constatação de um sujeito "pós-moderno". Assim como nos campos da Religião e da Educação, as Ciências Sociais correm o risco de não cumprir sua função: decisões são escritas a partir de elementos estranhos, paranoicos, como resposta de um Eu inconsciente, desejante de realizar seu gozo, muitas vezes metafísicos, de outros mundos... E que ferem os princípios constitucionais. Como afirma o juiz e doutor em Direito Processual, Alexandre Rosa: "É necessário, pois, desvelar que esse discurso opera, buscando-se as matrizes *condicionantes* (ideológica, criminológica, social, midiática etc.) e *inconscientes* que, definitivamente, fragmentam a função de julgar numa sociedade complexa, à margem do capitalismo, no qual o Direito Penal possui uma tarefa de *adestramento* estratégica. Desse 'dar-se conta', assim, em muito depende para que lado a atuação ocorrerá porque sob o disfarce da *neutralidade* não é mais possível se esconder: o *que importa não é ser neutro (se ninguém o é) ou engajado (já que todos são): é achar o engajamento certo e defendê-lo, sem frouxidão, nem sectarismo*".

Dentro desse cenário, é urgente o diálogo e o caminho do pensamento interdisciplinar e complexo. É o que presenciamos no presente livro "Ética profissional". As soluções não podem mais ser vistas como únicas e simplistas, pois o mundo não mais o é! Por isso, parece que a única forma de atestar o outro, em sua vulnerabilidade, é pensar de forma singular, complexa e diversa! Assim, as diferenças emergem, aparecem em sua subjetividade corpórea. Nesse caminho, também, podemos afirmar a autonomia dos sujeitos contemporâneos a partir de suas diversas inserções: na Religião, no Gênero e no Trabalho. O novo mundo, ou "terra dois", como diria o psicanalista Jorge Forbes, é um mundo que tensiona as relações sociais, de transcendências, de sexualidade e do capital (como no trabalho), bem como as relações de poder entre as nações.

Assim, vivemos uma "Black Mirror", ou um espelho ou tela escura... Nossas projeções são quebradas, efêmeras e contraditórias. Parece ser nosso horizonte no século XXI aquele anunciado pelo filósofo italiano Gianni Vattimo: do *pensiero debole*, ou "pensamento fraco". O que nos resta é interpretar, uma atitude hermenêutica... O único deus que nos restou em um mundo desencantado parece ser Hermes, filho de Zeus e de Maia e o deus possuidor de diversificados atributos...

Para a 10ª edição tive a honra de contribuir com a inserção do capítulo "Ética do Perdão", que trata da importância do perdão na ética do século XXI.

René Armand Dentz Junior
Professor da PUC-MINAS
PhD Université de Fribourg/Suíça
Psicanalista e Filósofo
Membro do International Institute for Hermeneutics
www.renedentz.com.br

A Giuliana, Sofia e Beatriz.

Prefácio à 9ª Edição

Prezado leitor,

Tem sido escassa a literatura na área da Ética Profissional, embora seja este um campo imensamente abrangente, envolvendo a maioria das atividades.

A prestação de serviços é o ramo que mais cresce em todo o mundo e envolve a conduta humana nas diversas relações que tal participação social exige.

Daí a importância da matéria.

Ademais, a mudança vertiginosa que se operou nos costumes, após o advento dos avanços tecnológicos das comunicações e informações, merece revisões nos relacionamentos profissionais e um estudo racional sobre tais mudanças.

O presente trabalho enfoca uma ética de um mundo modificado, mas sem abandonar os estudos e reflexões dos clássicos.

É a minha contribuição, no meu cinquentenário de diplomação profissional, a toda a comunidade e notadamente aos mestres das Universidades que tanto lutam em face da ausência de uma bibliografia de maiores recursos neste particular.

Transfiro, para este livro, toda a minha experiência de meio século de diuturnos trabalhos profissionais, realizados no Brasil e no exterior, atendendo a uma vastíssima clientela.

Como continuo no exercício pleno das atividades, acredito que a evolução conceptual sempre haverá de progredir e, espero, revisando esta obra, como revisei dezenas de outras de nossa autoria, manter sempre o leitor informado sobre a atualidade científica e sobre o meu pensamento.

Busquei, pois, a clareza, ainda que, por algumas vezes, tivesse que voltar ao mesmo assunto, mas, sempre, variando aspectos.

Espero que o presente trabalho cumpra os grandes objetivos que me inspiraram a escrevê-lo.

Antônio Lopes de Sá

Sumário

Parte I – ELEMENTOS DE ÉTICA, 1

Introdução geral e primeira concepção de ética, 3
Sentido amplo de ética, 3
Variados aspectos de análise da ética no entendimento dos pensadores clássicos, 3
Estudos da ética pelos pensadores modernos, 7
Ética de Bergson, 8
Ética do valor de Scheler, Hartmann e Wagner, 10

Ética como doutrina da conduta humana, 13
Conduta humana, 13
Ética concebida como doutrina da conduta, 14
A ética empírica de Paracelso, 16
Ética científica e grandes pensadores, 18
Thomas Hobbes, 18
René Descartes, 19
Baruch Espinosa, 25
John Locke, 29
Gottfried Wilhelm Leibniz, 30
David Hume, 31
Immanuel Kant, 34
Jeremy Bentham, 36
Outros pensadores modernos e contemporâneos, 38
Conceito de ética científica de Giovanni Vidari, 40
Einstein e a visão ética, 41

Gênese, formação e evolução ética, 45
Bases mentais e conduta, 45
A ética de Carrel, 45
Determinismo genético e educação ética, 51
Influências ambientais, 52

Acumulação dos problemas no curso da existência, 54
Educação na família, como sustentáculo, 55
Controle na formação da consciência ética, 55
Gênese ética volvida aos ideais e imaginações construtivas, 56
Formação educacional sobre os contrastes entre modelos e realidade ética, 57
Ambiência despreocupada com a moral, 58

Consciência ética, 61
Introdução a um conceito de consciência ética, 61
Espírito, ego e consciência, 62
Aspectos da consciência ética, 65
Consciência subjetiva e consciência ética, 65
Reflexão transcendental e consciência ética, 66
Mundo interior e mundo exterior perante a consciência ética, 67
Estados especiais de manifestação da consciência ética, 70

Virtude como substância ética, 73
Conceito genérico e essencial de virtude ética, 74
Evolução conceptual de virtude e suas relatividades, 75
Efeitos e responsabilidades na prática da virtude, 78
Perfeição e virtude, 80
Caráter e virtude, 81

Dever perante a ética, 87
Gênese e natureza íntima do dever, 87
Sensibilidade para com o dever, 88
Compulsoriedade do dever, 90
Educação e dever, 90
Espírito e dever, 91
Vocação para o dever e conflitos entre vontade e compulsório, 92
O dever e o social, 93
Dever e racionalidade, 93

Vontade ética, 95
Vontade reflexa, 95
Tendência ética, 96
Instinto ético, 97
Atividade ideomotriz e ser ético, 99
Conflitos, vontade determinada e vontade livre, 100
Vontade integral, 101

Inteligência emocional e ética, 105
   Novas perspectivas da ética frente à ciência do "eu", 105
   O poder da emoção, 105
   Inteligência emocional e ética, 106
   Vícios sociais e o emocional, 107
   Educação ética e emoção, 108
   Diversidade emocional, 108
   Motivação e emoção, 109
   Hominização e ética, 110
   Empatia e ética, 111
   Crítica e emoção, 112

Conduta do ser humano em sua comunidade e em sua classe, 115
   Individualismo e ética profissional, 115
   Vocação para o coletivo, 119
   Classes profissionais, 121
   Código de ética profissional, 122
   Base filosófica dos códigos de ética profissional, 123
   Peculiaridades em um código de ética profissional, 124
   Puritanismo e ética profissional, 124
   Conduta individual e sucesso, 126
   Julgamento da conduta ética na classe, 128

Parte II – ÉTICA PROFISSIONAL, 131

Profissão e efeitos de sua conduta, 133
   Profissão em contabilidade, um exemplo expressivo, 134
   Valor social da profissão, 135
   Responsabilidade, utilidade e projeção profissional, 137
   Obstáculos à fama profissional e postura ética na defesa do direito de imagem, 138

Ética e profissão, 141
   Valor da profissão, utilidade e expressão ética, 141
   Especialização, cultura e utilidade profissional, 143
   Função social da profissão e ambiência social contemporânea, 145

Deveres profissionais, 151
   Conceito originário de dever profissional e escolha da profissão, 152
   Dever de conhecer a profissão e a tarefa, 154
   Dever da execução das tarefas e das virtudes exigíveis, 156
   Dever para com o micro e o macrossocial, 159

Ambiência e relações especiais no desempenho ético-profissional, 163
Aspectos especiais de relações profissionais, 163
Condutas gerais espaciais e de ambiência, 166
O profissional na ambiência do emprego, 168
Aspectos positivos na ambiência do emprego, 170
O profissional e a ambiência do autônomo, 171
Eticidade, conduta humana e atos institucionais, 173
Ética profissional nas ambiências empresariais, 174

Virtudes básicas profissionais, 179
Zelo – importantíssima virtude na execução da tarefa profissional: diligência, exercício do zelo, 179
Honestidade, virtude magna no campo profissional, 187
Virtude do sigilo, 194
Virtude da competência, 196

Virtudes complementares profissionais, 201
Orientação e assistência ao cliente – generalidades, 201
Ética na orientação e assistência: tipos humanos de clientes – erros do profissional perante utentes, 205
Ética do coleguismo, 212
Ética classista, 217
Ética e remuneração, 222
Ética da resposta, 226
Ética e evolução do conhecimento, 227
Ética e revide, 230
Ética da comunicação, 234

Ética da mentira, 237
Aspectos de uma lógica da mentira, 239
Proposições lógicas sobre os aspectos qualitativos da mentira, 240
Proposições lógicas sobre os aspectos quantitativos da mentira, 244
Dever ético, classes profissionais e mentira, 247
Ética profissional e mentira, 250
Simulação e ocultação total da verdade perante a ética profissional, 253

Considerações sobre a ética face aos modernos desafios científicos, 257
Interdisciplinaridade e evolução científica, 257
Realidade e ética, 258
Valor ético do compromisso com a vida e a ciência moderna, 261

Dever ético do conhecimento de si mesmo, 263
Vida consciente e ética, 266
Desafios, neurociência, biogenética, parapsicologia e ética, 268
Dever ético em ser presente, 269
Moderno ensaio teórico de Charon e implicações científicas, 271
Dever ético perante o desenvolvimento sustentável, 276
Equilíbrio desejável no comportamento humano e as conquistas da neurociência, 278

Ética do perdão, 283
Por uma fenomenologia do perdão, 284
O problema do perdão em *La mémoire, l'histoire, l'oubli*, 285
O testemunho e o perdão, 286
O perdão e o imperdoável?, 287
O perdão difícil e outros questionamentos, 290

Bibliografia, 297

PARTE I

ELEMENTOS DE ÉTICA

Introdução geral e primeira concepção de ética

Que devemos aceitar como Ética, por vezes também designada como Moral (nem sempre adequadamente), e qual sua moderna forma de ser entendida, enseja a compreensão geral sobre o que, de forma analítica, se possa desenvolver em uma obra sobre tal assunto.

A preocupação com tal ramo da Filosofia, considerado como ciência, também, é milenar, desde os trabalhos de Pitágoras, no século VI a.C., e se agasalha em manifestações remotas, quer em fragmentos que nos chegaram de escritos antiquíssimos, quer na obra específica de Aristóteles.[1]

Sentido amplo de ética

Em seu sentido de maior amplitude, a Ética tem sido entendida como *a ciência da conduta humana perante o ser e seus semelhantes.*

Envolve, pois, os estudos de aprovação ou desaprovação da ação dos homens e a consideração de valor como equivalente de uma medição do que é real e voluntarioso no campo das ações virtuosas.

Encara a virtude como prática do bem e esta como a promotora da felicidade dos seres, quer individualmente, quer coletivamente, mas também avalia os desempenhos humanos em relação às normas comportamentais pertinentes.

Analisa a *vontade* e o desempenho *virtuoso* do ser em face de suas intenções e atuações, quer relativos à própria pessoa, quer em face da *comunidade* em que se insere.

Variados aspectos de análise da ética no entendimento dos pensadores clássicos

Expostas essas ideias genéricas, é preciso esclarecer sobre os dois aspectos sob os quais tem ela sido aceita pelos estudiosos da questão, ou seja:

---

[1] Aristóteles. *Ética a Nicômaco*, *A política* e alusões em outros trabalhos seus.

1º Como ciência que estuda a conduta dos seres humanos, analisando os meios que devem ser empregados para que a referida conduta se reverta sempre em favor do homem. Nesse aspecto o homem torna-se o centro da observação, em consonância com o meio que lhe envolve.

Cuida das formas ideais da ação humana e busca a essência do Ser, procurando conexões entre o material e o espiritual.

2º Como ciência que busca os modelos da conduta conveniente, objetiva, dos seres humanos.

A correlação, nesse aspecto, é objetiva, entre o homem e seu ambiente. Os modelos, como valores, passam a guiar a estrutura normativa.

Tais critérios de entender possuem posicionamentos distintos em seus desenvolvimentos, embora possam parecer semelhantes.

O primeiro situa-se no campo do ideal e o segundo no das forças que determinam a conduta, ou seja, das causas que levam ao ato comportamental do ser.

Um estuda a essência ou natureza e, outro, os motivos ou relações que influem sobre a conduta.

Embora seja possível identificar tais posicionamentos, no aprofundamento das obras dos tratadistas, a realidade é que entrelaçamentos e mesclas diversas foram e ainda são operados.

Comum entre tais aspectos é, todavia, a análise do bem, como prática de amor em suas variadas formas; igualmente relevante destaca-se o da conduta respeitosa que evita prejudicar a terceiros, bem como ao próprio ser.[2]

Existem os que contestam, todavia, essa forma imprecisa de estudar o bem, ou ainda, objetivá-lo como um fenômeno em si mesmo (o que é) ou o que deve ser tomado como um modelo para uma finalidade ideal (o que deve ser objeto de vontade).

São detalhes da *forma sob a qual se estuda um mesmo objeto e que é o bem.*

Os que criticam essa duplicidade de enfoques alegam que uma coisa é estudar-se o bem como uma realidade (como algo concreto) e outra é a sua análise como meta a ser atingida ou vontade de sua prática.

---

[2] A definição de bem, de rara profundidade filosófica, nos dá Buda, quando o aceita como aquilo que não prejudica ao ser e nem a terceiros.

São aspectos de uma só coisa, mas, competentes para mudar a forma de tratamento no desenvolvimento de um tema, *embora considerada irrelevante ou como preciosismo, por escritores famosos da atualidade.*[3]

Sobre os fundamentos do "bem", dos procedimentos para a "prosperidade e paz das nações", realmente, parece ter sido Kung-fu-tse, Confúcio (551- 479 a.C.), o precursor de uma doutrina de grande repercussão (menor que Buda, mas representando a essência filosófica do que adviria).

Preocupado com a restauração de uma China dividida, ensejou reformas e implantou procedimentos (em meu modo de entender, é possível falar de uma Ética de Confúcio).

Estabeleceu o amor e a ética como bases (o Jen e o Li), tendo como fundamento o respeito ao próximo.

Sem admitir que os homens são iguais, porque desiguais são as inteligências e as sensibilidades, a doutrina repudiou a entrega do poder a homens ignorantes.

Admitiu que o Estado é que deve servir ao povo, que a família é a célula da sociedade, a propriedade um direito natural e a tirania uma doença política.

Os conceitos de moralidade pessoal e de uma para um governo, que Confúcio defendeu, como um reformador, sinalizaram para a prosperidade (crescimento econômico) como fórmula para o bem-estar das nações e do povo.

Narram as lendas que quando esse sábio assumiu a direção da cidade de Chuntu, realizou reformas estruturais que fizeram cessar a violência, os crimes, a corrupção e a desonestidade.

O processo de conduta que adotou fez com que as mulheres, como coração dos lares, fossem dóceis, leais, cheias de pudor e boa-fé (narra a lenda).

"Não faças aos outros aquilo que não queres que te façam" foi um dos verdadeiros axiomas da doutrina que esse iluminado pensador pregou, como regra pétrea da Ética do referido "Li".

Em assim lecionando não fez, senão, reforçar o respeito como representação material do amor.

Deu mais importância aos deveres éticos que às prerrogativas que pudessem gerar os relacionamentos e nasceu como filosofia e não como religião, como depois se tornaria.

---

[3] ABBAGNANO, Nicola. *Dicionário de filosofia*. São Paulo: Mestre Jou, 1982.

Foi adotado como "religião oficial" na dinastia Han (206 a.C.-220 d.C.), só decaindo com os regimes totalitários comunistas, quando das imposições antirreligiosas.

Se bem que, pouco antes de Confúcio, tenha nascido na Índia, com Mahavira (provavelmente 599-527 a.C.), um direcionamento filosófico rumo à Ética, não se pode afirmar que se trate verdadeiramente de uma racional organização de costumes ou procedimentos.

Parece-me temeroso considerar ter havido uma verdadeira "ética de Mahavira", mas não se pode negar que influenciou costumes quanto à conceituação da vida e algumas formas de proceder (que criaram raízes na Índia).

Tais pensadores, no Extremo Oriente, deixaram marcas relevantes, mas foi a Grécia clássica que apresentou um enfoque racional organizado sobre a conduta humana com profundas influências no mundo ocidental. Admito que os mais expressivos princípios de uma primeva Ética, entre os pré-socráticos, os tenha enunciado Demócrito, de Abdera (460-370 a.C.).

Quando Aristóteles (384-322 a.C.) afirmou que "para o homem não existe maior felicidade que a virtude e a razão"[4] situou tal pensamento no sentido de que a prática do bem (que deflui do exercício da virtude) é a felicidade e que ela deve ser praticada como ideal e como ato consciente.

É uma verdade aceita pelo grande pensador que bem caracteriza o aspecto ético, sob o prisma de uma realidade aceita como modelo de conduta racional.

Isto se confirma na asserção do mesmo filósofo, quando escreve que a felicidade é diferentemente concebida pelo leigo (forma empírica) e pelo sábio (forma científica)[5] e que o bem é o que se relaciona com o espírito e com a mente,[6] mas não apenas concebida, senão praticada, através da atividade virtuosa.[7]

Ao afirmar que *"pelos atos que praticamos em nossas relações com os homens nos tornamos justos ou injustos"* e que *"É preciso atentar, pois, pela qualidade dos atos que praticamos, porquanto de sua diferença se pode aquilatar a diferença de caracteres"*,[8] Aristóteles deixa claro que mesmo *as situações ideais não alcançam todo o valor se se não materializam pela conduta virtuosa.*[9]

---

[4] Aristóteles. *A política*. Livro IV, Cap. I.
[5] Aristóteles. *Ética a Nicômaco*. Livro I, 4.
[6] *Ibidem*, 8.
[7] *Ibidem*.
[8] Aristóteles. *Ética a Nicômaco*. Livro II, 1.
[9] Por virtude o mestre grego entende: "uma disposição de caráter relacionada com a escolha e consistente em uma mediana, isto é, a mediana relativa a nós, a qual é determinada por um princípio racional próprio do homem dotado de sabedoria prática" – em *Ética a Nicômaco*. Livro II, 6. Com isto desejava afirmar o que se tornou dito popular: "a

A *Ética das virtudes*, ou seja, a que considera como objeto de seu exame essa disposição da alma é a que explora Platão, estudando as funções da alma,[10] forma essa de desenvolver, que haveria de influenciar bastante os estudos dessa ciência e que ainda prevalece em nossos dias.[11]

Menos rigores empregam os filósofos estoicos na dissertação dessa matéria, pois apresentam a Ética como uma *conduta volvida à realidade de cada época, portanto, mutável.*[12]

Tal mutabilidade tem-se feito presente nas grandes alterações de concepções e de costumes, provocadas por efeitos contundentes, conceituais, provenientes das diversas ciências, como, por exemplo, os Princípios de Isaac Newton (século XVII), os de Darwin (sobre a origem do homem), os de Adam Smith (1759), os de Rousseau sobre o Contrato Social (1762), os de Freud (sobre o sexo), os de Pavlov (sobre os reflexos condicionados), os da Informática (na atualidade).

Em todos esses estudos filosóficos da questão, mesmo diante das mudanças do ambiente por alterações conceituais, observa-se que a preocupação é o homem, em suas formações espiritual e mental, com vistas aos seus procedimentos perante terceiros, mas sempre buscando praticar o que não venha a ferir ou prejudicar a quem quer que seja, inclusive o responsável pelo ato.

Estudos da ética pelos pensadores modernos

Os filósofos modernos buscaram inspirações remotas para seus estudos, mas aplicaram, alguns, certas doses de radicalismo, de acordo com suas preferências em entender o ideal do bem e da conduta do ser.

Não faltaram os que analisaram o bem como algo natural, inerente à alma, nem os que o encararam como autoafirmação do ser[13] e nem os que confundiram a lei e o Estado como as materializações do bem.[14]

---

virtude está no meio", ou ainda, é uma prática que depende do comedimento, sem paixões, sem excessos. Ele exclui, todavia, o "meio" que se relacione com sentimentos de paixão, de intemperança, em suma, de vícios e defeitos da alma, pois, para esses, o mestre não admite medianas.

[10] O estudo das funções é o que melhor objetiva a análise de um conhecimento; esta a razão pela qual desenvolvi toda a Teoria Geral do Conhecimento Contábil através de uma Teoria das Funções Sistemáticas do Patrimônio das células sociais.

[11] As obras de Platão, nas quais desenvolve o estudo das funções da alma, pela virtude, são basicamente *Filebo* e *A república*.

[12] Estobeu assim enfoca a questão (Ecl., II, 76, 3).

[13] Fichte (*Sitenlehre*, Introdução, parágrafo 9).

[14] Hegel (*Filosofia do direito*, parágrafo 258).

Particularizar[15] ou universalizar[16] o bem são tendências que se desenvolvem ainda no campo da ciência Ética, assim como as de avaliação dos agentes ativos e passivos.

Entender a ação ética, como o desejar assumir a Deus, este como algo infinito em virtude, foi, também, uma posição supremamente ideal que invadiu os estudos modernos dessa ciência.[17]

Existem muitos aspectos na filosofia moderna que abordam filigranas de um alicerce que não se conseguiu totalmente modificar em relação aos clássicos; apenas aprimorou-se e acrescentou-se algo, através dos maiores recursos de que hoje dispomos em face das evoluções tecnológicas e das ciências da mente, mas merecem o mais profundo respeito os escritos dos clássicos, ainda plenos de imensa sabedoria.

No pensamento moderno, todavia, merecem destaque alguns filósofos que se dedicaram ao assunto e sobre os quais vamos sucintamente tratar, seguindo uma ordem que não é a cronológica das ideias, mas as que nos parecem mais importantes no trato da questão, para uma plena compreensão de seus aspectos básicos.

Ética de Bergson

Henri Bergson[18] enfocou os estudos morais e éticos sob dois ângulos distintos a que denominou de *moral fechada* e *moral aberta*, como conceitos de suas razões.

Moral fechada, no entender desse filósofo, é a derivada do instinto, na preservação das sociedades em que se grupam os seres.

Ao comparar o comportamento derivado de uma inspiração religiosa com aquele da formação do indivíduo, esse filósofo termina por aceitar uma Ética do fim, ou seja, como finalidade a ser perseguida.

Admitindo a necessidade ou ideal de uma renovação moral, terminou ele por deduzir que existem forças que se destinam a promover essa mesma renovação, fazendo a apologia da intuição. Não foi sem razão que em Bolonha, em 1910, reafirmava que "não é necessário, para chegar à intuição, transportar-se para fora do domínio dos sentidos e da consciência" e que "A vida cotidiana poderá ser reanimada e iluminada".[19]

---

[15] Rosmini foi um dos que particularizaram, centrando tudo no ser, em sua obra *Principii della scienza morale*.
[16] Hegel (obra citada), Green (*Prolegomena to ethics*), Croce (*Filosofia della pratica*), entre outros.
[17] Sem com isto ser-se absolutamente moderno, pois, os clássicos também assim conceberam em diversos aspectos de suas obras.
[18] Filósofo francês nascido em 1859, em Paris, e falecido em 1941, prêmio Nobel que se notabilizou por sua Teoria da Evolução e estudos sobre a dimensão do espírito humano. De formação educacional nitidamente francesa, dedicou-se à Política, à Moral e à Religião, assumindo como base de sua filosofia a prevalência da intuição sobre o intelecto.
[19] BERGSON, Henri. Conferência feita no Congresso de Filosofia em Bolonha, em 10 de abril de 1911, publicada em *O pensamento movente*.

A aproximação do sentimento humano a uma perfeição que Deus criou, para o desempenho de uma conduta, parece-me ser o que se pode depreender do expressado por Bergson, em seus pensamentos comparativos com Aristóteles, Espinosa e outros, na tentativa de uma situação de seus estudos éticos.[20]

Apregooou uma posição de consciência na prática comportamental, com amplitudes de natureza temporal, quando afirmou que *"toda consciência é, pois, memória – conservação e acumulação do passado no presente. Mas toda consciência é antecipação do futuro"*.[21]

Explicou a condição futura, na mesma ocasião, afirmando: *"Consideremos a direção de nosso espírito a qualquer momento: veremos que ele se ocupa do que ele é, mas sobretudo em vista do que ele vai ser"*.

Deveras significativa para a Ética, entendo, sob o ponto de vista da explicação do comportamento humano, é a afirmativa de Bergson na mesma conferência referida: *"a vida consiste precisamente na liberdade inserindo-se na necessidade e utilizando-a em seu benefício"*.

Nesse conjunto de pensamentos reside toda a complexidade comportamental do homem, ao defrontar-se com a condição de liberdade, em contraposição com as limitações das necessidades para a vida. O objetivo, nessa luta humana, é sempre o de conseguir a eficácia, efeito este obtido com a riqueza, quando esta anula a necessidade.[22]

Com um espírito crítico acentuado, esse filósofo, em sua ansiedade de renovação social pelo comportamento humano volvido à liberdade e comportamento virtuoso e pragmático, não poupou os demais que pensaram diferentemente sobre a questão ética.

Defende ele a consciência como um superestado, além do próprio cérebro quando afirma: *"há infinitamente mais uma consciência humana, do que o cérebro correspondente"*.[23]

Com esta afirmativa defende a atividade ética dela defluente como relação entre o material e o espiritual.

Reconhece que o conhecimento da própria personalidade, do próprio ser, é mais difícil que aquele que dedicamos a saber sobre as coisas exteriores; com isto denunciou que a consciência pode, mesmo formada, nos ser difícil de uma universal compreensão sob certas circunstâncias,[24] logo, criando aspectos peculiares no estudo dos problemas éticos.

---

[20] *Ibidem.*
[21] BERGSON, Henri. Conferência Huxley feita na Universidade de Birmingham em 29 de maio de 1911, publicada no Huxley Memorial Lectures em 1914, sob o título de *Vida e Consciência.*
[22] Essas são também as bases da conclusão de nossa *Teoria geral do conhecimento contábil*, do ponto de vista da riqueza celular social. Veja-se nossa obra *Teoria geral do conhecimento contábil*, edição IPAT-UNA, Belo Horizonte, 1993.
[23] BERGSON, Henri. Em sua obra *Matière et memoire*, Paris, 1896, e Conferência "O Materialismo atual".
[24] BERGSON, Henri. *O pensamento movente* (Introdução).

A Ética de Bergson caracteriza-se, pois, por análises restritas ou fechadas e amplas ou abertas, mas denuncia um forte sentimento de respeito à consciência ética como regente da atividade ética[25] e uma forte ligação entre os fenômenos da matéria e do espírito.

Ética do valor de Scheler, Hartmann e Wagner

Em que pese a fama de Scheler,[26] a expressão de Hartmann,[27] como propulsores dos estudos sobre o valor, na Ética, é preciso dar destaque a Charles Wagner, autor da valiosa obra *Valor*, premiada pelo Ministério da Instrução Pública da França.

Os referidos autores desenvolveram estudos de rara expressão sobre o conceito de *valor* e que, segundo Abbagnano,[28] *veio substituir a noção de bem* que era a predominante nos domínios da Ética, mas poucos filósofos tiveram a virtude da clareza e da facilidade de expressão que Wagner empregou em seu trabalho premiado.[29]

Não se trata, é evidente, de uma obra com o teor habitual daquelas de teoria de ciências e nem de filosofia na sua linguagem habitual, mas de algo didático, ao alcance de todos, sobre os valores éticos.

Wagner enfoca a conquista da energia, o preço da vida, a obediência, a simplicidade, a guarda interior, a educação heroica, os começos difíceis, o esforço e o trabalho, a fidelidade, a jovialidade, a honra viril, o medo, o combate, o espírito de defesa, a bondade reparadora, formas comportamentais que considerou relevantes e o faz de maneira a ressaltar em tudo o valor como o que se deve eleger para a qualidade de vida.

É um estímulo à necessidade do valor que tanto foi defendido pelos grandes filósofos Scheler e Hartmann.

O trabalho de Scheler centrou-se no combate a uma ética material do bem, ou seja, aquela que considera este apenas como desejo ou vontade própria, sem que isto possa representar um efeito perante os agregados humanos.[30]

O valor é uma expressão de um aspecto de aferição sobre o que se elege, escolhe ou se atribui uma preferência (esse o sentido filosófico e que diverge daquele contábil, em que o valor é uma expressão de grandeza do fato patrimonial).

---

[25] Tais aspectos são analisados nesta obra em capítulos próprios.
[26] SCHELER, Max. Filósofo alemão, nascido em 1874 e falecido em 1928, autor da obra *O formalismo na ética e teoria material do valor*, em 2 volumes. Inspirou as obras da fenomenologia de Husserl e foi um grande crítico de Kant.
[27] HARTMANN, Edward Von. Filósofo alemão, nascido em 1842 e falecido em 1906, autor da *Filosofia do inconsciente*.
[28] ABBAGNANO, Nicola. *Dicionário de filosofia*.
[29] Tal obra seria traduzida para o português por Otoniel Mota, e publicada em 1918, sucedendo-se em milhares de exemplares editados pela Edições Melhoramentos de São Paulo.
[30] SCHELER, Max. *Formalismo na ética* e *Teoria material do valor*. 2 vols.

Quando o que se escolhe ou se elege torna-se um objetivo da vontade, quando a eleição se transforma em dever, torna-se um valor, dentro da acepção que lhe foi dada filosoficamente no campo da Ética.

Tal concepção não é de todo moderna, em suas bases, pois os estoicos, há milênios, já a possuíam na acepção dos objetos da escolha moral.[31] Só no século XIX, entretanto, é que o valor substitui a noção de bem nos estudos de Ética.

Scheler, todavia, o admitiu mesmo sob as condições de que não representasse uma aspiração.

Para ele, a Ética não se baseia nem na noção de bem, nem em aspirações desejadas, mas na *intuição emotiva dos valores, observados em suas diversas hierarquias*.

Hartmann segue, nesse pensamento, o que Scheler também defendeu como princípio: concebe uma *esfera ideal ética*.[32]

A defesa da hierarquia de valores não é só defendida, todavia, por esses ilustres pensadores, mas, também, por outros.[33]

Outras questões sobre o valor, na Ética, surgiram através dos estudos de seus aspectos, ou seja, se é algo conectado com o homem ou se é algo independente; se fundado no ressentimento[34] ou no "vital"[35] etc., ou seja, qual o parâmetro para a atribuição do "valor".

O relativismo dos valores transformou-se em uma escola de pensamento ainda em nossos dias prestigiada.

O valor como algo desejável, como norma e critério de juízo, como possibilidade de escolha inteligente, é aquele que modernamente é aceito no campo da Ética.

Até que ponto, todavia, a substituição conceptual de bem pela de valor poderá persistir e que vantagens reais pode trazer ao campo do raciocínio, não poderemos afirmar.

---

[31] Marco Túlio Cícero já empregava tais razões no campo da Ética em suas diversas obras dedicadas à questão.
[32] HARTMANN, Edward von. *Ethik*, 1926.
[33] Nietzsche, por exemplo.
[34] Tal como sempre pregou a Doutrina cristã.
[35] Tal como pretendeu quem mais revolucionou a questão e que foi Nietzsche.

Ética como doutrina da conduta humana

Como móvel de conduta humana, a Ética tem uma concepção de objeto da vontade ou das regras que a direcionam.

O bem, nesse caso, não se enfoca como algo básico de realidade ou perfeição, mas, sim, como o que passa a ser matéria nos domínios do volitivo.

A *vontade ética* torna-se nessa acepção um dos assuntos de grande importância, como núcleo de estudos.[1]

Conduta humana

Antes de entrarmos na questão, conveniente é que bem se esclareça o que o conceito *conduta* procura expressar, em sentido amplo, genérico.

A conduta do ser é sua resposta a um estímulo mental, ou seja, é uma ação que se segue ao comando do cérebro e que, manifestando-se variável, também pode ser observada e avaliada.

Como tais *respostas aos estímulos* não são sempre as mesmas, variando sob diversas circunstâncias e condições, não se deve confundir tal fenômeno com um simples *comportamento*.

O comportamento também é uma resposta a um estímulo cerebral, mas é constante, ou seja, ocorre sempre da mesma forma, e, nisto, diferencia-se da conduta, pois esta sujeita-se à variabilidade de efeitos.

No emprego de conceitos, pois, como *ação, atitude, comportamento, conduta*, existem diferenças que expressam razões também diferentes das consequências da influência do cérebro, sobre o que ocorre na materialização de seus estímulos.

---

[1] Sobre a vontade ética dedicamos um capítulo neste livro.

O que a Ética estuda, pois, é a ação que, comandada pelo cérebro, é observável e variável, representando a conduta humana.

Tais diferenças conceituais nem sempre são respeitadas e os termos podem ser encontrados para expressarem efeitos como se sinônimos fossem; em realidade, todavia, a partir do início deste século, começaram a apresentar as diferenças que podem ser detectadas.

A evolução conceptual é natural nas ciências e até no campo empírico; quanto mais evolui um conhecimento, tanto mais tende a ter mais e melhores conceitos.[2]

Ética concebida como doutrina da conduta

O estudo doutrinário a respeito do motivo que leva a produzir a conduta é um específico esforço intelectual; buscar conhecer o que promove a satisfação, prazer ou felicidade é, nessa forma de entender a questão, mais que analisar o bem como uma coisa isolada ou ideal, simplesmente.

Deixa-se o estado apenas estático, ou, como alguns expressam, "contemplativo" do bem, para conhecer as razões que levam ao mesmo e às conveniências que ditam as variações em torno dos estímulos mentais nessa mesma direção.

Não se busca, no caso, o exame do ideal, mas, sim, do que leva a produzi-lo.

A vida feliz, prazerosa, adequada, o bem-estar, pela racional prática da virtude,[3] a sociedade,[4] o Estado,[5] as posições hedonísticas etc., como ideais imaginados para o bem, como matérias que se tornaram objetos de estudos através da Ética, deixam de assumir o papel principal como objeto isolado de indagação, quando se busca o conhecimento da conduta, como prioridade.

Não é, pois, a coisa em si, mas como se pode consegui-la, quais os caminhos que à mesma conduzem que se torna o embrião do que se busca conhecer como verdadeiro, ou, pelo menos, lógico.

O que se torna predominante é a prática que o homem segue e que provoca os fenômenos, nessa forma de estudar-se a Ética.

---

[2] Os conceitos são palavras ou expressões que sintetizam ideias, ou seja, são representantes de muitos raciocínios em torno de um objeto, de um fenômeno ou mesmo de ideias.
[3] Tal como preconizou Aristóteles quando afirmou: "para o homem não existe maior felicidade que a virtude e a razão e que, ao mesmo tempo, por isso, deve regular sua conduta" (*A política*, Livro IV, Cap. II).
[4] Como imaginou ser Bergson e como neste livro discorremos na Introdução.
[5] Como desejava que fosse o grande filósofo Hegel.

O *bem* passa a ser uma decorrência do móvel da conduta, ou ainda, o que se consegue através de seguir-se tal ou qual direção.

Essa a forma que, já tradicionalmente, grande número de pensadores entende como certa e que difere, em alguns aspectos, daquela que em nossa Introdução expusemos, egressa de alguns outros clássicos e de alguns pensadores modernos e contemporâneos.

A Ética, como estudo da conduta, todavia, já é percebida em Protágoras,[6] quando em seus ensinamentos[7] pregava o que fazer para ser virtuoso perante terceiros.

A denominada *Ética da Conduta* ou *Ética do móvel*, tem inspiração milenar e já a encontramos nos pensadores clássicos, como nos referimos.

Xenofonte[8] indicou caminhos de ação do homem para que fossem observados de forma adequada, perante cada um dos aspectos de sua presença, ou seja, perante a divindade, os amigos, a sociedade, a pátria etc., cada um exigindo uma ação específica, uma conduta peculiar a ser observada.

Consciente como foi em relação à administração, não só militar, mas na vida prática do governo da riqueza para a satisfação das necessidades humanas, com grande objetividade, escreveu ele o que de sua experiência colheu.

Apresentou entendimentos de condutas que realmente nos parecem de uma lógica irrepreensível, como o que diz respeito à gestão do bem público, quando sugeriu que aquele que não sabe administrar sua casa não sabe, também, administrar o Estado.[9]

Os pensadores da época entenderam por Ética a ação virtuosa, desde que esta resultasse do consenso de todos, ou seja, fosse aceita como tal.

A Ética, como um estudo visando apresentar o que se deve buscar para que se sinta e se pratique o bem, hoje acolhida de forma relevante, também foi a forma de entender do pensamento da Idade Clássica, inclusive como veículo para o prazer ou felicidade,[10]

---

[6] Protágoras nasceu em Abdera, na Trácia, no ano 480 a.C.; reconheceu no respeito e na justiça as condições de sobrevivência e isto não é, senão, reconhecer o móvel ou caminho que leva ao bem, através da conduta.
[7] Segundo consta, através da História, foi Protágoras o primeiro professor remunerado, dedicando-se ao magistério como meio de vida. A ele se atribui também o pensamento pelo qual se notabilizou: "O homem é a medida de todas as coisas".
[8] Xenofonte, nascido em 427 a.C., discípulo dileto de Sócrates, filósofo, escritor, general, indicou vários fatores que levam à conduta ética, dentre eles a veneração pelos Deuses, o benefício para os amigos, a utilidade para com a sociedade, a prática do bem para com a Pátria.
[9] Xenofonte, em seu livro *O econômico*, Capítulo XIII, item 5.
[10] Tal foi a forma de apresentar a matéria nos pensamentos de Aristipo, Epicuro etc.

mas, no decorrer do tempo, arrefeceu-se na Idade Média, para, depois, tomar nova força quando do Renascimento.[11]

A ética empírica de Paracelso

Embora sem adquirir notoriedade no campo da Ética, mas acolhendo reflexões e lições da sabedoria antiga, Paracelso (1493-1541) firmou pilares derivados de sua própria experiência.

A consideração das máximas do referido homem de ciência tem seu valor inequívoco como conhecimento do ponto de vista de um ser que marcou sua época e inaugurou uma nova etapa na Medicina (foi quem introduziu como medicamentos os elementos químicos extraídos de plantas e minerais, inaugurando nova era no campo farmacêutico).

É sempre útil julgar os pensamentos considerando quem os emite.

O famoso suíço Paracelso[12] (cujo nome era Phillipus Aureolus Theophrastus Bombastus von Hohenheim) foi médico (diplomando-se aos 17 anos), alquimista, físico e astrônomo, logo, um ser dedicado ao conhecimento e preocupado com a vida humana e o bem-estar dos seres.

Associando a teoria à prática e especializando-se através de pesquisas e reflexões, ganhou crédito não só profissional, mas, também, intelectual, aderindo principalmente aos pensamentos de Pitágoras e Platão, tão como a uma certa classe de hermetismo, embora recusando a magia, sem, contudo, deixar de apelar para simbologias e coisas afins.

Consta que Paracelso afirmou que a Medicina só estaria completa quando se associasse o estudo do corpo àquele do espírito.

Entendeu que os processos biológicos são de natureza química, afetando o cérebro e, portanto, o comportamento humano, mas, também, que há uma energia que a isso tudo aciona.

A saúde como dependente da energia atuante sobre o corpo, a importância da confiança na cura e a interação do homem com o seu ambiente foram um começo de "holismo" no campo da Medicina que Paracelso inaugurou há cerca de 500 anos.

---

[11] Lorenzo Valla, italiano, nascido em 1405 e falecido em 1457. Filósofo e historiador, parece ter sido quem pela primeira vez, em sua obra *De voluptate*, faz ressurgir a filosofia de Epicuro, de Aristipo, no que tange ao Prazer como móvel ou caminho para a conduta na vida.

[12] O apelido *Paracelso* significa maior que Celso, este que foi um dos mais notáveis médicos da Roma antiga.

Esse valoroso intelectual admitiu que ao médico era imprescindível reconhecer a ação da natureza invisível no doente (estado espiritual), como também a ação que o remédio provoca no campo energético, agindo sobre o corpo.

A constante peregrinação por centros de cultura em diversas nações outorgou a Paracelso crédito não só quanto às suas profissões, mas, também, como observador do comportamento humano.

De sua lavra são as seguintes máximas como "deveres" e bases de uma "consciência ética":

Banir absolutamente de teu ânimo, por mais razões que tenhas, toda a ideia de pessimismo, vingança, ódio, tédio, ou tristeza.

Fugir como da peste ao trato com pessoas maldizentes, invejosas, indolentes, intrigantes, vaidosas ou vulgares e inferiores pela natural baixeza de entendimentos ou pelos assuntos sensualistas, que são a base de suas conversas ou reflexos dos seus hábitos.

A observância desta regra é de importância DECISIVA; trata-se de transformar a contextura espiritual de tua alma. É o único meio de mudar o teu destino, uma vez que este depende dos teus atos e dos teus pensamentos.

O acaso não existe.

Faze todo bem ao teu alcance.

Auxilia a todo o infeliz sempre que possas, mas sempre de ânimo forte.

Sê enérgico e foge de todo o sentimentalismo.

Esquece todas as ofensas que te façam, ainda mais, esforça-te por pensar o melhor possível do teu maior inimigo.

Tua alma é um templo que não deve ser profanado pelo ódio.

Recolhe-te todos os dias a um lugar onde ninguém te vá perturbar e possas, ao menos durante meia hora, comodamente sentado, de olhos cerrados, NÃO PENSAR EM COISA ALGUMA. Isso fortifica o cérebro e o espírito e por-te-á em contato com as boas influências. Neste estado de recolhimento e silêncio ocorrem-nos sempre ideias luminosas que podem modificar toda a nossa existência. Com o tempo, todos os problemas que parecem insolúveis serão resolvidos, vitoriosamente por uma voz interior que te guiará nesses instantes de silêncio, a sós com a tua consciência. É o DEMÔNIO de que SÓCRATES falava. Todos os grandes espíritos deixaram-se conduzir pelos conselhos dessa voz íntima. Mas, não te falará assim de súbito; tens que te preparar por algum tempo, destruir as capas superpostas dos velhos hábitos, pensamentos e erros, que envolvem o teu espírito, que, embora divino e perfeito, não encontra os elementos que precisa para manifestar-se.

A CARNE É FRACA e deves guardar em absoluto silêncio todos os teus casos pessoais. Abster-se, como se fizesses um juramento solene, de contar a qualquer pessoa, por mais ínti-

ma, tudo quanto penses, ouças, saibas, aprendas ou descubras. É UMA REGRA DE SUMA IMPORTÂNCIA.

Não temas a ninguém nem te inspire a menor preocupação ao dia de amanhã. Mantém tua alma sempre forte e sempre pura e tudo correrá e sairá bem. Nunca te julgues sozinho ou desamparado; atrás de ti existem exércitos poderosos que tua mente não pode conceber.

Se elevas o teu espírito, não há mal que te atinja.

Só a um inimigo deves temer: A TI MESMO.

O medo e a dúvida no futuro são a origem funesta de todos os insucessos; atraem influências maléficas e, estas, o inevitável desastre. Se observares essas criaturas que se dizem felizes verás que agem instintivamente de acordo com estas regras. Muitas das que alegam que possuem grandes fortunas podem não ser pessoas de bem, mas possuem muitas das virtudes acima mencionadas. Demais, riqueza não quer dizer felicidade; pode se constituir em um dos melhores fatores, porque nos permite a prática de boas ações, mas, a verdadeira felicidade só se alcança palmilhando outros caminhos, veredas por onde nunca transita o velho Satã da lenda, cujo nome verdadeiro é EGOÍSMO.

Não te queixes de nada e de ninguém. Domina os teus sentidos, foge da modéstia como da vaidade; ambas são funestas e prejudiciais ao êxito. A modéstia tolherá tuas forças e a vaidade é tão nociva como se cometesses um pecado mortal contra o ESPÍRITO SANTO. Muitas individualidades de real valor tombaram das altas culminâncias atingidas, em consequência da Vaidade.

Ética científica e grandes pensadores

A forma de entender a conduta humana, em favor da vida do homem, a partir dos caminhos básicos que deve assumir, variou, no tempo, em relação a diversos ilustres pensadores.

Para que se tenha uma ideia sobre a evolução do raciocínio em torno do assunto, apresentamos alguns dos autores que merecem consideração, embora não a totalidade dos que se esforçaram por desenvolver tal conhecimento.

Visamos oferecer mais um elenco de esforços aplicados para construir a doutrina ética e realizar uma organização rigorosa e histórica.

Thomas Hobbes

Hobbes[13] entendeu que o básico na conduta é *"a conservação de si mesmo"*, como o bem maior.

---

[13] Thomas Hobbes, filósofo inglês, materialista, adepto do egoísmo e do despotismo, nascido em 1588 e falecido em 1679, cuja obra principal é intitulada *Leviatã*.

Em sua obra não apresentou a matéria dentro das convenções epistemológicas, nem com uma lógica que pudesse ser classificada como rigorosamente científica, mas emitiu suas opiniões filosóficas com convicção suficiente para que se pudesse avaliar sua forma de entender a *conduta*.

Assim, por exemplo, escreveu: *"O medo da opressão predispõe os homens para antecipar-se, procurando **ajuda na associação**, pois não há outra maneira de assegurar a vida e a liberdade"*.[14]

Todavia, não aceita ele apenas a união como um fator que conduz a proteção e conservação da existência, mas, sobretudo, dentro dela, o respeito que entre si devem guardar os seres, tutelados por um Poder que torne possível tal condição. Escreveu, sobre a questão, o seguinte: *"os homens não tiram prazer algum da companhia uns dos outros (e sim, pelo contrário, enorme desprazer), quando não existe um poder capaz de manter a todos em **respeito**"*.[15]

Conclui, sobre a existência de três causas fundamentais da *discórdia* entre os participantes de um grupo: *"Primeiro, a **competição**; segundo, a **desconfiança**; e terceiro, a **glória**"*.[16]

Atribui aos interesses pelo lucro, pela segurança e pela reputação a existência dos referidos elementos que produzem móveis de uma ação *antiética*.

Defende objetivamente a **liberdade**, a **justiça**, o cumprimento das **promessas ou acordos** feitos entre os seres e atribui ao descumprimento o sabor da culpa.

Aduz, dentre outros, como deveres naturais, sujeitos a leis da natureza, *a complacência, o perdão aos arrependidos, a punição como preservação do bem futuro, fazendo a apologia da paz*.

Nas conclusões, todavia, de seu livro, tais são as justificativas que apresenta, com temor de ofensa ao Poder e à religião, que sugere a reflexão sobre o que poderia ter dito e exposto se tais limites não tivessem reduzido a força de sua obra.[17]

René Descartes

Poucas inteligências se equipararam à de Descartes (1596-1650) no século XVII e raras à dele se nivelaram até hoje.

---

[14] HOBBES, T. *Leviatã*. Cap. XI.
[15] *Ibidem*. Cap. XIII.
[16] *Ibidem*.
[17] Tais temores vamos encontrá-los em muitos outros autores, inclusive em alguns que o confessam veladamente, também, como Descartes. A pressão e o controle da religião e de certos homens do Poder influíram negativamente na liberdade de expressão, com sérios prejuízos para a evolução intelectual e da ciência e a Ética não escapou a tais barreiras. Espinosa, de que vamos tratar, foi excomungado pelo fanatismo religioso católico, em 1656, um dia depois em que também se decretava a falência do famoso artista Rembrandt.

Afeito às matemáticas, às ciências, não se limitou à frieza dos números nem à dos fatos.

Já no fim de sua vida, com uma apreciável visão sobre o ser humano, em seus derradeiros escritos, sobre as *As paixões da alma* (1646), edificou lições expressivas de sabedoria (disciplinadas em artigos, como se uma lei fosse) sobre o comportamento para conosco mesmo e perante nossos semelhantes.

Elucidou que a denominação *paixão*, empregada filosoficamente, equivalia a *comportamento emocional*, ou seja, a tudo o que se faz ou acontece com a pessoa em defluência da ação da alma, destacando alguns aspectos relativos aos sentimentos e às vontades.

Partiu do princípio de que as propriedades do espírito não se devem confundir com as da matéria, afirmando que *"as paixões da alma devem ser distinguidas das funções desta com aquelas do corpo"*.

Entendeu, todavia, o iluminado mestre que só os nossos pensamentos se ligam à alma e que esses se dividem em ações desta e nos *comportamentos* ou *paixões*.

Ensinou que a maioria das vontades é determinação anímica e que esta independe do corpo, afirmando, todavia, que *"a alma é de uma natureza que nenhuma relação tem com a extensão, dimensões e outras propriedades da matéria de que se compõe o corpo, mas, apenas com todo o conjunto dos órgãos deste"* (artigo 30).

Estabeleceu, pois, uma ligação *"funcional"* entre os elementos da vida (de corpo, pensamento e espírito), respeitando, todavia, o quanto ainda existe de incógnita sobre tais correlações.

Esclareceu, sobre o tema, que *"não é possível de modo algum se conceber a metade ou um terço de uma alma, nem saber que extensão ocupa"* (artigo 30).

Para justificar sua tese, como introdução a suas concepções sobre a Ética, o genial pensador discorreu sobre muitos temas associados ao corpo humano e também sobre as influências que entendeu fossem as responsáveis por muitas das atitudes humanas.

Admitiu que a alma atua sobre uma pequena glândula que existe no cérebro (artigo 34), daí se irradiando para todo o corpo.

Reconheceu que *a vontade é livre* e que os pensamentos se dividem em volições e *"paixões"* e que estas abrangem a todos os gêneros de percepções (artigo 41).

Concluiu que as emoções só se alteram por ação da alma do próprio ser (artigo 41) e que *"há uma razão particular que inibe a alma com rapidez no sentido de mudar ou conter as paixões"* (artigo 46).

Consolidou, com genialidade, o conceito de que é pelo "domínio de si mesmo" que se deve moldar a conduta, tal como Buda enunciara havia mais de dois mil anos.

Descartes lecionou que é pelo conhecimento da verdade que o homem consegue moldar um tipo de raciocínio que de forma inteligente se torna competente para conter as emoções (artigos 49 e 50).

Dessa forma, o genial filósofo destacou a mais importante diretriz para o comportamento humano, ou seja, a que sinaliza para um estado de *"consciência ética"*.

Na segunda parte da obra, o emérito filósofo considera como "paixões": *admiração, estima, menosprezo, dignidade, orgulho, humildade, baixeza, veneração, despeito, amor, ódio, desejo, esperança, temor, ciúme, firmeza, desespero, irresolução, valor, atrevimento, emulação, covardia, espanto, arrependimento, alegria, tristeza, burla, inveja, compaixão, satisfação íntima, simpatia, gratidão, indignação, cólera, glória, vergonha, desgosto, pesar, regozijo* (artigos 53 a 67).

Para sumarizar, todavia, classifica todas essas manifestações dos sentimentos em: *Admiração, Amor, Ódio, Desejo, Alegria e Tristeza*, considerando-as como matrizes das demais (artigo 69).

No que tange à *admiração*, que para o emérito autor tem sentido de *percepção* pela observação das coisas, esclarece com grande propriedade que não é bastante conhecer sendo imprescindível *entender* (artigo 78).

É quanto ao amor, todavia, que Descartes apresenta-nos outra diretriz essencial, afirmando que *"o amor é uma emoção da alma"* (artigo 79) e que é ele que nos impele à *união*.

Consagra, pois, o sentido da *benevolência* como base ética, ou seja, reconhece que a consciência deve moldar-se pela agregação em relação ao que nos cerca, afirmando que *"nos consideramos unidos ao que amamos, de tal sorte que imaginamos um todo do qual acreditamos ser apenas uma parte, sendo a outra o objeto amado"* (artigo 80).

De maneira sublimemente inteligente, ele, que pode ser considerado o pai da lógica moderna, ensina que o *afeto* é um amor menor que aquele que dedicamos a nós mesmos; a *amizade* é um amor igual ao que dedicamos a nós mesmos e a *devoção* um amor maior que aquele que possuímos por nós mesmos (artigo 83).

Classificou assim as três manifestações do amor pela *intensidade* (menor, igual e maior) em relação ao que sentimos por nossa própria pessoa.

Ressalvou, todavia, a relatividade dos julgamentos, lecionando que *"comumente chamamos de bom ou mau o que nossos sentidos interiores ou nossa razão nos fazem julgar de acordo ou contrário à nossa natureza"* (artigo 85).

Em razão de tal forma de entender advertiu que é preciso cautela em face das diferentes formas que as impressões nos tangem, ou seja, a emoção tende a ser mais forte que a razão em muitas circunstâncias (artigo 85).

Distinguiu também as formas de ação do pensamento em relação ao tempo do que é pretendido e situou o desejo como *"uma agitação da alma causada pelas disposições a querer para o futuro as coisas que nos parecem convenientes"* (artigo 86).

De relevante importância para o comportamento humano entendeu ser o considerar as diversas "espécies do desejo" e que podem nos conduzir a situações diferentes, como as que derivam das aspirações de glória e as que inspiram as de vingança (artigo 88).

Deixou evidente que a aspiração da vida deve ser a *felicidade* (alegria) e a considerou como *"uma agradável emoção da alma que consiste no gozo do bem tal como as impressões do cérebro as representam espiritualmente como assim sendo"* (artigo 91).

Em contraposição, reconheceu a *tristeza* como *"uma languidez desagradável a qual consiste no incômodo que a alma recebe do mal e do que como defeitos as impressões do cérebro assim aceitam"* (artigo 92).

Prazer e dor própria ou que podem ser causados a terceiros, Descartes os identificou como sentimentos que se derivam do bem ou do mal praticados ou recebidos.

Tais posições sugerem os "deveres éticos" perante terceiros, ou seja, os de praticar o bem ou de evitar o mal a nós mesmos e também a nossos semelhantes.

Felicidade e infelicidade, portanto, são sentimentos, na opinião do filósofo, derivados do bem e do mal.

Do ponto de vista ético, pois, nossa responsabilidade perante tais emoções é deveras grande e deve ser observada com a relatividade adequada (existem fatos que praticamos julgando beneficiar e que na realidade trazem ou causam infelicidade).

Como cada pessoa é um universo, é preciso que se respeite a sensibilidade de cada um, a peculiar forma de interpretar os fatos, para que se consiga um bom tipo de relacionamento e é a isso que induz a leitura dos artigos 91 a 95 da obra *As paixões da alma*, de Descartes.

Sobre os benefícios do amor e os malefícios do ódio, adverte o iluminado filósofo que eles não só têm relações com a alma e o pensamento, mas também e diretamente influem fisicamente sobre o corpo das pessoas, lecionando repetitiva e insistentemente que *"há tal união entre nossa alma e nosso corpo que sempre que relacionamos uma ação corporal com um pensamento nenhum deles surge depois sem que o outro também se apresente"* (artigo 136).

Outra diretriz fundamental é a que evidencia no artigo 148 da obra, ressaltando que a virtude é a protetora da felicidade, ensinando que *"se a alma tiver sempre algo com que se contentar em seu interior nada de fora poderá perturbá-la"* (artigo 148).

Complementa tal raciocínio quando evidencia ser a autoestima, associada à prática da virtude, a condição básica para que um homem alcance a dignidade (artigos 151 a 153), afirmando:

"Por isto creio que a verdadeira dignidade, a que faz que um homem se estime no mais alto grau em que legitimamente pode estimar-se, consiste somente: parte em que o homem saiba que a única coisa que verdadeiramente lhe pertence é a livre disposição de sua vontade e que só deve ser elogiado ou censurado em razão de utilizar-se bem ou mal dela; e parte no intuito de bem usá-la, isto é, de não carecer jamais de vontade para praticar e executar as coisas que julgue as melhores; ou seja, seguir perfeitamente a virtude" (artigo 153).

Lecionou que jamais devemos menosprezar alguém, assim como devemos estar sempre mais dispostos *"a desculpar que a censurar"*, sendo sempre recomendável a humildade virtuosa, sem o vício do orgulho (artigos 154 a 159).

Amor a Deus, respeito às pessoas, segundo a qualidade e o valor de cada uma, *repulsa ao vício,* segundo Descartes, formam o trinômio que caracteriza a dignidade (artigo 164).

Tais diretrizes éticas, entendeu o mestre, condicionam o ser a esperar que o melhor lhe possa acontecer e, quando a esperança se faz tão forte que exclui o medo, ela transforma-se na *segurança* que todos necessitam para ações eficazes (artigos 165 e 166).

Distinguiu, entretanto, a ação positiva e valorosa da que representa uma segurança imprudente e viciosa.

Atribuiu a *irresolução* a juízos incorretos, como condena a resolução precipitada e maléfica, admitindo que é pelo exemplo da dignidade que podemos ser vistos como dignos e também criar a emulação para que outros o sejam (artigos 170 a 172).

Afirmou que a *covardia* é contrária ao valor, que o medo enfraquece o ser, mas que nunca a *burla* ou a ousadia viciosa devem ser entendidas como provas de *coragem* (artigos 171 a 176).

Condenou a *dúvida* e lembrou que o arrependimento pode suscitá-la.

Alertou que a *burla* é fruto de seres imperfeitos (artigos 179 a 181) e condenou a *inveja* como uma falta de amor ao próximo (artigo 182).

Entendeu que a *inveja* prejudica quem a possui, reduz a felicidade, terminando ainda por atingir também a terceiros (artigo 184).

Admitiu a compaixão como o sentimento oposto ao da inveja e a entendeu como *"uma espécie de tristeza, mesclada de amor ou de boa vontade por quem vemos sofrer algum mal de que não o cremos digno"* (artigo 185).

Por ser uma forma de amor para com o semelhante, Descartes aceitou a compaixão como uma das formas da dignidade (artigo 187), lecionando que: *"Unicamente são inacessíveis à compaixão os espíritos malévolos e invejosos"* (artigo 188).

Louvando a prática da virtude como meio para ensejar a felicidade, destacou que essa é uma forma de satisfazer-se, também a outros satisfazendo, irradiando simpatia (artigos 190 a 192).

Ações benévolas tendem a ensejar a gratidão e digno é quem sabe possuí-la, ensinou Descartes, reconhecendo a ingratidão, a cólera, o ódio, como grandes vícios (artigos 193, 194, 199 a 203).

Com refinada sabedoria, lecionou o iluminado mestre que: *"Fazer o mal é também recebê-lo de certo modo"* (artigo 196).

Criticou, pois, a propensão que possuímos em admitir que as coisas sempre devem ocorrer tal como as imaginamos e admitiu que a indignação que às vezes nos assalta é fruto de tal manifestação do espírito (artigo 197).

Concordou, todavia, com o inconformismo diante das injustiças e aceitou que os virtuosos são os que mais tendem a indignar-se contra o vício e a injustiça (artigos 197 e 198).

Quanto à gratidão, ele as atribuiu às almas dignas e entendeu que são estas as que conseguem aplacar a cólera.

Ao tratar da glória, é céptico em afirmar que possa ser recebida sempre com justiça, afirmando que *"algumas vezes somos elogiados por coisas que nós mesmos não as achamos boas e censurados por outras que admitimos ser as melhores"* (artigo 204).

Aceitou, todavia, que tanto a glória quanto a vergonha, ambas nos incitam à virtude, uma por esperança e outra por temor, afirmando que nunca devemos envergonhar-nos pela prática do bem nem orgulhar-nos por vícios que possamos ter (artigo 206).

Quando o homem, todavia, tanto menospreza a vergonha quanto a glória, ele é um "imprudente", segundo Descartes (artigo 207).

A parte conclusiva, das pouco mais de duas centenas de artigos de sua obra *As paixões da alma*, o iluminado filósofo dedica-as aos conflitos entre o *desgosto*, o *pesar* e o *regozijo* e ao que denomina "um remédio geral contra as paixões".

Recomendou a adequação dos pensamentos e nisto fez, em essência, a apologia das palavras de Buda (mesmo sem a ele referir-se) de que "vivemos do que pensamos".

Recomendou o pensamento positivo e contra a insegurança sugeriu a anulação por ideias contrárias ao pessimismo e ao medo.

Sugeriu como linha ética o domínio da sabedoria sobre a emoção.

Reconheceu que as pessoas sensíveis são as que mais desfrutam a vida quando a virtude é o parâmetro do sentimento, porque a sensibilidade pode ser a porta do bem, mas também a do mal.

Sobre as explosões do comportamento, especialmente a atinente à cólera, ao espírito de vingança, às ações litigiosas, lembrou-se de que *"é uma imprudência perder-se quando sem desonra é possível salvar-se e de que se a contenda é demasiadamente desigual, mais vale fazer uma retirada honrosa ou pedir trégua, que se expor brutalmente a uma morte certa"* (artigo 211).

Em suma, proclamou a "inteligência emocional" como o caminho para um procedimento ético competente.

Baruch Espinosa

Espinosa,[18] mesmo seguindo aproximadamente a linha de Hobbes, traça um caminho mais qualificado cientificamente, com um tratamento de grande valor teórico, entendendo que desejar o bem para si mesmo é uma questão relevante, mas que conhecer a natureza divina é algo que a tudo se sobrepõe.

Assim escreve: *"Na medida em que uma coisa está de acordo com nossa natureza é necessariamente boa"*;[19] *"nenhuma coisa pode ser boa ou má para nós, a não ser que tenha algo de comum conosco"*.[20]

Seguindo, entretanto, sua vocação, enunciou: *"O bem supremo da alma é o conhecimento de Deus, e a suprema virtude da alma é conhecer Deus"*.[21]

---

[18] Baruch Espinosa (Spinoza, como também se encontra escrito em muitos trabalhos), filósofo holandês, de origem portuguesa, nasceu em Amsterdã em 1632 e faleceu em 1677. Apologista de um racionalismo religioso, em sua Ética desenvolve com rigor e talento o que Descartes preconizara.
[19] ESPINOSA, B. *Ética*. Proposição XXXI.
[20] *Ibidem*. Proposição XXIX.
[21] ESPINOSA, B. *Ética*. Proposição XXVIII. Os conceitos religiosos de Espinosa eram sólidos tendo ele renunciado a sua fé judaica, inclusive, em favor de suas próprias concepções. Foi, também, excomungado pelo fanatismo religioso dos católicos da época.

Não excluiu, entretanto, os aspectos da conduta perante terceiros e também realizou a seguinte proposição: "*Na medida em que os homens são dominados pelas afeções que são paixões, podem ser contrários uns aos outros*".[22]

Importante, igual e relevante, como abrangência de suas intenções, na exposição científica que produz, são os Princípios de que parte e que são:

1º – O respeito e a proximidade a Deus, pelo conhecimento;

2º – Do determinismo na vontade divina;

3º – Da utilidade em jamais odiar, desprezar e ridicularizar o próximo, ter cólera ou invejar; contentar-se com o que o destino oferece, de forma racional e não por influências externas;

4º – Preservar a liberdade, sendo este um dever de todos e do Estado.

O respeito máximo a uma inteligência superior, autora de tudo e absoluta como determinante, é guia e método na obra de Espinosa.

Entenderam, entretanto, quer Hobbes, quer Espinosa, que se a natureza criou o ser, foi para que o mesmo pudesse exercer sua função como tal e, portanto, seguir o que mais fosse conveniente a sua conservação e bem-estar.

Por esta razão, o emérito filósofo holandês, mas de ascendência portuguesa, escreveu que a alegria é hierarquicamente superior à tristeza e que esta é inferior no campo da perfeição, classificando o amor como a plena satisfação da alma.

Em decorrência produziu, dentre outros afins, o importante enunciado: "*O ódio, que é inteiramente vencido pelo amor, transforma-se em amor. Esse amor, por essa razão, é bem maior que o ódio que o precedeu*".

A conduta ética, por conseguinte, no entender do emérito mestre, pelo que se depreende de sua tão qualificada obra, tem no amor um elemento de rara importância, típico de um gênio que viveu uma vida simples e de dificuldades financeiras, mas intensa em riquezas da alma, com convivências e amizades qualificadas como a de Leibniz, de Huygens, de Henrique de Odenburg e de João de Witt, primeiro magistrado da república holandesa.[23]

Dedicou sua vida a pensar, inclusive sobre as razões do próprio pensamento e que no seu entender "*é um dos atributos infinitos de Deus, expressando uma essência eterna e infinita de Deus*".

---

[22] *Op. cit.* Proposição XXXIV.
[23] Witt contribuiu com recursos numerários para ajudar Espinosa, que vivia modestamente e tinha precária saúde, falecendo ainda em idade em que muito poderia produzir, vitimado por doença pulmonar.

E afirma, como conclusão: "*A substância pensante e a substância extensa são uma e a mesma substância, compreendida desde logo sob um atributo, como sob outro.*"

Ao admitir que a alma é parcela da inteligência divina, também entende que "*A ordem e a conexidade das ideias são o mesmo que a ordem e a conexidade das coisas*".

Sendo um cientista da Ética, genial como foi, não deixou, pois, de conectar os objetos que a seu alcance podia observar e os fatos sobre os quais podia perceber os efeitos com a complexa organização do Cosmos, presidido por uma inteligência geradora de todas as demais e estas como decorrências ou parcelas da maior.

A associação do metafísico com o físico, tão condenada por muitos cientistas,[24] mas realizada por Espinosa, é hoje um caminho que volta com toda a força a invadir o domínio das ciências.

A consciência ética, pois, no entender do pensador holandês, possuía fortes sabores cósmicos, uma vez que o homem, em sua forma de observar, agia de acordo com a energia que recebia, e com a responsabilidade de moldá-la ao necessário, sem deformar sua gênese.

Por isto afirmou que: "*Pertence à natureza da razão considerar as coisas não como contingentes, mas como necessárias*".

A conduta, pois, para ser natural, útil, deve ser volvida ao amor, ao útil, não por ser obrigatória, mas por ser necessária.

Isto é o que se pode inferir de seus raciocínios, especialmente porque para ele a vontade não deve ser indefinida, mas a de "causa necessária".

Entende Espinosa que a vontade tem uma causa formada, um embrião impregnado de dependências (nega a liberdade como essência, na Vontade).

É óbvio que a liberdade a que se referia era aquela falsamente apregoada "podemos tudo o que quisermos", equívoco enfoque que se esbarra nas muitas limitações da existência e que não condiz, em verdade, com o encadeamento de causas e efeitos de que está impregnada toda a organização do universo (cada vez mais comprovada pela própria ciência).

Escreveu Espinosa que "*Não há na alma vontade alguma absoluta ou livre; porque a alma é determinada por outra e esta, por sua vez, ainda por outra, e assim até o infinito*".

---

[24] A alegação é de que, sendo o Metafísico o extralógico e a ciência uma decorrência do pensamento lógico, impossível é a conciliação.

A nossa subordinação faz de nossos atos aparentemente livres apenas a expressão de uma vontade que já foi modelada em outras causas, não possuindo, pois, o sentido de absoluta vontade, mas de um impulso que se origina em determinações muitas vezes alheias às que criamos (se é que criamos de forma absoluta alguma coisa...).

Negar, todavia, a capacidade de exercer uma vontade seria contraditório se ao admitirmos possuir a mesma natureza do divino, e a Ele atribuir-se o exercício da vontade, não se podendo admiti-la em nós mesmos.

Admito, pela análise da obra de Espinosa, não ter sido este seu propósito, ou seja, da crença da anulação do ser, por absoluta dependência, inclusive de pensamento e ação.

Escreve, pois, o mestre: *"A alma, enquanto tem ideias claras e distintas e também enquanto tem ideias confusas, esforça-se por perseverar em seu ser com uma duração indefinida, tendo consciência de seu esforço".*

Definem-se aí os limites conceptuais de vontade e de consciência, mesmo sabendo-se que há prodigioso complexo que nos sugere a formação das ideias e que este se estrutura em face do que absorvemos, conhecemos e herdamos como efeitos de nossos genes.

O sentido que Espinosa quis ressaltar de liberdade, pois, não é o que se refere à consciência, mas aos efeitos que sobre ela atuam na construção de nossos pensamentos.

O fato de reconhecermos as causas exteriores (como apregoa Espinosa) não exclui a da aceitação de nossa força interior, competente para discernimentos e entendimentos da própria vida.

Seria absurdo admitir que os atos lesivos que possamos praticar contra nós mesmos e nosso próximo fossem frutos de uma causa agente sobre a qual não possuímos nenhum domínio; se eliminássemos os atos da determinação própria, o ato doloso encontraria justificativa em uma Vontade alheia e não naquela que levou o ser à prática de tal conduta e, nesse caso, seria injusto punir-se a quem quer que fosse, pois ninguém seria responsável por coisa alguma.

Se a virtude é da essência do homem, o vício é sua antítese, mas não deixa de ser sua vontade, decorrente de seu poder de contrariar sua natural conformação.

Espinosa não negou a formação dos desejos e nem suas hierarquias, nem sequer a capacidade do homem ter vocação para o que lhe agrada, como exercício de vontade e assim, admito, devemos entender suas observações sobre os aspectos relativos de uma liberdade do ser.

Isto confirma-se no teorema de Espinosa: *"O homem livre jamais age enganado; age sempre de boa-fé. O homem dirigido pela razão é mais livre na cidade, onde vive de acordo com a lei comum. Na solidão não obedece senão a si próprio".*

"Um homem livre não teme coisa alguma, nem a morte; sua sabedoria é uma meditação, não sobre a morte, mas sobre a vida."[25]

John Locke

Locke[26] acompanha a tendência de conservação do ser e acrescenta que se deve evitar a tristeza, auxiliando a experiência pelas sensações e reflexões, buscando-se, ao máximo, a alegria de viver.

A Ética, nos séculos XVII e XVIII, parece não ter discrepância quanto ao sentido de uma valorização do ser, pelos caminhos de sua preservação e felicidade[27] e este filósofo não discrepa dessa linha.

Conservar-se em prazer, como móvel, como conduta ética preponderante, foi uma forma de apresentar, com roupagem nova, velhos pensamentos.

Locke, já no início de sua obra mestra, nega o conhecimento inato, ou seja, afirma que tudo é adquirido nesse particular,[28] condicionando, pois, a estrutura mental a um processo de conquista da verdade por um processo educacional e cultural, obrigatório, por iniciativa do ser ou de terceiros.

Isto permite a dedução de que a conduta, movida pelo cérebro, pelo espírito, é fruto de algo adquirido, excluídas, pois, para o filósofo, as causas naturais.

Para ele *"ideia é o objeto do pensamento"* e *"todas as ideias derivam da sensação ou reflexão"* sendo *"o objeto da sensação uma fonte das ideias"*.[29]

Tal posicionamento nos evidencia como esse filósofo considerou as fontes da conduta e como atribuiu importância à *gênese da conduta ou gênese da formação e evolução ética.*[30]

Partindo de suas premissas defende a percepção como fonte da ideia: *"a alma começa a ter ideias quando começa a perceber"*, *"a alma nem sempre pensa, pois isto necessita de provas"*.[31]

---

[25] Sobre o temor à morte já escrevia Sêneca, no tempo dos Césares: "temer a morte é morrer muitas vezes"; e quase meio milênio antes de Cristo Sócrates já lecionava sobre o destemor à morte.

[26] LOCKE, John. Filósofo inglês, nascido em 1632 e falecido em 1704. Liberal, defensor da experiência, auxiliada pela sensação e reflexão, como método, tem na obra *Ensaio sobre o entendimento humano* a mais valiosa contribuição no campo do conhecimento ético.

[27] No que tange à felicidade, nada de inovador ocorria, pois, como já foi visto, Aristóteles entendeu que esse era o caminho, a partir da virtude, da razão.

[28] LOCKE, John. *Ensaio acerca do entendimento humano*. Livro I, Cap. I. Tal assertiva do filósofo inglês é hoje contestada pela ciência moderna, defensora de que existem condições hereditárias ainda não totalmente explicadas, mas, constatáveis, através das programações energéticas das células.

[29] *Ibidem*. Livro II, Cap. I, 1, 2 e 3.

[30] Sobre esse assunto dedicamos um capítulo deste livro.

[31] *Op. cit.* Livro II, Cap. I, 9.

É, todavia, quando do conhecimento e de sua extensão que Locke estabelece as linhas de uma gênese de suas concepções éticas, embora não dê a esta a seriedade científica que Espinosa atribuiu e nem tenha a qualidade de uma visão específica do assunto.

Nos capítulos finais de seu trabalho é que o filósofo inglês procura traçar linhas de uma conduta a partir das motivações das ideias, a meu ver dignas de consideração para a cultura sobre a matéria.

Gottfried Wilhelm Leibniz

Leibniz[32] entendeu que as normas da moral não são inatas, mas que existem verdades inatas; de uma forma extremamente singela apresentou a que lhe pareceu a mais importante: *"não façais aos outros senão aquilo que gostaríeis fosse feito a vós mesmos"*.[33]

Quanto à existência da verdade natural escreveu o ilustre filósofo alemão que elas se encontram em nós pelo *instinto e pela luz* e que *"somos levados aos atos de humanidade por instinto"*.[34]

Leibniz, nas obras que dele foram encontradas inéditas, todavia, segue de perto o pensamento de Espinosa com um rigor e lógica extraordinários.

Ao admitir um número indeterminado do que chamou de "monadas", proclamou a existência de substâncias múltiplas de que se compõe o ser, ou seja, o homem de Leibniz é todo um universo de substâncias com suas almas consideradas abstratas, mas com suas propriedades específicas.[35]

Isto dá uma ideia de como era complexa sua forma de apresentar a consciência, geradora da conduta.

Entendeu ele, também, que muitos mundos existem e que Deus age dentro de uma razão lógica, havendo, pois, razão para tudo o que acontece e que o bem sempre prevalece sobre o mal.

Sobre os males, entretanto, entendeu como necessários, porque estão associados a grandes bens.

Dá a entender que o bem seria difícil de identificar-se e até de desfrutar-se, caso não existissem os males que servem para avaliar o que é bom.

---

[32] LEIBNIZ, G.W. Filósofo e matemático alemão, nascido em 1646 e falecido em 1716, produziu uma doutrina idealista. Inventor do cálculo infinitesimal e pioneiro da lógica matemática. Empregou, segundo pensadores modernos, como Russel, muitas fantasias em suas tarefas filosóficas.
[33] LEIBNIZ, G.W. *Novos ensaios sobre o entendimento humano*. Cap. II, parágrafo 4º.
[34] *Ibidem*.
[35] Também as doutrinas religiosas egípcias, existentes há milênios, proclamavam a multiplicidade de espíritos de que cada ser se compõe, em vez de uma só alma como geralmente se referem os demais pensadores.

Exemplifica, em sua obra, condutas de sociedades humanas que nos inspiram espanto e asco, mas perfeitamente aceitas pelo grupo, como a que exemplifica dos caraíbas que castravam as crianças para que engordassem e depois as devoravam.

Nesse particular *questiona o conceito relativo de bem em face da sociedade humana e destaca o mal em si* para que se compreenda a *essência do bem* em sentido amplo e substancial, afirmando que Deus é a bondade.

Afirma que o Criador, sendo o bem, este em cada um imprimiu, mas nem todos sabem e souberam fazer tal leitura.

Complementa afirmando que os limites de justiça nem sempre são assimiláveis pela sociedade e que a conduta humana absolutamente justa termina por conflitar-se com aquela do grupo social.[36]

Nega, pois, o caráter verdadeiro, inato, da lei e admite que a sociedade pode consentir em transgredi-la, por não afinar-se ao conceito de justiça dos seres (no Brasil, por exemplo, na atualidade, isto ocorre com diversos fatos, bastando citar o exemplo do cheque pré-datado que, sendo ilegal, é até regulado pelo Banco Central, por ser aceito pela comunidade).

Entende ele, pois, que *"A ciência moral (além dos instintos, como o que nos faz abraçar a alegria e evitar a tristeza) é inata da mesma forma que o é a aritmética, pois ela depende também das demonstrações que a luz interna nos fornece."*[37]

Determinista, Leibniz admite que cada ser age como se fosse um universo à parte, por suas próprias ideias, mas em busca sempre de uma composição entre os outros seres existentes.

As influências dos estudos desse notável pensador ocorreram mais na Alemanha que em outros países, mas trouxeram contribuições no campo da ética, notadamente no que se refere aos fundamentos.

David Hume

Hume[38] destaca-se no campo da Ética pelo seu posicionamento utilitarista, como um questionador das causas promotoras das virtudes, dos vícios, da verdade, da

---

[36] *Op. cit.* Livro I, Capítulo II, parágrafo 11.
[37] LEIBNIZ, G.W. *Novos ensaios sobre o entendimento humano.* Livro I, Capítulo II.
[38] HUME, David. Filósofo e historiador inglês, nasceu em 1711 e faleceu em 1776, possuindo como obras: *Tratado da natureza humana*, em três volumes, escritos quando estava na França; *Investigação sobre o entendimento humano* (seu livro de maior repercussão, inclusive o que despertou Kant) e diversos ensaios como os "Ensaios Morais, Políticos e Literários"; a ele atribui-se a criação da filosofia fenomenista.

falsidade, da beleza e da fealdade[39] e como um precursor de conceitos sobre os móveis da conduta humana.

De forma contundente, notadamente para sua época, afirma: *"O caminho mais suave e pacífico da vida humana segue pelas avenidas da ciência e da instrução; e todo aquele que for capaz de remover algum obstáculo nesse caminho ou de abrir alguma perspectiva nova deve ser considerado como benfeitor da humanidade"*.[40]

Para ele o valor do conhecimento estava no campo da ciência, mesmo em uma época em que esta não era considerada prioritária nem sequer nas universidades.[41]

Defende uma ciência pelas vias da experimentação, ou seja, pelo conhecimento das causas e não dos agentes que possam promover a causa.

Coerente com sua posição, admitiu a *percepção* como fundamento, ou seja, como *formadora de ideias* e, obviamente, da própria *consciência ética*, repudiando a ideia do "*eu*", como substância.[42]

Tais formas de pensar levaram Hume a descrever seu ponto de vista sobre a associação de ideias, sobre as operações do entendimento etc., tudo na perseguição de conclusões sobre a ação do cérebro (importante fator na formação da conduta).

Quando trata, todavia, da liberdade e da necessidade, penetra no campo que diz diretamente respeito à Ética, tratando da paz e da segurança da sociedade humana através da conduta.[43]

Uma de suas observações relevantes que anteciparia às que hoje se dizem tão modernas no campo do conhecimento foi o relevo que deu à História.

Mas não a História como narração de fatos e, sim, como afirma: *"para as nossas observações sobre os móveis habituais da ação e da conduta humana"*.[44]

A identificação do *móveis da ação da conduta*, como se acha no texto de Hume, como matéria do século XVIII, está absolutamente de acordo com os textos que se dizem "moderníssimos" da Ética, como ciência da conduta e esta como decorrência do que move a consciência humana.

---

[39] *Op. cit.* Seção I, 2.
[40] *Ibidem.* Seção I, 6.
[41] O ensino obrigatório das ciências, nas Faculdades específicas para os diversos ramos, parece ter sido introduzida apenas no século XIX, por Napoleão, através das reformas de Clemenceau.
[42] O repúdio do eu que Hume abraça já tinha sido proclamado há milênios, por Buda, na filosofia oriental.
[43] HUME, David. *Investigação sobre o entendimento humano.* Seção VIII, Parte I.
[44] *Ibidem*, p. 65.

A importância do valor desse filósofo, pois, foi sua sensibilidade para o científico, para o verdadeiro objeto de uma ética como estudo da conduta humana e da história como fonte de indagação na análise dessa mesma conduta, ao longo do tempo e nos diversos lugares.

E ele justifica suas ideias afirmando: "*A humanidade é mais ou menos a mesma em todas as épocas e lugares*".[45]

Sobre a realidade ética, em sua época (há mais de um quarto de milênio), afirma fatos que também nos parecem ser a realidade de nossos dias: "*embora se dê o devido peso e autoridade à virtude e à honra, nunca se espera das multidões e dos partidos esse perfeito desinteresse que tantas vezes se nos procura inculcar; de seus líderes muito raramente; e quase nunca dos indivíduos de categoria e posição*".[46]

Hume ressalta que a conduta, nas sociedades, nem sempre está de acordo com a virtude, como padrão ideal a ser alcançado; a realidade bem nos mostra a validade dessa afirmativa; os atos de corrupção no Poder, as mentiras habituais que homens públicos, em cargos de destaque, veiculam, a condução da imprensa ao sabor dos interesses econômicos de minorias e em detrimento das maiorias etc. são transgressões da Ética que comprovam a verdade enunciada pelo ilustre filósofo, há tanto tempo.

A prática do vício, o desrespeito ao patrimônio público, a deslealdade, a falta de sinceridade, a traição, em suma, as mais torpes práticas do mal contra a sociedade têm sido praticadas, em todo o mundo, por expressivo número de políticos e dirigentes, pelos homens que se dizem representantes do povo, ignorantes da ética, levando as massas a profundas descrenças.

Isto, apesar da dependência que todos possuem na vida associativa, ou seja, da inequívoca influência que os atos viciosos possuem sobre o povo; os males praticados com o rompimento da ética podem atingir a todos, por mais insignificantes que sejam, especialmente quando dimanados das esferas superiores do poder.

Assim adverte Hume: "*Tão grande é a mútua dependência dos homens em todas as sociedades, que quase não há ação humana que seja completa em si mesma ou que se realize sem alguma referência às ações alheias, necessárias para que ela corresponda plenamente às intenções do agente*".[47]

A partir dessa interação social, o emérito filósofo reconhece a liberdade como base de toda a Ética, a necessidade também como relevante condição e afirma que na medida

---

[45] *Ibidem*.
[46] *Ibidem*.
[47] HUME, David. *Investigação sobre o entendimento humano*. Seção VIII, Parte I, 69.

em que se praticam as garantias de suprimento de tais elementos, assegura-se a paz e a segurança da sociedade humana.[48]

Immanuel Kant

Kant[49] surge em uma época em que, como antecedentes, haviam prevalecido pensamentos de inclinações sociais, baseados em um mundo tolerante, das filosofias de Locke, Berkeley e Hume, possuindo como base de suas influências aquela de Leibniz.

Com formação liberal, deixando-se depois influenciar por Rousseau, Kant legou um acervo de raríssima importância ao campo da Ética.

Seus trabalhos, assumindo características próprias, nem sempre didáticos, influenciariam os de Hegel.

Em sua *Crítica da razão pura* (1781) demonstra que coisa alguma do que conhecemos pode transcender a experiência, mas, desta, preliminarmente, é extraído.

Segundo Kant, o ambiente produz a sensação, mas é nosso cérebro que prevalece sobre tudo; para ele espaço e tempo são percepções de nossa experiência e possuem o sabor de nossos julgamentos, não sendo mais, pois, que conceitos que formamos.

Afirma que a razão guia a moral e que três são os pilares em que esta se sustenta: Deus, liberdade e imortalidade.

Entende que a razão, quando não se aplica à moral, deixa de ter sentido e se sujeita a produzir sofismas.

Reclama, para a lei moral, o emprego da justiça de modo que a felicidade se distribua de acordo com os méritos defluentes da prática da virtude.

Afirma, entretanto, quando a simples inclinação para o cumprimento da lei, por respeito, não é o exercício de uma vontade por si mesmo, na essência, escrevendo: *"O valor moral da ação não reside, portanto, no efeito que dela se espera; também não reside em qualquer princípio da ação que precise de pedir seu móbil a este efeito esperado"*.[50]

Leciona que sem liberdade não pode haver virtude e sem esta não existe a moral, nem pode haver felicidade dos povos, porque também não pode haver justiça.

---

[48] *Ibidem.* Seção VIII, Parte II, 80.
[49] Immanuel Kant foi dos mais célebres filósofos de sua época. Nascido na Alemanha, em 1724, ali também faleceu em 1804. No campo da Ética têm relevo suas obras *Crítica da razão prática* e *Crítica do juízo e do fundamento da metafísica dos costumes*, basicamente, mas de grande fama mesmo é sua obra *Crítica da razão pura*. Teve profunda influência de Rousseau.
[50] KANT, I. *Fundamentação da metafísica dos costumes.* Primeira seção.

No que tangia à felicidade escreveu: "*assegurar cada qual sua própria felicidade é um dever, pois a ausência de contentamento com seu próprio estado num torvelinho de muitos cuidados e no meio de necessidades insatisfeitas poderia facilmente tornar-se uma grande tentação para transgressão dos deveres*".[51]

O dever de ser feliz, dentro de limites de uma razão que inspira a boa vontade, para ele tinha um duplo sentido: o da satisfação do ser e o do impedimento dos atos antiéticos.

Tal fato se comprova amplamente na prática quando o desemprego aumenta, gerando, concomitantemente, a criminalidade, a prostituição e outras mazelas sociais.

A Ética de Kant[52] é algo que se impõe pela qualidade das razões, pois, isola a metafísica da moral dos demais conhecimentos a que estava até então ligada.

Atribui à "razão" a exclusiva responsabilidade da origem das ações éticas e admite que só existe valor quando o homem age sob o impulso de um sentimento de dever, daquela dimanado.

Quando alguém cumpre um dever ético por interesse, admite Kant, pode lucrar com isto, mas não pode receber a classificação de virtuoso.

A lei da vontade ética é a que, entende ele, sobre todas prevalece.

Por isto, escreve: "*nada é possível pensar que possa ser considerado como bom sem limitação, a não ser uma só coisa: uma boa vontade*".[53]

"*Poder, riqueza, honra, mesmo a saúde, e todo o bem-estar e contentamento com sua sorte, sob o nome de felicidade, dão ânimo que, muitas vezes, por isto mesmo, desanda em soberba, se não existir também a boa vontade que corrija sua influência sobre a alma e juntamente todo o princípio de agir e lhe dê utilidade geral...*"; "*a boa vontade parece constituir a condição indispensável do próprio fato de sermos dignos da felicidade.*"[54]

O que chamou ele de "*boa vontade em si mesmo*", pois, estava acima das práticas usuais das virtudes que reconhecia como habitualmente aceitas, tais como a moderação das emoções, moderação das paixões, autodomínio, calma e reflexão; só aceitava a virtude completa se dimanada de um precedente a que denominou de boa vontade.

---

[51] Ibidem.
[52] A que está exposta em sua obra *Metafísica da moral*.
[53] KANT, I. *Fundamentação da metafísica dos costumes*. Primeira seção.
[54] Ibidem.

Embora o grande filósofo tivesse vivido em uma época bem menos complexa que a nossa, embora fosse demasiadamente metódico e jamais tivesse saído de seu país para conhecer outros, não podemos negar que sua visão de Ética em grande parte se aplica aos nossos dias.

Algumas de suas concepções, todavia, parecem-nos inadequadas para o mundo atual, inclusive exemplos práticos de virtude que apresenta e que não nos parecem hoje exequíveis.

Kant foi apologista do ser racional, como elemento ligado a uma comunidade, com deveres para com ele mesmo e para com o todo e, a partir dessas considerações, lastrado em uma Felicidade também de efeitos racionais, ergueu sua doutrina guiada pelo móvel da conduta, condicionando o conceito de bem à lei moral e esta a uma vontade guiada pela razão.

Jeremy Bentham

Bentham[55] considera a moral como uma das quatro fontes que produzem o prazer e a dor nos seres humanos e, como introdução de suas exposições, leciona: "*Se o prazer e a dor estiverem nas mãos de pessoas que por acaso ocupam um lugar de destaque na comunidade, segundo a disposição espontânea de cada pessoa, e não de acordo com alguma regra estabelecida ou acordada, podemos dizer que o prazer e a dor derivam da sanção moral ou popular*".[56]

Seguiu ele o utilitarismo que no campo se instalara em sua época e que se acentuaria no século XIX (quando ele ainda vivia) e adotou linhas semelhantes às de Espinosa quanto à apresentação de proposições lógicas no campo da Ética.[57]

Apologista do dualismo – dor e prazer –, nele resumiu toda sua doutrina ética, impregnada fortemente de uma tendência para o maior proveito que a conduta possa oferecer como veículo de felicidade.

Tomando por base tal parametria, ofereceu bases para uma ordem de julgamentos sobre a vontade como móvel da conduta, traçando uma condução de pensamento no campo da Ética.

Para esse filósofo, que tantas influências provocou no pensamento de outros,[58] na legislação de seu país, os conceitos de consciência, sentido moral, obrigação moral,

---

[55] BENTHAM, J. Filósofo e jurisconsulto inglês, nascido em 1748 e falecido em 1832. Autor também de teoria sobre o Governo baseada em segurança, abundância, subsistência e igualdade. Foi um superdotado em inteligência, aprendendo latim e francês aos seis anos de idade e aos 12 anos já estava na Universidade. Foi um radicalista e utilitarista.
[56] BENTHAM, J. *Uma introdução aos princípios da moral e da legislação*. Capítulo II, V.
[57] Entendo, particularmente, todavia, ter sido Espinosa o que mais epistemologicamente tratou da matéria Ética dentre os filósofos modernos.
[58] Seus trabalhos não só influenciaram o liberalismo inglês como a James e John Stuart Mill.

foram visões de uma realidade que ele apregoou existir, no cálculo dos prazeres e das dores.

Apresentou, portanto, um "método para medir uma soma de prazer ou de dor", encontrando o *valor* a partir das seguintes circunstâncias: *intensidade, duração, certeza ou incerteza e proximidade ou longinquidade.*[59]

A isto aduz que *"quando o valor de um prazer ou de uma dor for considerado com o escopo de avaliar a tendência de qualquer ato pelo qual o prazer ou a dor são produzidos, é necessário tomar em consideração outras duas circunstâncias"*; tais circunstâncias, entende ele, sejam: *fecundidade e pureza*. Depois acrescenta mais outra, quando se trata de grupo, que é a *extensão* ou número de pessoas. Oferece como critério básico o dos seis elementos, para o caso individual, e o sétimo só se incorpora quando se trata de medir grupos.

Seu sistema de medição envolve muitos elementos, é complexo, e fala, ainda, de um "balanço" que se derivaria de todas as somas dos valores dos prazeres e dores e que ele sugere sejam colocados lado a lado, como na forma contábil.

A "Contabilidade de Prazeres e Dores", sugerida por Bentham, procura um grau de exatidão, segundo ele mesmo sugere; escreve que se ocorrer um resultado positivo do prazer, a tendência é boa; se houver prevalência da Dor, a tendência será má.[60]

Com isto termina por fechar toda sua valorimetria consagrando como resultados o bom e o mau, como equivalência de prazer e dor.

Ao estabelecer seus conceitos éticos Bentham aproveita-se de muitos outros filósofos clássicos e modernos e os reveste sob novos rótulos conceituais.

No que tange à intenção com que um ato é praticado, desenvolve um capítulo sobre a Intencionalidade e outro sobre a Consciência, dando destaque ao fato de que muitas ações julgadas como más são, às vezes, praticadas com a melhor das intenções, defendendo a não correlação compulsória entre a intenção e seus efeitos.

Atribui, também, valor especial ao "motivo" ou móvel da conduta (razão pela qual alguém é levado a praticar um ato) e sobre a questão destaca que tal conceito pode referir-se à percepção interna do ser ou a eventos externos e que *"se os motivos são bons ou maus, será exclusivamente em razão de seus efeitos"*.[61]

Com tais razões, aceitou que o prazer é um bem em si, mas afirmou que o efeito dos motivos podem ser bons ou maus.

---

[59] *Op. cit.* Capítulo IV, II.
[60] BENTHAM, J. *Uma introdução aos princípios da moral e da legislação*. Capítulo VI.
[61] *Ibidem*. Capítulo X, XII.

O rigor do utilitarismo de Bentham concorda também com Kant, quando afirma que *"De todas as espécies de motivos, o da boa vontade é aquele cujos ditames, considerados de maneira geral, apresentam a maior certeza de coincidirem com os motivos do princípio de utilidade"*.[62]

No desenvolvimento maior de seu trabalho e que é sobre os "motivos" (causa móvel da conduta), chegou à conclusão de que os que impelem ao ato são os "impulsionantes" e os que repelem o ato são "demoventes" e termina por acolher a coexistência desses, ou seja, o querer e o não querer, como estímulos iguais e contrários.

Outros pensadores modernos e contemporâneos

Diversos outros ilustres pensadores cuidaram da Ética, sob prismas repetitivos em relação aos já comentados, acrescendo, entretanto, pequenos detalhes, alguns mais de forma que de essência.

A moral do altruísmo alcançou um de seus pontos mais altos com Comte, pai do positivismo que tanta influência teve no Brasil.[63]

A chamada "Ética Biológica", de Spencer,[64] vê na prática das normas morais a melhor adaptação do homem a seu sistema de vida.

Admite ele que através das experiências consecutivas o homem vai adaptando-se às mutações da vida e termina por estabelecer os costumes que passam a influir sobre as condutas.

Acredita em uma ética evolutiva, competente para dar ao homem, cada vez mais, melhores condições de uma existência digna.

Contemporaneamente diversos filósofos e escritores cuidaram da mesma questão, uns com mais felicidade que os outros no enfoque científico.

Russel, por exemplo, negou à Ética sua condição científica, ao afirmar que não possuía senão expressões de desejos, situando-se em uma ótica acanhada e muito aquém de sua competência.[65]

Teve grande influência, como pensador, mas discordo de sua posição no que tange ao posicionamento científico da Ética, por contrariar tudo o que no terreno da

---

[62] *Ibidem*. Capítulo X, parágrafo 4º, XXXVI.
[63] COMTE, Augusto. Filósofo e matemático francês nascido em 1798 e falecido em 1857, autor do famoso tratado em seis volumes *Cours de philosophie positive* e outros trabalhos, tendo sido o criador da Sociologia científica. Seu lema Ordem e Progresso estampou-se na bandeira brasileira como símbolo, extraído do axioma de Comte.
[64] SPENCER, Herbert. Filósofo inglês, nascido em 1820 e falecido em 1903.
[65] RUSSEL, Bertrand. *Religion and Science*. 1936.

epistemologia se tem aceito modernamente e todo um acervo de conhecimentos acumulados durante milênios.

Igualmente, as críticas à moralidade que empreendeu, algumas, entendemos, como justas, não justificam, de forma alguma, o abandono do tratamento racional a um estudo que tem condições de ser realizado sob a égide da ciência.

Não se trata de analisar desejos isolados, como inadequadamente situou Russel, mas de conhecer sob que condições a conduta se opera em suas relações de uma vontade que provém de fenômenos específicos e que provocam outros tantos, também específicos.

Se tivéssemos que negar os aspectos de ocorrência dos fenômenos éticos também deveríamos negar a dos econômicos, sociais, psicológicos e tantos que dependem da vontade do ser humano perante a realidade da existência.

Na modernidade ocorreram diversas tendências, como as do russo Nikolay Alesandrovich Berdyayev, sobre a liberdade do espírito individual; a do austríaco Martin Buber, sobre a reciprocidade da moral; a do francês Gabriel Marcel e a do alemão Karl Jasper, sobre a comunicação e os fatores éticos; a do francês Jean Paul Sartre e a do instrumentalista John Dewey, norte-americano; de seu conterrâneo Sidney Hook sobre a Ética e o processo econômico; de Mortimer Adler; dos franceses Alexis Carrel[66] e Pierre Theilhard de Chardin[67] etc.

Uma relação de nomes dos pensadores contemporâneos sempre comete a injustiça com algum estudioso, omitido no destaque.

Entendo que muitas vezes não é o que mais se notabiliza em sua época que traz a maior contribuição; a máquina publicitária dos países mais desenvolvidos, notadamente os Estados Unidos, tende a valorizar alguns estudiosos que são inferiores a outros que, por serem de países mais pobres, podem, todavia, possuir ideias mais ricas, mas não a maior evidência momentânea; gerações futuras são, às vezes, as que vão melhor avaliar o trabalho dos que em suas passagens pelo planeta não conseguiram o reconhecimento imediato de seus feitos.

Sempre ocorreram, desde os clássicos, das escolas gregas, dos estoicos, dos epicuristas, dos utilitaristas etc. formações de escolas de pensamentos, como sucede, normalmente, em todos os ramos do conhecimento humano.

---

[66] A obra de Carrel sobre a conduta humana e seus aspectos, sob o título *Reflexions sur la conduite de la vie* (editada em Portugal, no Porto, pela Editora Educação Nacional, em 1950, sob o título *O homem perante a vida*), merece consideração, apesar de sua monocular visão religiosa.
[67] A obra de Chardin, *O fenômeno humano*, tem fundamentos relativos ao ser e sua conduta que merecem, igualmente, consideração, ressalvadas, também, as faces religiosas e subjetivas do autor; a edição portuguesa, da Livraria Tavares Martins, do Porto, é de 1970.

A modernidade não foge dessa linha histórica e evolutiva.

As variações ocorridas nos pensamentos, as influências de outros aspectos, como os políticos, religiosos, econômicos, mostram que a conduta humana é rica em sua produção de fenômenos, merecendo, portanto, múltiplas concepções e estudos ambiciosos, no sentido de conhecer e explicar a conduta humana.

Entendemos, como meritórios e necessários, todos os esforços que corajosamente buscaram disciplinar racionalmente o estudo, mas recusamo-nos a concordar com os que, com Russel, tiveram tão modesta compreensão da extensão do assunto.

Conceito de ética científica de Giovanni Vidari

Outros, menos considerados pela publicidade internacional sobre o valor real intelectual, entretanto, como Vidari, conseguiram, já na época contemporânea, um enfoque de dignidade para a Ética, escrevendo:

"A Ética é a ciência que, tendo por objeto essencial o estudo dos sentimentos e juízos de aprovação e desaprovação absoluta realizados pelo homem acerca da conduta e da vontade, propõe-se a determinar:

a. qual é o critério segundo a conduta e a vontade em tal modo aprovada se distinguem, ou ainda, qual é a norma, segundo a qual se opera e deve operar a vontade em tal conduta, e qual o fim que na mesma e para essa se cumpre e se deve cumprir;

b. em que relações de valor estão com observância daquela norma e a obtenção daquele fim as diversas formas de conduta, individual ou coletiva, tais como se apresentam na sociedade e na época à qual pertencemos".[68]

Aceita, pois, o emérito autor, que a Ética é ciência e que seu objeto é composto de juízos formados pela aprovação ou não de condutas humanas, estudadas sob o prisma de seus efeitos.

No desenvolvimento de tais indagações, segundo o autor, inclui-se o exame da vontade, como elemento de destaque, ou seja, o estímulo condutor que é egresso de uma consciência e assim desenvolve seu trabalho.

O objeto da Ética aflora, pois, como também aceito, como a matéria de estudos das relações entre a vontade e a conduta, como isto se processa perante o coletivo e o individual,

---

[68] VIDARI, G. *Elementi di etica*. 5ª ed. Milão: Ulrico Hoepli, 1922, Introdução, página 3. A obra de Vidari foi clássica, até a primeira metade deste século XX, sendo digna de notoriedade na Itália. Trata-se de obra séria e de méritos inquestionáveis.

em causa, efeito, no tempo, no espaço, em qualidade, quantidade, em face das ambiências próximas e distantes.

Conhecer, pois, sob que condições a vontade se opera para produzir a conduta, passa a ser preocupação científica.

Em verdade, tudo o que pode ser objeto de conhecimento pode ser também objeto de ciência, desde que se condicione à disciplina do método e tenha por meta encontrar realidades ou sustentações lógicas.

Não se trata de analisar desejos isolados, como inadequadamente situou Russel, mas de conhecer sob que condições a conduta se opera em suas relações de uma vontade que provém de fenômenos específicos e que provoca outros tantos, também específicos.

Se tivéssemos que negar os aspectos de ocorrência dos fenômenos éticos também deveríamos negar a dos econômicos, sociais, psicológicos e tantos outros que dependem da vontade do ser humano perante a realidade da existência.

O que torna científico um conhecimento não é a opinião isolada deste ou daquele pensador, por mais nome que tenha alcançado, mas o rigor com que, de forma racional, estuda-se um objeto determinado (e qualquer um pode ser matéria de exame), sob um aspecto especial, metodologia definida, tudo na busca da explicação de acontecimentos que possam ter validade geral e aceitabilidade lógica.[69]

Einstein e a visão ética

Apesar de toda a rebeldia que aparentava, Albert Einstein foi um ser que primou pela humildade, afabilidade, cordialidade e extrema confiança em tudo o que fazia; a própria irreverência que usava como efeito de um inconformismo acentuado ele a perdeu aos 75 anos.

Dedicado extremamente à Física, às Matemáticas, deixou, todavia, marcantes visões éticas reveladas em opiniões sobre o mundo e a vida.

A existência tumultuada, plena de mudanças, desde a radical em 1933 quando renunciou a cidadania em razão do que os petistas alemães, comandados por Hitler, faziam em seu País, tudo somado a muitos problemas familiares, perseguições nas Universidades, fizeram de Einstein não só o gênio da Física, mas um ser experiente, capaz de ditar lições sobre o comportamento humano.

---

[69] Ver sobre a matéria nosso trabalho que obteve o primeiro lugar no concurso oficial da *Revista Técnica Econômica*, recebendo o Prêmio de Literatura na Espanha, em 1995, intitulado "Autonomia e Qualidade Científica da Contabilidade", na parte relativa aos conceitos sobre a ciência.

Desprezando o luxo, foi um desprendido em relação a bens materiais.

Das bases de seus conceitos e visões sobre a Ética é possível dar destaque a pontos relevantes como:

1. Amor à simplicidade, à liberdade, ao respeito a cada ser e à humanidade;
2. Consagração ao conhecimento e ao trabalho;
3. Recusa a dogmas e normas impostas; amor extremo à liberdade de pensar;
4. Recusa ao conformismo e à submissão;
5. Aceitação de que tudo é compreensível e que o universo, apesar de seguir as leis, tem como imperiosa a evolução constante, por isto devendo ser digno de estudo e admiração;
6. Repúdio à escravidão no ensino e à prática deste sob visão monocular;
7. Confiança de que cada ser, quando livre de pensamento, pode ser criativo, contribuindo pelo conhecimento adicionado para melhores condições de vida;
8. Condenação a todo tipo de autocracia e discriminação; repudiou o capitalismo canibal e o comunismo fanático;
9. Atribuição dos males do mundo à ignorância e desamor;
10. Entendimento de que a procura da verdade é mais importante que simples acumulação do conhecimento sobre ela;
11. Desprezo pelos pequenos riscos e extrema cautela em relação aos grandes;
12. Crença de que é muito difícil ensinar ou aprender o que não se ama;
13. Aceitação plena de que a humildade intelectual é condição imprescindível para a grandeza do ser e progresso da ciência;
14. Compreensão de que realidade e razão devem caminhar juntas, embora nem sempre tais coisas estejam em regime de coincidência;
15. Entendimento de que a burocracia é um entrave à liberdade de pensar e agir e por isto com a mesma não se deve cooperar;
16. Admissão de que todo conhecimento da realidade parte da experiência e nela termina;
17. Reconhecimento de que a fama desperta inveja e ressentimento, merecendo cautela para não se tornar vítima de si mesmo.

Tais formas de ver a vida, de guiar procedimentos, Einstein as complementou com humor e cordialidade, e apesar de dizer certas vezes que não apreciava a fama, muito dela se valeu em favor de sua gente, sendo considerado por alguns biógrafos como responsável por abrir caminhos para a implantação do Estado do Israel.

Também, não obstante seus pontos de vista firmes sobre a vida, como todo ser humano deixou-se levar mais pelo emocional que pelo racional, segundo seus biógrafos.

Gênese, formação e evolução ética

Em que raízes se sustentam as condutas humanas, quais os fundamentos do que é ético, só podemos encontrar respostas remontando aos aspectos da gênese ou das formações originárias de tal fenômeno.

Só a partir das bases pode-se compreender como se formam os obstáculos e cuidados que ocorrem e que devem merecer atenções.

Bases mentais e conduta

Sendo a conduta observável uma consequência de vontade e esta de uma consciência, tudo o que reside nas áreas da mente, do espírito, interessa ao estudo da Ética.

Embora sem perder sua autonomia científica, a Ética tem, por conseguinte, ligações muito fortes com as doutrinas mentais e espirituais, pois, em verdade, são fontes de conhecimentos que interessam diretamente à análise das virtudes.

Tais territórios ainda reservam muitas surpresas no campo do conhecimento, pois, muito existe a conquistar nesses domínios.

Já no início do século XX, pensadores como Bergson advertiam sobre as imensas neblinas que encobrem grande parte dos estudos relativos à energia espiritual.[1]

Sobre os domínios de nossa mente, com propriedade filosófica, afirmou que toda consciência a ele se afigurava como uma antecipação do futuro e lecionou que *"Reter o que já não mais existe, antecipar sobre o que não existe ainda, esta a função básica de nossa consciência"*.[2]

A ética de Carrel

Alex Carrel (1873-1944) produziu uma famosa obra sobre a conduta do homem perante a vida.

---

[1] BERGSON, Henri. Conferência feita na Universidade de Birmingham em 29 de maio de 1911.
[2] *Ibidem.*

A referida foi escrita em um período tumultuado, quando a Europa passava por agitações sociais, enfrentava a luta de classes e sofria os horrores do nazismo de Hitler; só após o término da Segunda Grande Guerra Mundial a viúva dele, Ana Maria Laura, resolveu editar o livro *O homem perante a vida*.

Como muito conta a análise de pensamentos, tendo em vista a época vivida pelos autores, o importante é sob tal ótica ponderar a Ética de Carrel, esta que tinha por campo de observação o que ele julgava uma etapa da história, esta que segundo ele caminhava aceleradamente para a decadência moral e ética.

Sintomático é o que o referido intelectual, em relação ao seu tempo, entendeu: "Neste momento, vivemos em um mundo hostil à vida, em um meio que não se ajusta às verdadeiras necessidades de nosso corpo e da nossa alma, entre a multidão que, acima de tudo, deseja continuar o regime do deixa-te-ir, da preguiça e do amoralismo" (Capítulo VI da obra referida).

Pelas expressões, infere-se que a intenção do genial cientista foi a de apresentar orientações que pudessem colaborar para uma melhor relação entre os seres humanos, partindo de um cuidado peculiar com a própria pessoa, mas sem transcurar aquele que às outras pessoas deve ser atribuído.

Quanto à credibilidade de Carrel, é importante levar em consideração que foi um intelectual notável, dignificado com a concessão do "Prêmio Nobel da Paz" de Medicina em 1912, assim como detentor de altas condecorações conferidas pela Rússia, Estados Unidos, Bélgica, Holanda, Alemanha e outros países.

Procurou o referido salientar os fenômenos éticos principais, reconhecendo que tão variadas são as relações a considerar que carecia concentrar-se nas mais significativas.

Ateve-se, pois, aos elementos essenciais do comportamento humano, buscando realizar tarefa de natureza científica estribada em sua vasta cultura e na visão que tinha do mundo.

Valendo-se de seus estudos profundos sobre a vida, se por um lado exaltou valores como os de Einstein, por outro condenou e refutou a tese de Marx, Engels e Lênin, afirmando que a estes faltavam cultura e experiência em matéria de indagação científica.

Censurou, portanto, a confusão entre o humanismo científico e um socialismo político e sugeriu não se levar a sério tal lesão ao conhecimento por ser a mesma inválida para apoiar uma doutrina do comportamento dos seres (Capítulo III da obra aludida).

Distinguiu, em sua ótica, a "sabedoria" como base, negando aos neossocialistas de sua época a existência desta.

Para confirmar sua oposição intelectual imputou a Marx, Engels e Lênin a pecha de haverem confundido a concepção filosófica da vida com a ciência do homem; acusou os mesmos de incompetência no tocante à "explicação" e "interpretação" dos fenômenos humanos.

Fundamentado no "progresso da consciência" e tomando por modelo o tipo humano "normal" (saudável), sobre tais pilares sustentou a sua metodologia, associando preceitos biológicos e do espírito (que os desenvolveu dentro dos princípios religiosos de sua crença cristã), destacando a importância da vontade própria face à evolução exigível para o exercício da vida.

Fixou-se na apologia de uma estável interação entre os elementos de um só complexo, ou seja: corpo, mente e espírito.

Atribuiu ao amor a maior de todas as forças e considerou as leis de "ascensão do espírito", destacando o que há de imperioso na conservação da espécie (que para ele não era apenas a biológica).

Afirmou, portanto, que os comportamentos humanos não deveriam ser apenas os de defesa da vida física, mas, especialmente, os de evoluir, fazendo com que de forma equilibrada o sentimento e o intelecto pudessem ensejar ao homem a felicidade.

O objetivado por Carrel foi a sustentação de uma responsabilidade integral com a vida, ou seja, uma associação especial entre as saudáveis interações de espírito, mente e corpo, disto resultando uma convivência adequada do ser consigo mesmo e com terceiros.

Por essa razão bem distinguiu entre o "conhecimento" (acumulação de cultura) e a "sabedoria" (uso racional da cultura), evidenciando que apesar das confusões arquitetadas na primeira metade do século XX, mesmo assim a cultura havia traçado, ao longo do tempo, um curso inequivocamente evolutivo que influíra sobre o comportamento dos seres.

Infere-se do que pensou Carrel que suas referências foram críticas aos equívocos do fanatismo político, egoísmo, deficiente educação, debilidade na estrutura familiar, acusando a sociedade moderna de desobediência à lei de ascensão do espírito.

A acusação feita, portanto, resultou da análise dos efeitos de uma fase específica que ele considerou como recuo da espiritualidade, perda do sentimentalismo, debilidade de consciência, declínio acentuado da educação, em contraste com o progresso tecnológico.

Foi também incisivo em acusar a "escola" de omissão quanto ao ensino do autodomínio, ordem, delicadeza e coragem.

Nesse particular, afinou-se com as ideias de seu coetâneo Alberto Einstein, quando este entendeu que quanto mais se normatiza e se educa apenas para a prática, mais se formam robôs que homens.

Priorizou como modelos de comportamentos os inspirados nas virtudes pertinentes às propriedades do espírito, associando conhecimento de si mesmo e humanidade.

Expressou de forma contundente que não é só a razão, mas também o sentimento o que conta, elevando-se às vezes mais o espírito pelo sofrimento que pela inteligência, sendo a essência da alma o amor.

Sob tal aspecto não fez, todavia, a apologia da dor, mas entendeu que quando inevitável não deveria ser considerada apenas como nociva; para não deixar dúvida quanto ao seu ponto de vista a respeito do tema, deu destaque à busca da felicidade como meta.

Benevolência, hierarquia dos valores e responsabilidade com a vida, Carrel as estabeleceu através das leis de conservação, propagação e ascensão do espírito, gêneros que os analisou como conjuntos e entendeu que devessem estar sempre associados.

Consagrou o bem como utilidade e encargo do espírito, fundamento do exercício do amor, prática da conservação da vida, propagação da espécie, ascensão mental do ser e do espírito.

Afirmou que a culpa pelos erros devem ser buscadas mais dentro de cada um que em outrem.

Como decorrência duvidou da plena capacidade do homem em julgar um outro homem (Capítulo IV de *O homem perante a vida*), entendendo que as leis penais são influenciadas por épocas e que nem sempre foram inspiradas em preceitos científicos da Ética.

Defendeu, portanto, o combate aos males sociais por vias da educação, atacando-se dessa forma a causa em vez de só punir efeitos.

Classificou os vícios por suas naturezas, com duras críticas ao mentir, intrigar, trair, roubar, considerando o egoísmo como um grave defeito comportamental, seguindo, nesse particular, a linha de muitos pensadores clássicos, como Plutarco (este que deu enfoque similar nas críticas feitas à malevolência, em sua obra *Como ouvir*).

Ressaltou que aprender a viver implica valorizar-se e ensejar valor a terceiros, especialmente ao núcleo familiar, dando destaque às responsabilidades das uniões conjugais.

Com ênfase destacou que a implantação dos conceitos de virtude tem tanta importância quanto os das tecnologias e ciências, considerada a prevalência do espírito sobre a matéria.

Afirmou que a predominância do egoísmo sobre a Ética é que tem infelicitado o mundo (tese que cada vez mais se confirma como verdadeira face à corrupção e à demagogia do ambiente político, especulação financeira, devastação da natureza, sacrifício das massas populares, desrespeito à soberania de nações).

Em resumo, entendeu que o triunfo na vida deriva da responsabilidade com que o ser encara o sucesso, que exige de cada um:

1. Obstinar-se perante o êxito.
2. Compreender que é preciso limitar a liberdade individual a uma disciplina de convivência harmoniosa com os semelhantes.
3. Ser menos fantasioso e mais prático, marcando presença nos atos da vida.
4. Harmonizar saber, crença, inteligência e sentimento.
5. Valer-se das conquistas científicas e progressos da doutrina do espírito.
6. Agir racionalmente controlando a emoção, a fé e a ciência.
7. Dar prioridade aos preceitos fisiológicos dentro de uma racionalidade.
8. Considerar que o interesse econômico é relevante, mas não o preponderante sobre aquele humano.
9. Valer-se de filosofias idôneas como as intelectuais liberais e democráticas, neutralizando as influências derivadas de preguiçosos, especuladores, traidores, avarentos, criminosos e loucos, priorizando o qualitativo sobre o quantitativo.
10. Responsabilizar-se perante a busca do equilíbrio entre o fisiológico e o intelectual.
11. Recordar que o homem tem necessidade e não direitos, e que essas necessidades diferem, segundo as suas funções. Ter em mente que uma só verdade prevalece e que não deve criar obstáculos entre crença e ciência.

Os conceitos éticos de Carrel tiveram o mérito de associar valores, partindo do individual, considerando o social cientificamente, preservando uma linha de respeito, esta que na época em que produziu sua obra não era praticada por ditadores sanguinários como Mao Tsé-Tung, Hitler e Stalin.

Deveras importantes no desenvolvimento das teses do emérito intelectual francês foram os destaques atribuídos à educação, esta como responsável pela formação de uma consciência ética.

Igualmente não poupou críticas à imprensa de má qualidade quando prioriza notícias negativas e se submete ao poder econômico e político, sem respeitar os interesses deveras humanos.

Assim entendendo, atribuiu a informação à responsabilidade de condução das mentes incultas e desprevenidas, estas de que se têm constituído as grandes massas ao longo dos milênios.

Os estudos científicos da mente chegaram a conclusões comuns no que tange à influência dos conhecimentos adquiridos nas primeiras idades, em relação às estruturas dos pensamentos, logo, das ações.

Parece não haver dúvida de que a fonte das estruturas mentais, destinadas a seguirem, ao longo da vida, como predominantes, são as havidas no passado.

Outros sentimentos de maior influência podem até ocorrer, mas encontram sempre a barreira das impressões formadas nas primeiras idades.

A mudança das bases, podem, todavia, ocorrer, mas demandam esforços apreciáveis e uma motivação deveras orientada para tais reformas.

O campo da infância é mais fértil que o de outras idades, especialmente no que tange à formação moral. Na espontaneidade infantil, no seu manifestar sincero, existem áreas amplamente favoráveis para o desenvolvimento de toda a sorte de conhecimentos.

Na medida em que a criança convive com seus semelhantes, deles tende a absorver, por imitação, o que lhe apraz, e por recalque o que lhe desagrada ou causa mau-estar.[3]

É a fase em que se devem estimular virtudes, de forma afetuosa; também com amor se deve repelir toda a tendência para o vício, como igualmente advertir sobre os males do mesmo. É, ainda, a mesma época na qual se instalam os principais e mais profundos complexos (quase sempre derivados de reações iguais e contrárias de prazer e dor).

É, pois, nessa fase, que as primeiras noções sobre as virtudes que sustentam os princípios éticos devem ser amplamente estimuladas.[4]

Tal educação deve processar-se assegurando-se independência ao educando para que ele pratique a virtude como algo natural, sem imposições e constrangimentos, sem excessos de proteção paterna e materna que justifiquem quaisquer transgressões.

---

[3] De forma bem objetiva G. Vidari, em sua obra, *Elementi di etica*, edição Hoepli, Milão, 5ª edição, um clássico da matéria, discorre sobre tal assunto, apelando para a maior assistência educacional na idade pueril, como fonte de sanidade ética para a sociedade humana.

[4] A boa educação se realiza pelo estímulo e não pelo castigo.

A educação deve dedicar-se à implantação de tais bases, quer no lar, quer na escola, e daí a importância máxima de ambos; em que pesem as teses e doutrinas do valor e que discutem sobre as estruturas educacionais do lar e da escola, é sempre a família que se afirma como uma grande usina de moldagem das consciências.[5]

Destacamos a família porque a educação nas escolas pode sofrer, como de fato sempre tem sofrido, a influência de ações políticas do Estado, nem sempre as mais convenientes ao ser, mas afeita aos interesses do poder.

Do ponto de vista moral, quando a formação do lar é boa, a educação tende a ser mais proveitosa na família que na escola. Não é sem justificativas que, na voz popular, quando há referência a uma pessoa de probidade, diz-se que ela *tem berço*.

A gênese da educação ética é processada, pois, mais no lar, depois na escola e paralela e seguidamente na ambiência limitada da criança com outras crianças e adultos.

Pais e mestres virtuosos tendem a influenciar sobre as virtudes dos seus educandos, assim como é de relevante importância a qualidade das companhias. Esta a grande responsabilidade dos progenitores e professores; quando estes se degradam ou produzem maus modelos de vida, quando não selecionam as companhias de seus filhos e educandos, não só praticam o mal para consigo mesmos, como podem criar futuros delinquentes.

Determinismo genético e educação ética

É uma crença antiga e vencida no campo da ciência que o ser já nasce bom ou mau; podem ocorrer casos eventuais de seres resistentes à educação, por uma determinação genética ou inexplicável, mas o que hoje aceitamos como correto é moldar a infância e os iniciados em qualquer atividade, através de uma sólida educação.

Não obstante muito tenham progredido os estudos de genética, de biogenética, em suma, das ciências que buscam conhecer a transmissão das propriedades materiais e mentais através das descendências, nada se comprovou ainda, com efeito universal, sobre que um ser seja mau ou bom já definitivamente, apenas por haver nascido sob o estigma da maldade ou da bondade.

Tudo faz crer, até agora, que a consciência seja algo produzido através de percepções, de orientações e motivações de um processo educacional e de convivência.

---

[5] Nessa questão, ao tratar da Moral, no âmbito da família, Cuvillier discorre sobre o valor com rara propriedade, buscando harmonias entre as parcelas e o todo na organização familiar. A. Cuvillier, em sua obra, *Manuel de philosophie*. 9. ed. Paris: Livrairie Armand Colin, 1947, p. 334 ss.

A conduta advém da vontade e quando esta se manifesta obedece a um comando de estruturas já definidas, como acentuou Henri Bergson. *É a vontade que sucede à consciência e não esta àquela.*

É a educação a principal responsável pela estrutura da consciência, logo, da vontade e, em decorrência, da conduta humana.

Não consigo aceitar, pois, de forma absoluta, um determinismo genético, ou seja, a crença de que nascemos bons ou maus em decorrência de atavismos e que isto não possa ser mais adaptável à vida.

Não nego que algo determine vocações e nem posso negar, sob pena de incorrer em erro contra a realidade, que nascem os superdotados, os gênios.

Existem notórias diferenças entre as manifestações de vida dos seres, competentes para nos convencermos de que algo existe no curso do destino e que processe tais diferenciações, mas isto não autoriza a crer que haja uma predestinação para o mal e para o bem.

Filhos dos mesmos pais possuem índoles diferentes e isto muito confunde a tese da questão biogenética.

Na impossibilidade de afirmar, prefiro admitir que a educação e as ambiências é que são competentes para construir as consciências; a inteligência do ser, entendo, é que vai dar maior ou menor efeito àquelas.

Influências ambientais

A educação é, todavia, vulnerável a um meio ambiente adverso, especialmente se é ministrada com deficiências ou se enseja espaços para incompreensões.

O meio em que se vive tende a influir sobre nossa consciência, necessário sendo um esforço para conviver em todas as esferas, sem, todavia, deformar nosso caráter.

Exerce, igualmente, papel degradante, as matérias da mídia eletrônica que, através de programas de violência e perfídias, deformam o caráter dos tele e audioespectadores, em difusões desqualificadas.

O que se tem oferecido como "infantil" em muitas matérias difundidas pelos vídeos são expressões de terror, de violência, do "olho por olho, dente por dente", dos códigos do fanatismo normativo (quer religioso, quer social).

Como bem assevera Russel,[6] "*O apaixonamento fanático produz vitória ou derrota – nunca estabilidade*".

---

[6] RUSSEL, Bertrand. *Educação e vida perfeita*. São Paulo: Nacional, 1945. p. 39.

O mesmo ocorre com as publicações de revistas e livros de má literatura que, em vez de motivarem a virtude, contrariamente, alimentam o vício e a degradação de costumes.

Vivemos em uma época em que proliferam veículos de má qualidade e, sob o pretexto de liberdade, é praticada uma corrosão moral educacional, tudo com a complacência de muitos pais, professores e especialmente do Poder Público (que, no caso, entendo, pratica uma falsa democracia, sendo o grande responsável pelos defeitos educacionais decorrentes).

Na infância, pequenos erros podem representar grandes desastres na vida futura do ser,[7] sendo imprescindível adotar muita cautela, desde o primeiro ano de vida.

Deve-se evitar, na convivência com a criança, quaisquer lesões provocadas por imagens distorcidas, principalmente as que atingem a estrutura moral.

A formação do "eu", em que se aninham os princípios que devem nortear a vida moral, tem sofrido, infelizmente, o ataque de difusões que influem no pensamento, criando imagens destorcidas de uma realidade necessária ao equilíbrio e ao respeito social (os episódios que se sucedem na atualidade são provas dessa verdade).

Aumenta a má formação, a preferência mórbida de certos veículos de imprensa que oferecem mais destaque às notícias pessimistas, negativistas, que aquelas que podem motivar a prática do bem.

O culto do sensacionalismo, do pessimismo, é altamente lesivo à conduta humana, conforme comprovam, contemporaneamente, muitos estudos sobre a energia que preside nosso corpo.

Quando não ocorre a produção educacional básica, competente para influir mais que a má qualidade da mídia eletrônica, a tendência é de que os elementos difundidos formem modelos mentais contrários às virtudes.

Na adolescência, quando o jovem já se sente liberto, as referências que fizemos à má qualidade de certa imprensa ampliam-se prodigiosamente, especialmente quando os progenitores não se esforçam por ocupar a vida do jovem com trabalhos, esportes, artes, em suma, com utilidades.

Todos esses problemas, pois, devem ser considerados quando analisamos as questões de transgressões morais e éticas, em países onde existe uma falsa liberdade de expressão que se transforma em libertinagem e ensejo do antissocial.

---

[7] *Ibidem*, p. 41.

Com isto não desejamos afirmar ser impossível a reeducação, mas, sim, ser imprescindível *a vigilância das famílias e das classes sociais sobre o aperfeiçoamento das virtudes e responsabilidades ou deveres éticos.*

Acumulação dos problemas no curso da existência

A vida profissional já está distante daquela pueril, mas as impressões desta tendem a transportar os problemas de comportamento.

Não se pode desconhecer a realidade da força de influência dos princípios bons ou maus, adquiridos nas primeiras idades e os decorrentes.

Tudo o que forma opinião tem condições de contribuir ou de destruir modelos de conduta, de acordo com as diferentes estruturas mentais, mas sempre, subliminarmente, podendo motivar ações.

A educação, como formadora de opinião e paradigmas mentais, tanto pode ser boa como ruim; a sociedade influi substancialmente, podendo construir ou destruir na mente do ser; o mesmo ocorre com os veículos de difusão, dentre os quais hoje se destacam a televisão, os vídeos, os filmes, as músicas e as revistas.

Geradores de pensamentos, os elementos da imprensa continuam pela vida dos cidadãos a mover-lhes a mente e quando o encaminhamento é para a destruição de costumes sadios e de virtudes, a ambiência social sofre pesadamente.

A liberdade audaz e agressiva tende a transformar-se em libertinagem e vício, quando o público que ela envolve não tem ainda bem formada a estrutura ética e moral.

Os problemas se acumulam e se agravam, na corrosão dos bons costumes, durante o curso da existência, mas quando as bases são fortes a tendência é de que estas prevaleçam sobre as demais.

A formação ética depende de ambiência sadia, virtuosa, inspiradora de uma consciência no sentido de não prejudicar quem se forma moralmente e nem a terceiros, ou seja, lastrada na prática do bem.

Como essa condição ambiental nem sempre ocorre, por negligência dos Poderes em deterem a má qualidade de difusões de ideias, o ser que deseja conservar suas origens éticas precisa sempre estar protegendo-se contra situações de ameaça que frequentemente ocorrem.

Educação na família, como sustentáculo

O processo psicológico da vida do lar pode ser realista, sem ser autocrático; o critério de estimular as virtudes é melhor que o de impô-las.

A educação baseada em um imenso amor, com austeridade, parece-me ser o ideal e foi o que me inspirou na orientação de meus filhos e netos, todos, hoje, encaminhados positivamente na sociedade como educadores, empresários e profissionais.

As virtudes do amor a si mesmo e ao semelhante, do respeito ao próximo, da solidariedade, da honestidade, do patriotismo, do trabalho, do otimismo racional, do interesse pela cultura, da reflexão, da temperança, da perseverança, da tolerância, da racionalização de atitudes, da sensibilidade para o belo, da pontualidade, do zelo pela saúde, do interesse pelo metafísico, da conquista de uma permanente liberdade, da busca de uma permanente prosperidade, do valor da vida, do respeito à lei, do respeito à natureza, em suma, de tudo o que possa representar o exercício do espírito pela mente, consubstanciado na ação consciente, formam esse prodigioso complexo educacional que deve formar a base da educação moral, Ética, cívica, religiosa etc.[8]

Nem todas essas virtudes são exigíveis de um cidadão na vida social (como, por exemplo, a sensibilidade pelo belo, apenas para citar uma), mas não se deve excluir a ambição de que os bem formados as possuam, em maior número possível.

Controle na formação da consciência ética

A educação de origem é importantíssima e deve ser tão ampla quanto possível, ministrada através de exemplos, de sugestões motivadoras, de cobranças suaves, de vigilância permanente sobre o aprendizado.

Não basta educar, sendo necessário controlar o educando para observar se ele cumpre corretamente o que lhe foi ministrado e aplicando os corretivos racionais e humanos.[9]

As advertências, os corretivos, não devem ser motivadores de pavor, de medo ou covardia, mas, sim, apenas inspirar a lembrança amarga da transgressão.

---

[8] Na parte de Ética Profissional, específica, deste livro, no capítulo alusivo aos deveres, fornecemos uma extensa lista de quase 100 virtudes que devem ser objeto de educação.
[9] A ciência moderna condena os métodos educacionais inspirados em corretivos violentos e produtores de revolta na mente inteligente do educando, mas aprova a condução com energia suficiente para que se compreenda a distinção entre o moral e o imoral.

A violência com as crianças é sempre uma incapacidade do adulto que a pratica e um fator criador do medo ou da revolta.

O medo é um fator negativo e pode ser inspirado nas educações deficientes, embora na criança o excesso de desejo de proteção possa sugerir o medo; tais excessos também devem ser objeto de correção.

Há quase 2.000 anos, já escrevia Sêneca que "não se pode amar a quem se teme".[10] O excesso de rigor, com imposição de penalidades que causam o medo, podem levar a criança a repudiar seus progenitores e até a rebelar-se, praticando ações que visam desagradar os mesmos.

Os erros não se corrigem com outros erros e a educação não deve seguir o caminho da intimidação, mas, sim, do estímulo, do chamamento à realidade da vida.

Se não adaptarmos os educandos para uma existência em que não se encontrem só virtudes nas ações alheias, mas também muitos vícios, para que possam proteger-se por suas virtudes próprias, dentre as quais a coragem é importante, associada a um otimismo racional, a sociedade terminará por atingi-los amargamente.

O valor deve ser incentivado a partir do reconhecimento de que os malefícios existem e que em razão de terceiros e muitos errarem não justifica que também se erre.

Gênese ética volvida aos ideais e imaginações construtivas

Ensejar uma estrutura mental idealística, imaginosa, ajuda ao desenvolvimento da conduta virtuosa, quando é induzida a associar o prazenteiro com o útil.

Nada tão agradável à criança como sua fase de imaginar, do "fazer de conta". Até uma certa idade, a fantasia ilustra, ajuda, desenvolve a imaginação, mas, mesmo quando sugerida e motivada, precisa ter, subliminarmente, aspectos de grande realidade.

Não há uma total incompatibilidade entre o fantasioso e o real, quando as imagens ilusórias possuam identidades com as reais e não envolvam, senão, um propósito de alegrar o espírito.

As mitologias, os contos infantis, sonhadores, podem conter em suas essências imagens de realidade moral. Mesmo as estórias fantásticas podem estar revestidas, em seu fundo, de realidades morais, inspiradas por uma doutrina ética.

---
[10] SÊNECA, L.A. *De beneficiis*. Livro IV, XIX.

Contar estórias, por exemplo, de animais que falam e agem como se fossem seres humanos e sugerir por suas condutas atitudes morais, mesmo dentro de fantasias como meio, possuem, como fim, consistência educacional.

Todos os meios em educação se justificam quando a finalidade é a motivação, o estímulo, para as práticas virtuosas, dentro de uma realidade que não torne vulnerável o educando, no mundo tão conturbado em que vivemos, onde a moral parece estar descuidada, envolvida por uma falsa liberdade de veiculação de ideias.

Formação educacional sobre os contrastes entre modelos e realidade ética

As virtudes, dentre as quais a verdade, devem ser rigorosamente inspiradas, precisam ser ministradas com a advertência de que nem todos estão dispostos a agir conosco da mesma forma e que a ambiência social está impregnada de muitas falsidades.

O ensino deve sugerir a capacidade de discernir o conveniente para a vida, em face dos modelos de conduta.

Moralmente, os modelos da doutrina da Ética devem prevalecer na conduta, mas necessário se faz que se estabeleça a distinção entre eles e a realidade, assim como os limites de conveniência.

Ao evidenciar-se ao educando como as coisas acontecem no mundo e qual sua posição perante as mesmas, deve prevalecer a consciência de que o bem é algo a ser tomado como meta para que se possa triunfar.

Deve-se destacar que a vivência em um mundo corrupto não justifica que também se seja corrupto e que o erro de outrem jamais justifica o nosso.[11]

Com relação à verdade, por exemplo, cuja prática é uma conduta consagrada, é preciso que a educação ressalte seu valor com o destaque necessário. Isto implica dizer que uma mentira, normalmente, requer muitas outras para sustentá-la e que, nesse dédalo, o homem certamente abalará seu conceito e prejudicará a si e a terceiros. Esta a razão porque Corneille escreveu, com acerto: *"Precisa-se de boa memória depois que se mentiu"*.[12]

---

[11] Tal ensinamento Buda, há 2.500 anos, já o ministrava e Sêneca bem o destacou em sua obra sobre os Benefícios.
[12] Tomas Corneille, escritor, poeta e acadêmico francês, nascido em 1606 e falecido em 1684. Foi o criador da tragédia em seu país. A frase referida no texto é de seu livro *O mentiroso*, Ato IV.

Nem todos os pensadores, entretanto, observaram a mentira sob um ângulo absoluto, criando sérias dúvidas sobre o valor da verdade.

A formação da consciência ética não pode deixar lacunas para as dúvidas e, quando as virtudes são de importância maiúscula, é preciso que a educação para elas mereça um destaque também maior.

Ambiência despreocupada com a moral

O choque entre a moral que a norma prescreve e exige como modelo e a prática da imoralidade situa-se, também, no problema ambiental.

Entre os modelos que formam a mente do cidadão e os modelos da norma que ele necessita cumprir, como atitude, podem existir conflitos.

O descumprimento de um dever ético pode estar explicado nos conceitos de virtude que foram absorvidos pela educação ou pela ambiência do ser.

É natural a traição para quem conviveu em um ambiente deformado, onde a tolerância para com a ingratidão, a prática da mentira, a quebra de sigilos formaram hábitos ou não foram objeto de uma educação que pudesse cercear a produção de tais defeitos como estruturas da mente. É natural que em ambientes de imoralidade os vilões se procriem.

Antes de julgarmos os seres é preciso ponderar sobre as origens de sua consciência ética, não para justificar o erro, mas para compreender suas razões.

Muito contribui para a quebra dos princípios morais o verdadeiro bombardeio de informações imorais e deformadoras das virtudes que se realizam, com naturalidade.

Nos dias que correm, tais irresponsabilidades se fazem em nome de uma "liberdade" que, tal como se pratica, mais tem de libertinagem.

A lesão aos bons costumes, quando se consagra como prática aceita socialmente, compromete o futuro das gerações futuras, por desrespeito ao passado e negligência no presente.

Todos sabemos que as modificações sociais foram grandes nos últimos trinta anos e que a face do mundo alterou-se quanto a costumes, mas é preciso almejar uma nova civilização, sem destruir as raízes da virtude e que são perenes.[13]

Nesse particular, os japoneses parecem-me ser exemplos de como é possível conciliar a evolução com a tradição, ou seja, dando àquela as asas da tecnologia e da

---

[13] Sobre a questão, Alvin e Heidi Toffler discorrem sobre as grandes farsas dos sistemas atuais em sua obra *Criando uma nova civilização*, edição Livros do Brasil, Lisboa, 1995.

ciência e a esta os pés que se plantaram no respeito pelas normas pétreas da ética, no ambiente social.

A própria História de Roma, a maior de todas as civilizações que o mundo possuiu, prova-nos que o sucesso esteve com aquele povo enquanto se manteve fiel a tradições morais e firme nos conceitos de família e de pátria.

Quando os romanos perderam-se, pela falta de virtude, também perdidos viviam os lares, comprometida encontrava-se a educação, corrompidas estavam as consciências.

A ambiência deteriorara-se de há muito, a partir dos maus exemplos de expressivos dirigentes do Estado, mergulhados que estavam na prática de atos imorais, como tão bem descrevem as sátiras de Petrônio,[14] como nos narra o historiador Tácito,[15] como escreveram tantos outros que se ocuparam da importante civilização romana.

---

[14] Petrônio escreveu o *Satiricon*, oferecendo uma imagem do século I de nossa era.
[15] Tácito foi um historiador latino nascido no ano 55 de nossa era e falecido em 120. Escreveu os *Anais, Dos costumes dos germanos, Diálogo dos oradores* e *Das histórias*.

Consciência ética

Sobre a consciência muitos pontos de vista, muitos aspectos conceituais, constituíram a opinião de um expressivo número de filósofos,[1] cientistas[2] e religiosos.[3]

Filosófica e modernamente, a expressão não tem o mesmo sentido comum, nem religioso.

No campo da Ética, a consciência possui um aspecto peculiar de observação que vai desde seu conceito até os ângulos de seus conflitos com as práticas sociais.

Introdução a um conceito de consciência ética

Os conceitos são evolutivos e possuem o sabor de onde são aplicados, ou seja, existem os vulgares, os tecnológicos, os científicos, os filosóficos etc.

Para a filosofia, em nossos dias, a *consciência resulta da relação íntima do homem consigo mesmo, ou seja, é fruto da conexão entre as capacidades do "ego" (eu) e aquelas das energias espirituais, responsáveis pela nossa vida.*

Reside, pois, no interior de nós mesmos, um elo cujos limites não estão demarcados no campo da ciência e que liga o que de mais íntimo possuímos com o que de mais exterior de nós se relaciona com o mundo ambiental; para a filosofia, simplesmente, reconhece-se que dessa condução resulta um estado que é o de consciência.

Age, a consciência, também, como um tribunal, através do qual condenam-se ou aprovam-se nossos atos, através da autocrítica (no dizer dos psicanalistas é o Superego que realiza tal crítica).[4]

---

[1] Platão, Galeno, Plotino, Epíteto, Agostinho, Aquino, Descartes, Locke, Leibniz, Kant, Hegel, Heidegger etc.
[2] Psicólogos, psiquiatras, psicanalistas, biólogos, físicos etc.
[3] Budistas, católicos, protestantes etc.
[4] Em Psicanálise, existe uma divisão de aspectos sob os quais a Psique é estudada, que são: Inconsciente, Pré-consciente, Censura e Consciência.

Como uma das partes da *psique*, ela representa, para os cientistas da mente, nosso mais direto contato com o mundo exterior, sendo uma relação entre a reflexão própria e a realidade, e isto, também, a filosofia aceita quase integralmente em sua área.

Quando nos referimos, entretanto, à consciência ética, aí, sim, parece-me que "ego" e "superego" representam um agregado.

A consciência ética, portanto, é esse estado decorrente de mente e espírito, através do qual não só aceitamos modelos para a conduta, como efetivamos julgamentos próprios; *ou, ainda, nos condicionamos, mentalmente, para a realização dos fatos inspirados na* conduta sadia *para com nossos semelhantes em geral e os de nosso grupo em particular e também realizamos críticas a tais condicionamentos.*

Se desejarmos parafrasear, contabilmente, poderemos dizer que a consciência é o nosso "Disponível", ou seja, um Fundo que se encontra a nossa mercê para cumprir Obrigações no dia a dia e que se encontra em plena circulação, com entradas e saídas de recursos.

Assim como o Disponível, provém, para constituir-se, de um aporte derivado da ação pessoal nossa ou de terceiros.

Tal como o Disponível, que é feito de parcelas de entradas de diversas naturezas, a consciência se forma com parcelas de informações, ensinamentos, influências ambientais, observações, percepções etc.

Só podemos pagar se possuirmos um fundo em dinheiro; só podemos agir eticamente se tivermos uma consciência ética formada e em atividade plena.

Espírito, ego e consciência

Nosso ego, para nós, acaba por confundir-se com nossa consciência, assim como o espírito com nosso eu, embora sejam coisas distintas quando nos preocupamos em estudá-las.

Assim como a pessoa constitui uma empresa e, quando da atividade desta, esquece-se da pessoa e confunde as duas coisas, também é comum entendermos por nós mesmos nossa própria consciência e por nosso espírito, nosso ego.

A energia que nos rege e que denominamos espírito, ao atuar sobre a complexa massa orgânica,[5] parece ensejar-lhe oportunidades evolutivas de entendimentos e identidades, ou não, com seu tempo e seu espaço.

---

[5] A atuação processa-se através do cérebro e seu complexo, que são o córtex, o cerebelo, o bulbo, a vértebra, a medula espinhal, os nervos espinhais e os gânglios espinhais, ou seja, de todo um sistema de transmissão da energia, como se fosse um computador.

A existência, na qual possuímos as sensibilidades orgânicas e estabelecemos percepções e conceitos, continua sendo para nós uma incógnita quanto a seus objetivos finais, mas isto não nos impede de ter compreensão sobre aqueles próximos, ambientais, vizinhos.

Parece haver um curso inexorável de tendências e uma diversidade de participações dos seres na vida do planeta, de modo que cada um cumpra a missão que lhe é atribuída através de vontades dimanadas de suas consciências.

O espírito parece nos suprir de elementos energéticos[6] que se distribuem através do cérebro, para atenderem às necessidades biogênicas e estas se cumprem mesmo sem a participação de nossa consciência.

Ter fome, ter sede, fechar uma ferida etc. são coisas que acontecem independentemente de nossa vontade, automaticamente, programadamente, para manter o organismo em plena atividade e tais manifestações estão arraigadas ao regime da vida do corpo.

Os sentimentos de enriquecimento, poder, prestígio, prática da virtude, satisfação artística e intelectual etc., entretanto, são formas da busca de uma felicidade interior e que se situam em outro estágio de nossos pensamentos.

Nada de automático ocorre, mas de autoprogramações, ou seja, a utilização de nossas propriedades materiais vai condicionar-se a esse maior estágio de nossos recursos intelectuais.

É nessa relação entre o espírito e a sensibilidade da mente captadora de tais condições ou necessidades últimas referidas que se instala e age a consciência.

A felicidade que se busca, por esta entendendo a eficácia de nossa ação em nosso ambiente, em confronto com as necessidades que programamos, é a que nos condiciona a atitudes, a condutas que exigem uma linha normativa ou não.

Nem sempre a felicidade de um ser se consegue sem que outros percam a sua, ou, pelo menos, a tenham sonegada; quantos não assumem o Poder pela usurpação? Também o vício promove a felicidade daquele que tem a mente distante da prática do bem em si e que só entende por tal seu próprio benefício.

No campo da Ética, todavia, tal forma de conquistar a felicidade egoística não encontra apoio e nem é considerável. Esta a razão pela qual a consciência ética é peculiar.

---

[6] Até agora as energias que se reconhecem são as elétrica e magnética, mas não podemos afirmar que sejam estas as exclusivas.

Coisa alguma é Ética se é produzida com o prejuízo de alguém, com a intenção de um subjetivismo acentuado e pernicioso.

O eticismo[7] é decorrente de uma ação harmônica entre o ser que o pratica e a comunidade na qual se insere.

Podem ser tão fortes as determinações da ambiência que o ser passa a ceder, sem prejuízo, sua própria liberdade espiritual, em favor da pressão e dos interesses de seu semelhante.

O espírito, energia cósmica, molda-se diante das realidades ambientais quando o que está em questão é o problema ético.

Nesse caso, também se sujeita a essa dependência todo o sistema da psique, tal como a admitem os cientistas da mente.[8]

Isto exige, na estrutura específica, pois, da consciência, a inserção da consciência ética, resultante de um condicionamento a normas reconhecidas e aceitas em favor de uma conduta virtuosa, educada para a vida em comum.

Não se trata de uma renúncia ao espírito e nem ao ego, mas de uma adaptação que se processa de forma natural pelo *reconhecimento do amor como condição essencial da existência; a prática do amor inicia-se pelo amor-próprio e complementa-se pelo amor ao semelhante, ao grupo, à classe, à sociedade.*

O "espírito", o "eu", a "consciência", convivem, então, para o cumprimento eficaz da existência, mas nada disto autoriza a dizer que se confundem e que se anulam.

O "eu" parece determinado em sua existência, enquanto a consciência é produzida e alterável.

Não podemos perceber uma verdade que se fundamente na afirmativa de que nós mesmos nos criamos, mas conseguimos aceitar e verificar que a consciência é algo que foi criado por nossa aceitação ou assimilação de elementos recebidos na vida que cumprimos.

Quando, então, consideramos a consciência ética, aí sim, vamos perceber que todo o universo da existência se acomoda a uma norma do consensual, na direção do que se entende como virtuoso.

---

[7] Eticismo – expressão utilizada por Hegel para exprimir a qualidade do que é ético ou as propriedades que caracterizam a atitude ética.

[8] Tal sistema contém o id, que é formado pelos instintos primitivos: o ego (ou o eu) e o superego, que é a crítica do eu.

Aspectos da consciência ética

Conhecer-se, autojulgar-se e condicionar-se à prática são estados da consciência que dependem de vários fatores e conexões.

No campo ético, diferentemente do que ocorre em outros,[9] a questão se prende a uma conduta objetiva de comportamento de grupo que exclui subjetivismo. É aí que nossa conduta, como fruto de nossa consciência, passa por julgamentos próprios, mas, também, de terceiros e, neste particular, torna-se genuinamente ética.

Se desejássemos figurar um exemplo, usando de expressões contábeis, diríamos que estamos permanentemente sujeitos a uma Normalização Contábil que nos estabelece como registrar, classificar e demonstrar os atos da riqueza, mas, também, de uma Auditoria Contábil Interna que revisa, fiscaliza, critica e orienta nossas ações.

Não se trata, pois, simplesmente, de uma interiorização em si mesmo, apenas. Existe, sim, uma correlação entre o que cada um absorve como um modelo para a conduta e o que sente por suas próprias concepções.

Consciência subjetiva e consciência ética

Entre o que construímos como formação global de nosso conhecimento e os atos que praticamos em nossa conduta social, por força normativa, podem ocorrer discrepâncias.

Sendo a consciência formada, adicionada à estrutura mental de cada um e como cada ser parece comportar-se como um universo próprio, a conduta que dimana da vontade gerada na consciência pode não ser aquela julgada como boa, para terceiros.

Isto pode levar a conflitos de diferentes naturezas, tanto para o ser, como entre seu grupo, sua classe, sua sociedade, seu Estado. A consciência ética é específica, pois forma-se para o exercício de vontades que geram condutas que se submetem ao julgamento de terceiros.

Mentir pode ser natural para quem não foi educado para a verdade, para quem não recebeu, em sua consciência, o modelo do verdadeiro, mas não o será perante terceiros.

Agir, pois, de acordo com uma consciência moldada em defeitos, pode ser normal para o defeituoso mas não o será perante o julgamento geral de terceiros.

---

[9] Como no campo religioso e de escolas, a exemplo daquelas do Cristianismo e do Platonismo.

Uma consciência virtuosa, opostamente, fica isenta de conflitos, em geral, pois, é esse o estado de valor que se tem objetivado conseguir, ao longo dos milênios, na sociedade humana.

Isto vale para o geral e também para grupos e classes.

Assim, por exemplo, também um código de ética profissional que proíba a propaganda de serviços pode criar uma norma a ser seguida, mas conflitante com o que o Ser entende pela questão.

Tal forma de proceder pode beneficiar apenas as grandes organizações profissionais que, já possuindo nome implantado, cerceiam às menores seus propósitos de crescimento por conquista de mercado através da difusão.

A norma pode ser aceita por um código, mas, essencialmente, poderá ferir a direitos individuais, contrariando ao que um profissional entende como correto.

Sabemos que todas as organizações sociais estão sujeitas ao domínio de grupos e que esses podem normatizar em favor de seus próprios interesses.[10]

Quando os referidos dominantes não possuem uma formação humana baseada na prática do bem geral, é viável que os códigos de ética possam gerar, em seus textos, conflitos de consciência.

Entre a realidade geral e aquela da minoria dominante, podem ocorrer divergências de pontos de vista que levam a posições antagônicas, nos domínios da consciência.

Reflexão transcendental e consciência ética

A consciência ética forma, pois, também, como toda consciência, uma opinião, derivada da reflexão, ou seja, desse confronto entre a realidade percebida e aquela que se insere no íntimo do ser.

Essas posições interiores que atribuímos a nossa mente, são, todavia, parece-me, transcendentais, provenientes ou de partes recônditas e desconhecidas do cérebro, pela ciência, ou dessa energia ainda tão pouco conhecida pelo homem e que denominamos espírito.

O fato é que existe, dentro de cada um, consoante a sua capacidade, um fluxo de julgamentos e de intuições para o que admitimos como verdade.

---

[10] Isto tem ocorrido na prática conforme diversas denúncias feitas, inclusive, a partir da década de 1970, pelo Senado dos Estados Unidos, do Brasil, pela imprensa mundial etc. A forma como a democracia tem sido exercida, também, enseja o domínio oligárquico e tem causado sérios problemas aos direitos individuais.

É essa capacidade que pode estabelecer conflitos com as normalizações, com as leis, sob certas condições.

Ninguém pode negar que existe, dentro de cada um de nós, esse fluxo de ligações entre nossas percepções da vida e o que interiormente nos é sugerido por essas energias.

Admitem alguns filósofos e religiosos que todos possuímos a centelha de uma Inteligência Superior que tudo criou e tudo formou, razão que nos atribui, como naturais, todas as verdades.[11]

Embora tal forma de entender tenha rigor lógico, sendo, por conseguinte, aceitável no campo da ciência, carece de provas, para os materialistas (que também admitem e aceitam a consciência, mas sob sua forma de concebê-la).

Seja como for, o aspecto da consciência ética é bem palpável para nós e tem sua forma objetiva de ser aceita, como já se descreveu.

Mundo interior e mundo exterior perante a consciência ética

O cotejo entre o mundo exterior e o interior de há muito é defendido no campo da filosofia[12] e nas áreas da Ética e podemos excluir tal condição sob pena de cometermos erro de base.

Os princípios de consciência têm indicado, por exemplo, na classe contábil, como manifestação geral, a tendência para um conservadorismo moral, para um comedimento compatível com a própria função de "pessoa de confiança", como é o profissional.

Ao absorver os segredos da empresa, ao obrigar-se a mantê-los em sigilo, por uma força ética, o Contador, em geral, é um homem de comedimento no falar e no agir.

Não podemos, também, perder de vista, nessa questão, o conceito de Descartes,[13] que atribui à consciência o que se adquiriu como experiência.

O normal seria que, quanto mais experiente fosse um profissional, tanto mais viria a ter aguçada sua consciência ética, mas nem sempre isto é verificável.

Esse ângulo de observação do emérito filósofo francês pode ser o lógico, mas não o prático, em uma sociedade em que o dinheiro tem-se sobreposto à humanidade.[14]

---

[11] Notadamente muitos filósofos estoicos vividos há milênios e diversos cristãos católicos, espíritas etc.
[12] Campanella, Telésio etc. são defensores dessa conexão, já na idade moderna da filosofia.
[13] DESCARTES, René. *Ensaio*, II, I, 1.
[14] Nesse particular, são deveras impressionantes as revelações do culto Dr. Marco Aurélio Dias da Silva, em sua obra *Quem ama não adoece*, edição do Círculo do Livro, contra alguns médicos que desprezam a ação humanitária, tudo condicionando a práticas mercenárias.

O normal é que a sabedoria derivada da experiência melhore a conduta, mas as ambições que residem nos egoísmos que o id entende como prazer, como felicidade, podem ser canalizadas para um materialismo exacerbado e condenável.

Nesse caso referido, da supremacia do valor monetário sobre o humano, processam-se deformações da consciência e rompe-se aquela moral.

Nesse território de indagações sobre a consciência ética, é possível ter clara visão do quanto ela depende do ambiente, das circunstâncias que podem levar o profissional em casos extremos a conflitar-se com o interesse social.

Também pode ocorrer que o profissional se volte contra medidas provenientes dos poderes que geram o Estado e que forçam medidas em nome do social, mas, em verdade, com lesões ao interesse individual dos cidadãos que exercem seus trabalhos.

Refiro-me ao caso, por exemplo, que tem ocorrido na prática, em que o Poder Público, em lei, estabelece que o profissional deve denunciar o contribuinte que não está em dia com as obrigações fiscais.[15]

Entre o interesse do governo, a imposição da lei e a ética profissional que protege o sigilo, tem-se o contabilista firmado na proteção ao cliente, com muita justiça e adequação, entendo.

Se nosso Código Civil protege o sigilo e se a lei fiscal obriga sua quebra, o conflito da própria legislação desmoraliza a posição legal e a opção profissional é fácil, em favor da empresa. A questão de consciência, no caso, tem, como mais forte, o dever de não trair, de não insurgir-se contra aquele que tem o dever de proteger.

O profissional da Contabilidade, no caso, segue os mesmos preceitos do advogado que, mesmo sabendo que seu constituinte é criminoso, o defende, ou, então, do médico que, mesmo sabendo que seu cliente é um adúltero, o protege contra a doença que adquiriu sexualmente.

Não se trata, pois, de defender a omissão, o crime ou o adultério, mas a pessoa que se deixou vitimar por tais eventos.

O ser se sobrepõe aos fatos que praticou e, sendo a missão dos profissionais referidos, os seres, a prioridade estará sempre em defendê-los, ainda que isto contrarie a tese dos que endeusam o Estado, como se tal instituição fosse infalível e absoluta.

A consciência enseja um exercício de vida que busca fundamentos nas virtudes do espírito e estas seguem a parametria das essências.

---

[15] Por várias vezes e em várias épocas esse fato tem ocorrido em diversos países.

Quando tal exercício é o profissional, a consciência ética, como específica, tem como virtudes também fatores específicos e, neste caso, é preciso seguir-se a razão fundamental que é a do suprimento das necessidades dos indivíduos e a das células sociais; no caso do contabilista, seu exercício se objetiva na defesa das células sociais, através da riqueza, em sua *relativa interação* com o social.[16]

Não se trata de um egocentrismo, nem de privilégios de classe, mas sim do exercício específico das virtudes, quando e como se fazem necessárias para a utilidade humana.

O uso do conhecimento obriga a quem dele se serve e desclassifica os omissos e incompetentes.

A finalidade na aplicação do saber é maior que os meios de sua aplicação, isto é, a prática que nos ensina em face das questões éticas.

Os que dependem do conhecimento e apelam para um profissional confiam que suas necessidades venham a ser satisfeitas – esse é o princípio.

Husserl e seus adeptos da fenomenologia entendem que tudo é intencional nas relações entre o ser e a sociedade à qual pertence e, com isso, defendem uma superautonomia do espírito e, logo, uma independência absoluta deste, em relação ao todo em que habita.[17]

Isto explica os conflitos, mas não exclui o dever de um esforço no sentido de uma harmoniosa convivência com o grupo, no caso ético.

Os diversos aspectos aplicáveis ao estudo da consciência ética são todos de grande importância, pois focalizam partes de realidades que constituem mosaicos de uma visão até agora formada sobre o que nos foi possível entender sobre tão complexo e profundo assunto.

É inequívoco que, entre o ideal, o real, o eu, o ético, um expressivo número de variáveis discordantes pode ocorrer.

Os juízos que povoam o consciente, o pré-consciente, o inconsciente, assim como as energias espirituais que sobre nós atuam, criam, muitas vezes, miríades de variações competentes, para alterarem os modelos já aceitos pela consciência.

Entre o "eu" e a "consciência", pois, há um vasto campo de estudos inexplorado.

---

[16] Relativa porque também o social tem obrigações com a célula, o que, não ocorrendo, promove desequilíbrios.
[17] E. Husserl baseia-se nos estudos de psicologia de Brentano para defender suas ideias.

Estados especiais de manifestação da consciência ética

Os sentimentos morais, religiosos, partidários, econômicos etc. podem superar a razão e em qualquer tempo reformar modelos conscientes.

O ego, envolvido pela crença, pelo preconceito, pela forte emoção, pelo desenfreado interesse, pelo descontrole do id, tende a deturpar o racional, podendo negá-lo, alterá-lo ou superestimá-lo, de acordo com a circunstância.

Pode ocorrer entre um grupo e uma sociedade e até com a aceitação do Estado, uma posição fanática, logo irracional, que se torna moral perante o coletivo, mas não se torna ética perante a doutrina.

Pode ocorrer também que paixões e sentimentos profundos alterem as visões de um ser. Tais situações são notórias, porém, ainda não amplamente dominadas pelo conhecimento humano.

A ciência, também, ainda não conseguiu uma valorimetria da paixão, da dor, da tristeza e da melancolia que fosse confiável e comprovável quanto à fixação quantitativa de sua intensidade e elasticidade.

Sabemos, por exemplo, que a psique altera o soma (corpo) e que as doenças da matéria podem advir da mente;[18] por sua vez, certos males materiais exercem, igualmente, em retorno, outras influências mentais.

Também sabemos que a própria mente tende a alterar a si mesma e a provocar modificações nas estruturas da consciência e, como decorrência, modificar os comportamentos.

A história do mundo está plena de atos lesivos à Ética praticados pelo fanatismo religioso,[19] pelos preconceitos,[20] em suma, por emoções que empanam a razão mas que dominam o ego e que contaminam sociedades.

Não é, pois, exagero afirmarmos que uma consciência ética pode ceder lugar a deturpações, motivadas por fanatismos religiosos, preconceitos e paixões de diversas naturezas.

O mundo exterior pode mudar o mundo interior do ser a qualquer tempo e em qualquer espaço, dependendo da qualidade da estrutura da consciência ética e da força das circunstâncias ambientais.

---

[18] Muitos estudiosos defendem a tese de que existem mais doentes que doenças.
[19] A Inquisição é bastante eloquente como prova de fanatismo e de lesão aos princípios morais do ser humano, sendo uma das páginas negras da História do fanatismo e do abuso do poder religioso.
[20] A questão racial na África do Sul, nos Estados Unidos, tem escrito páginas de sangue e de vergonha moral.

Essa ligação entre o espírito e o eu que molda a consciência pode alterar-se pelos efeitos de perturbações externas, dependendo da força da motivação e da fraqueza do ser.

A mudança, no caso, processa-se em uma razão inversa, ou seja, da força do estímulo e da debilidade do ego.

Essa a maior incidência das alterações, notadamente favorecida pela ignorância, pela inexperiência, pela carência de amor dos seres e que se espelham em seus medos e consequentes inseguranças e submissões.

Quanto menos culto o ser, mais susceptível de influências; quanto menos culta uma sociedade, mais facilmente se deixa levar por práticas enganosas dos que detêm o poder,[21] inclusive as do fanatismo.

Quanto menos culta uma classe, mais vulnerável se torna na sociedade; quanto menos culta uma nação, mais susceptível se torna de ser dominada.

A ignorância facilita o enfraquecimento da virtude[22] e o erro pode consagrar-se como conduta aceitável até perante o social;[23] o que se tornar ético na prática, todavia, jamais se poderá aceitar como verdade na doutrina da Ética e aí se diferenciam as qualidades das consciências.

Ocorre, sem dúvida, nessas deformações, estados especiais de consciência ética, ou seja, aquele assimilado da ambiência e o que se considera como virtude consagrada, no campo da verdade tradicionalmente aceita.

O próprio Aristóteles, um dos mais consagrados genitores da Ética, tinha em sua consciência a aceitação da escravidão como algo natural, consagrando uma atitude aceita pela sua sociedade. Seus conceitos eram dessa Ética relativa à sua ambiência.

Não podemos, todavia, em sentido absoluto, considerar Aristóteles um antiético, se foi um dos pensadores mais notáveis nessa questão; podemos, sim, apenas, admitir um estado especial de consciência que estava sob o forte impacto da pressão do pensamento coletivo de seu tempo.

A verdade, todavia, parece-me atemporal; se aceitarmos a verdade de um determinado tempo como absoluta, estaremos negando a evolução do pensamento.

---

[21] Referi-me a toda a sorte de poder: político, religioso, classista etc.
[22] Expressiva é a manifestação de Hermógenes sobre a ignorância: "Dois ignorantes se encontram e não tardam em se agredir; dois sábios se encontram e não tardam em se abraçar".
[23] O grande pensador oriental Buda afirmou, há 2.500 anos, que a ignorância é o maior de todos os males.

As éticas de cada época não podem ser, perante a doutrina da moral, senão casos especiais de estudos, jamais podendo alcançar o caráter de universalidade científica.

O fato de os sumério-babilônios haverem escriturado contabilmente em argila não significa que o computador seja inadequado, nem que aquele povo foi inculto, mas que, apenas, utilizou os recursos materiais possíveis de sua época; o que eles fizeram, perante os registros, nos servem como referências e estudos históricos da evolução do pensamento contábil, mas, jamais, como matéria a incorporar-se na doutrina da Contabilidade ou a ser tomada como infalível. Com a prática das virtudes passa-se a mesma coisa.

As práticas viciosas ocorreram e ainda ocorrem, embora grande tenha sido o progresso científico e filosófico no campo da Ética.

Sob determinadas circunstâncias, todavia, de tal forma as lesões contra a virtude se consagram, de tal forma são motivadas inteligente e propositadamente, que o que "vem a parecer ético" não passa de um estado especial de consciência, tratável perante o conhecimento da Ética como na medicina se cuidam os casos patológicos.

Virtude como substância ética

Com relatividade, entendo, deve analisar-se a expressão isolada, de Aristóteles: *"aos hábitos dignos de louvor chamamos virtudes"*.[1]

Nessa expressão quis o genial pensador, parece-nos, ressaltar o efeito (louvor) como causa determinante e não a virtude, em si, ou seja, o que ela de fato representa.

Sabemos, inclusive, que virtuosos não são dignos de louvor em meios nos quais o vício prevalece, o que não invalida o teor da virtude.

Entendo que nossa observação torna-se, pois, evidente, quando imaginamos que o louvor pode ser efeito de uma forma particular de ver as coisas, relativa a um grupo de pessoas, ou, também, uma ótica particular de conduta grupal.

A virtude não é apenas o que se pode louvar, pois isto dependeria de parametrias variáveis e incertas; para um grupo de assassinos pode ser louvável o atirador impiedoso e veloz, mas, para homens de conduta humana correta, tal comportamento seria reprovável.

A conduta virtuosa, como a entendo, é algo essencial e estriba-se na qualidade do ser em viver a vida de acordo com a natureza da alma, ou seja, na prática do amor, em seu sentido pleno de não produzir malefícios a si e nem a seu semelhante.

É o próprio Aristóteles que em digressões mais profundas evidencia que a virtude provém de algo intuitivo, na direção do que de íntimo possuímos.[2]

Virtuoso não é apenas o que se comporta louvavelmente, mas o que também recebendo louvores os tem provenientes de qualidades transcendentais, fundadas no respeito a si e a seus semelhantes.

---

[1] Aristóteles. *Ética*. Livro 1, 13.
[2] *Ibidem*, 20.

Conceito genérico e essencial de virtude ética

A virtude é uma capacidade atada a origens transcendentais, em sua expressão conceptual genérica; ligada às propriedades do espírito, é essencial e se manifesta envolvida pelo amor, pela sabedoria, pela ação competente em exercer o respeito ao ser e a prática do bem, pela reflexão que mantém a energia humana em convívio com outras esferas mais abrangentes.

Na conduta ética, a virtude é condição basilar, ou seja, não se pode conceber o ético sem o virtuoso como princípio, nem deixar de apreciar tal capacidade em relação a terceiros.

Há uma virtude ética, por conseguinte, representando o feitio próprio de condutas específicas.

Nesse campo ela não expressa simplesmente um hábito ou costume, nem uma capacidade qualquer, um sentimento etc.

Para o campo da ética a virtude está atada à qualidade do ser, em sua prática de atos morais, essenciais, íntimos da alma.

Entendo, também, não ser o caso de aceitar-se a virtude como simplesmente "a intenção moral em luta", como a enunciou I. Kant.[3]

Entendo que o ser humano nasce com programações genéticas, atávicas, biológicas, espirituais etc. que ainda a ciência não conseguiu, com precisão, determinar.

Tais atributos pelo nascimento evoluem e se moldam com a educação no lar, nas escolas, nas igrejas, nos clubes, nas diversas convivências.

A educação a tudo pode controlar, até certa idade, e deve conduzir o ser a padrões de práticas de respeito e de amor, de natureza virtuosa.

Existem padrões de virtude, não podemos negar, aceitos como verdadeiros, transmitidos secularmente pela via educacional.

Referimo-nos àqueles derivados das culturas que moldaram as diversas civilizações, consolidaram-se em códigos de natureza religiosa, legal, ética etc.

Não nego a influência que o caráter dos seres possa exercer, mas reconheço que a virtude não é susceptível de ser somente concebida ao sabor de culturas, como se dentro delas tivesse sido produzida.

---

[3] KANT, Immanuel. *Crítica da razão pura*. I, Livro I, cap. III.

A mim, igualmente, me parece rigorosa a apreciação de Hegel, quando quis considerá-la como algo abstrato apenas,[4] mas aceito sua concepção de origem nessa condição, ou seja, proveniente de fonte perfeita, como adiante comentaremos.

No campo da Ética a virtude é, sem dúvida, uma qualidade necessária, sem a qual não se consegue exercer a disciplina comportamental nos grupos.

Os códigos podem prever e regular as qualidades exigíveis, mas o ser humano necessita, em seu íntimo, identificar-se com tais princípios, esforçando-se por superar desníveis de seu caráter[5] e exercê-los de forma natural, instintiva.

Evolução conceptual de virtude e suas relatividades

As novas formas de vida, ensejadas pelo avanço das ciências, das leis, das sociedades, já não permitem a calcificação de alguns conceitos de virtude que há séculos se adotavam; as transformações imprimiram alterações nos modelos e na própria forma de encarar a aplicação de certos princípios, antes demasiadamente rígidos ou, perifericamente, apenas determinados.

Muitas das alterações hoje aceitas, inclusive pela lei, não sabemos se estarão preservadas em séculos futuros e outras tantas ainda causam reações nos que se prendem a um nível maior de respeito ao ser humano.

No campo escolar, por exemplo, certas liberdades introduzidas pela educação dita *moderna*, importada de modelos norte-americanos, atribui liberdades excessivas ao aluno e dá ao professor uma imagem tão confundida com a do discente, em matéria de comportamento, que a hierarquia tem-se perdido.

Pode isto ser aceito por um número muito grande de imitadores, mas, pessoalmente, sempre discordei e jamais permiti que em minhas classes ocorresse.

Entendo que a conduta de um professor deve ser de amor, com austeridade, ou seja, não deve ser um algoz, mas não deve confundir-se com a de um simples *aluno mais velho*.

Sempre adotei a linha de franca liberdade e isto nunca me tirou a autoridade e nem, jamais, deixou de dar um máximo aproveitamento nas matérias que lecionei.

---

[4] Hegel. *Filosofia do direito*. Parágrafo 150, Zusatz.
[5] Tudo faz crer que o caráter seja inato e que é a educação a responsável pela sua modelagem ao feitio virtuoso.

Não sei até que ponto essa liberdade referida não se confunde com libertinagem; apenas sei que, perdida a autoridade, perdido o respeito do mestre como um centro, perde-se o sistema.

A lei universal, natural, nos mostra, dos micro aos macro-organismos, que é o centro de tais organismos que os rege e para o qual tudo tende.[6]

As alterações sociais-morais, todavia nem todas, foram maléficas; muitas evoluções foram e ainda são altamente proveitosas à liberdade do ser humano e a uma aproximação à verdade.

Tudo isto é perceptível, mas não altera, segundo entendo, ainda, as bases que devem caracterizar a conduta de um profissional como a já referida do contabilista, por exemplo, em sua responsabilidade de guardião da riqueza das células sociais ou de um médico como guardião do organismo humano.

As alterações ampliaram os níveis de liberdade, embora nem sempre com a preservação de um estado de melhor qualidade de vida do ser.

Como os valores sociais se modificaram e as normas também, as atitudes e os comportamentos, igualmente, precisaram cambiar; tais reformas, todavia, não abalaram os núcleos, referentes aos alicerces da virtude, daquela que Cícero já pregava com tanto rigor[7] e antes dele tantos outros pensadores.

Novos aspectos de uma virtude evolutiva, relativa, e não absoluta e congelada, alteraram, sensivelmente, as próprias concepções filosóficas da vida.

Embora, moralmente, um homem do século I tenha muitas semelhanças com um homem do século XX, a verdade é que outras coisas se modificaram, em razão dos progressos do conhecimento.

Herbert Spencer, tratando cientificamente da questão moral em face da evolução, buscou dar à mesma um caráter científico por entender que a conduta humana é um aspecto singular do modelo de ação do homem, em face de uma sociedade que progride.

Isto reforça o argumento de que a virtude não se faz dispensável em nenhuma circunstância e que não podemos transgredir diante daquelas pétreas, indeformáveis, ligadas à essência, ao espírito.

Existe um elo indissolúvel entre o ser e seu grupo, entre o tipo de atividade que exerce e as virtudes que precisa praticar em face da sociedade.

---

[6] Assim se passa nas células, nos átomos, nas galáxias.
[7] *Catilinárias, Verrinas, Filípicas* etc. e especialmente em seu trabalho *Dos deveres*.

Um princípio de solidariedade rege as classes e é motivo de sua sustentação, mas estas não se dissociam do todo social – opostamente, deve consolidá-lo e agir em consonância com o interesse deste.

Que a virtude, para alguns filósofos, seja algo que não mais deve ter o caráter absolutista é justificável para seus pontos de vista, porém continuo a admitir que o progresso do mundo operou-se mais material que espiritualmente e que as condições de *uma ética fundamentada no respeito ao semelhante é questão essencial.*

O estudo dos aspectos ou visões, nessa área, analisa, aliás, várias facetas, quer sob o angulo religioso, quer sob aquele metafísico, utilitário, evolucionista ou de filósofos que se notabilizaram na análise da questão (como Kant, Stuart Mill, Guyau etc.).

Os exames merecem quer funções genéricas, quer específicas.

Uma grande variedade de ângulos pode ser enfocada.

Assim, por exemplo, a força do dinheiro, na atualidade, tem deformado mentalidades, tem corrompido políticos, administradores, profissionais etc. forjando até o hábito de fazer do embuste, da má-fé, da mentira (antivirtude) uma condição de manutenção em grupos do poder.

Nesse particular destacam-se o "homem sem dinheiro" e o "dinheiro sem homem", como o concebeu o referido Marco Túlio Cícero,[8] ou seja, o que pode conservar a virtude se sobrepõe ao dinheiro ou o homem adquire e perde a condição de homem pela prática de atos viciosos.

E Cícero acrescenta: "a desmedida fascinação pela riqueza corrompeu os costumes"[9] (*sed corrupti mores depravatique sunt admiratione divitiarum*).

Um profissional que vive lidando diretamente com valores materiais, tendo como objeto de sua tarefa o zelo pela riqueza, como o da Contabilidade, mais que ninguém deve resguardar-se contra a sedução da fortuna, à custa de prejudicar a terceiros, notadamente seu cliente (esse, todavia, um dos aspectos, apenas, das virtudes a serem exercidas).

O Código de Ética Profissional do Contabilista, por exemplo, fixa um sem-número de virtudes exigíveis; poderíamos, mesmo, até dizer que é um complexo de normalizações de virtudes a serem cumpridas.

---

[8] CÍCERO, Marco Túlio. *Dos deveres*. Livro II, XX.
[9] *Ibidem.*

Não basta, entretanto, que sejam normalizadas as condutas; o importante é que o profissional dessa área e daquelas que cuidam de interesses de terceiros tenha absoluta convicção de que não deve construir seu bem à custa do prejuízo de terceiros, sejam eles quem forem.

Por mais rigorosos que sejam os códigos, as classes estarão sempre a transgredi-los se não possuírem educação ética com absoluta convicção sobre os benefícios da prática das virtudes.

Efeitos e responsabilidades na prática da virtude

Escreveu Vauvenargues que "A utilidade da virtude é tão manifesta que os maus a praticam por interesse".[10]

Sem dúvida, a conduta virtuosa tende a consagrar os profissionais, especialmente, pois a confiança de utentes, em seus trabalhos, diretamente se liga a tal condição.

Isto traz inequívocos benefícios de ordem material e social.

Esta a razão pela qual, mesmo sem pendores para tal, alguns praticam a ação virtuosa para que não caiam no descrédito; ou ainda, buscam vantagens em ser virtuosos, não porque lhes dite a consciência, mas porque lhes obriga a conveniência.

Parece-me, pois, justificável a máxima do Marquês de Vauvenargues: "nem todo aquele que parece virtuoso ama, de fato, a virtude".

Isto coincide, também, com a afirmativa de Diderot: "Louva-se a virtude; mas odeiam-na, mas fogem dela e ela gela de frio nesse mundo onde se precisa ter os pés quentes... a virtude se faz respeitar e o respeito é incômodo; a virtude se faz admirar, e a admiração não é aceitável".[11]

Ao longo dos anos, e mesmo nos escritores mais modernos, continua-se a mostrar essa grande luta entre a virtude e os vícios (o que em parte justifica o ponto de vista de Kant, já referido).

Entendo, como Espinosa, que o mal existe para valorizar o bem e que muito difícil é eliminá-lo completamente, pelo menos enquanto a humanidade raciocinar nos termos que adota, em que a matéria tem prevalecido.

---

[10] Lucas de Clapiers, Marquês de Vauvenargues, moralista francês, autor de *Reflexões* e *máximas*. Nasceu em 1715 e morreu em 1747.
[11] DIDEROT, D. *O sobrinho de Rameau*. Foi ele um dos mais influentes pensadores de sua época (1713-1784).

Sendo a virtude algo atado ao espírito, e, sendo o espírito relegado, é natural que ocorra a decorrência inevitável de perda de força daquela.

Por ser às vezes rara, em determinadas sociedades, como os metais raros, tende a ganhar qualidade.

No campo profissional os benefícios que traz são inequívocos.

Nesse mar de lama que tem envolvido a política brasileira e de outros países, raríssimo é o envolvimento dos contabilistas nas práticas de corrupção, quer em conivência ativa, quer passiva.

Isto credencia sobremaneira essa classe que em muito depende do grau de confiança nela depositado (há milênios os contabilistas são os confidentes dos empresários e dos homens públicos, mas a maioria absoluta jamais se envolve, preservando-se na virtude).

O sistema de corrupção implantado no país, todavia, para consolidar-se, iniciou por destruir a Contadoria Geral da República, desprestigiando a classe contábil a partir da década de 1960 e buscando elementos mais maleáveis e não entendedores da questão, para evitar maiores controles.

Há, todavia, um retorno à Contabilidade Integrada, ainda que não o suficiente para romper as barreiras da corrupção, ou seja, parece ainda existir uma "meia-intenção".

As compensações pela virtude, entretanto, são, basicamente, morais e nem sempre materiais.

Pode ocorrer, como de fato ocorre, não haver benefício material, pela prática da virtude, mas existirá, perenemente, todas as vezes e em quaisquer casos, o benefício de ordem íntima, espiritual, mental, de consciência, e esta será a grande remuneração.

Esse benefício nem sempre se traduz em expressões, em coisas, pois existem vibrações internas, em cada ser, competentes para evidenciar a existência de algo mais que nos liga a um prodigioso complexo em que o amor parece ser exigível em todas as ações.

Não me atreveria a definir nessa área quaisquer limites; apenas não posso negar que a prática da virtude a mim faz bem e isto é subjetivo.

Quando, todavia, analiso a obra de tantos pensadores ilustres e percebo tantas experiências de vida, não chego a duvidar dessas ligações transcendentais, dada a generalidade de manifestações, e isto é objetivo.

As religiões têm conjugado tais manifestações com alguma propriedade e seus códigos, na maioria das mais importantes, são códigos morais.

A compensação pela virtude não me parece uma promessa, todavia; aquele que a pratica por amor satisfaz a si mesmo.

Que mais poderia ocorrer de benefício, senão aquele que fazemos a nós mesmos, distribuindo também e igualmente seus efeitos com nossos semelhantes?

Perfeição e virtude

A crença em um espírito perfeito, em uma energia suprema, fonte da verdade e do saber, da bondade e do amor, acompanha os homens há milênios.

Sócrates já se referia a ela, ao admitir que tal fonte não possuía as iras e os defeitos dos "deuses do Olimpo".[12]

Coevo seu, Buda também admitia a existência de uma força que tudo criou e tudo formou, concluindo: *"porque senão não haveria razão para o que é criado e formado"*.

Esse gênio da filosofia oriental também pregou como modelos de perfeição os caminhos retos da conduta, fundamentados no bem próprio e naquele de terceiros.

Admitiu, como preexistentes aos códigos humanos, a criação dessas atitudes e que na prática são objetivamente éticas.

Algumas religiões, também de força predominante, admitem que Deus fez o homem à sua imagem e com isto admitiram, também, a criação do ser, originariamente, com os atributos da perfeição.

Os filósofos modernos, mesmo os de inspiração matemática, como Descartes e Leibniz, não deixaram de penetrar em tais raciocínios.

Espinosa, cientista da Ética, oferece-nos as seguintes proposições: *"A alma humana tem um conhecimento adequado da essência eterna e infinita de Deus"*, *"Na alma não existe vontade absoluta ou livre; mas a alma é determinada a querer isto ou aquilo por uma causa que também é determinada por outra, e essa por outra, por sua vez, e assim até o infinito"*.[13]

O emérito pensador proclama, pois, não só a existência de Deus, mas sua presença em cada um, exercendo-se através de cada ser e que, sendo parcela, deixa-se dirigir pelo total.

Uma essência criadora, admite-se, pois responde por tudo o que é criado e como fonte geradora em tudo fez existir sua própria essência, como parcela.

---

[12] Os gregos, em sua mitologia, eram politeístas e admitiam vários deuses, com semelhanças aos caracteres humanos, inclusive as iras, ambições e até desonestidade.
[13] ESPINOSA, B. *Ética*. Proposições XLVII e XLVIII, Parte II – Da natureza e da origem da alma humana.

Tais raciocínios impregnaram-se na conduta dos homens e, ao respeitar imensa força como algo *perfeito*, estabelecem o modelo da própria forma de conduzir, partindo do que representa entes como amor, sabedoria, presença, ação.

Sócrates, Cristo, São Francisco de Assis e muitos outros homens que pregaram a virtude, em nome desse ser perfeito, coincidiram em seus pontos de vista.

Difícil é encontrar, nos milênios passados, o momento em que chegaram os homens a tais conclusões, ou seja, precisar quando tal estado de consciência se iniciou, como nos parece difícil hipotetizar racionalmente sobre uma Ética dos primatas (que nem sabemos como poderia ter existido).

Não é demasiado, pois, em se tratando de Ética, buscar as essências que a sustentam, nessas reflexões metafísicas, mesmo sem precisar origens.[14]

Ao aceitar tais bases, percebe-se que não se trata de normas de conduta ao acaso, produzidas e criadas pelo homem, mas da busca de uma reconhecida perfeição, preexistente, essencial, como imitação, como **"união com Deus, o supremo estado da bem-aventurança exequível na alma humana"**, *como escreveu Marden.*[15]

Nessa forma de conceber, *a virtude é essencialmente a perfeição inspirada nas propriedades divinas, preexistindo à concepção do homem e existindo por essência, independentemente da vontade humana.*

Não seria, pois, nessa maneira de entender, a virtude, um fruto da razão, mas do extrassensorial, de uma lei universal, como há aproximadamente 2.500 anos lecionava Platão.[16]

Os homens podem estabelecer paradigmas que consideram virtuosos, mas não é por esta razão que se transformam em virtudes.

Não somos autores da verdade; apenas conseguimos encontrá-las e identificá-las com um modelo que, tudo faz crer, trazemos por origem na alma; por isto é que sentimos acender-se em nós uma energia ou satisfação quando encontramos a essência que por nascimento parecemos trazer.

Caráter e virtude

Há milênios os pensadores já distinguiam a qualidade do ser e admitiam que cada um tem sua função e que, *embora sejamos semelhantes, jamais somos idênticos.*

---

[14] Tal como fez B. Espinosa, em sua *Ética*, cujos exemplos de teoremas apresentamos.
[15] MARDEN, O. S. *Formação do caráter*. Porto: Livraria Figueirinha, p. 55-56.
[16] Platão. *O Timeu*.

Cada um parece receber uma função ou missão e por isto mesmo tem sua própria identidade. Assim como as folhas de uma árvore se parecem, mas cada uma tem uma característica diferente da outra, também os homens podem parecer absolutamente iguais, mas, em verdade, não o são. Há, impresso em cada um, sua marca perante o destino.

Virtudes e defeitos parecem ser atribuídos, porém distribuídos diferentemente nessa miríade de variáveis que contém o exercício da vida.

Tal propriedade, impressa no homem, em sua programação espiritual e genética,[17] seria seu natural caráter (e a palavra caráter, de origem grega, exprime exatamente *gravar*). Essa gravação traria em si a semente do bem, da liberdade, do amor, e também as negativas de todas estas.

Por que existem inatas as positivas e negativas ninguém conseguiu até hoje explicar.

Paralelamente, a oportunidade de construir o positivo nos é outorgada, também de forma diferenciada.

A conquista da sabedoria advém da vontade de saber e do ambiente de que dispomos para conquistá-la, através da observação e da educação.

A sabedoria, todavia, admite-se, parece que deve ser reconquistada, ou seja, em cada passagem do espírito pela Terra, entendem os espiritualistas, existe um aprendizado que se acrescenta à entidade espiritual.

Não ouso afirmar, categoricamente, que assim seja, mas respeito os que defendem a reencarnação como um curso do espírito em sua marcha evolutiva.

Por que, também, se justifica tudo isto, não consigo compreender. Não nego a evolução no Universo, mas desconheço por que e para que ela se processa, em seu sentido final.

Na referida defesa, todavia, desse processo evolutivo pela reencarnação, incluem-se nomes tão expressivos (Aknathon, Buda, Sócrates, Cristo etc.) e personalidades tão lúcidas que prefiro evitar qualquer ceticismo diante de tanta inteligência iluminada, embora conserve minha cautela em não afirmar.

Os princípios da conservação e da evolução do espírito (que justificam o reencarnar) parecem-me lógicos; se a matéria e a energia possuem semelhantes propriedades, segundo defendem muitos estudiosos,[18] é natural que se possam reger por leis semelhantes.

---
[17] MARDEN, O. S. *Formação do caráter*. Porto: Livraria Figueirinhas, s.d. p. 40.
[18] Nesses se inclui, com raro brilhantismo, J. E. Charon, em sua obra *O espírito, esse desconhecido*.

Aceito, todavia, o caráter, perante a Ética, como desejam também entender os que o analisam em sua generalidade, ou seja, como um agregado das qualidades morais e intelectuais que cada um possui.

Assim definiu Marden o caráter: *"a vontade firma, justiça reta, inflexibilidade no cumprimento dos deveres, energia em todos os atos"*.[19]

A fonte dele é, pois, essa energia que provém, como diz o autor citado, *"de um mundo invisível"*, mas beneficiado pela educação e também pela qualidade do ambiente em que o ser vive.[20]

Em seu sentido ético, o caráter é um sistema energético consubstanciado em virtudes que regem a ação do homem, representando a individualidade deste, perante a perfeição.

É uma energia tão vibrante que pode transmigrar-se, ou seja, pode influir sobre outras; é habitual encontrar-se em comunidades onde existem líderes virtuosos, ampliação da virtude aos demais membros.

O exemplo da conduta ética dos líderes dignifica uma sociedade e cria novos elementos que seguem tal forma de viver, pois a tomam como paradigma.

Esta a razão do Estado, quando bem dirigido, procurar cultuar a memória dos homens que servem de paradigmas de virtude e pela qual os Códigos de Ética buscam preservar suas imagens.

A imagem da virtude, corporificada em pessoas, leva outras a seguirem o caminho da conduta perfeita, razão pela qual merecem tais expoentes a proteção necessária.

São eles centros de sistemas espirituais, ou seja, *existem homens que conseguem não só ser virtuosos, mas promover a virtude.*

As energias provenientes do caráter, por conseguinte, levam-nos a meditar sobre a importância das teses espiritualistas nas definições de virtude.

O conceito científico de que a energia era uma propriedade da matéria e que derrotava a tese espiritualista já está superado.

Sabemos hoje que tanto a matéria se transforma em energia como a energia pode materializar-se.

Esta a razão pela qual os físicos contemporâneos retornam à Metafísica.

---

[19] MARDEN, O. S. *Formação do caráter*. Porto: Livraria Figueirinhas, s.d. p. 37.
[20] *Ibidem.*

Não vejo, pois, justificativa para que se enfoque o estudo ético sem considerar o essencial, a partir do espiritual.

A conduta é um efeito em que a causa é uma vontade e esta se inspira em algo que se materializa proveniente de um estado de consciência, contido no caráter e que, por sua vez, é fruto de energias impressas no ser e que se alteram pelas captações de outros elementos.

Não há dúvida de que o caráter distingue o indivíduo, sendo sua marca de ação como individualidade que permite a qualificação.

A virtude está além do caráter, mas um caráter virtuoso projeta-se e nivela-se nesse além.

Um bom caráter forma-se na virtude, porém a virtude não depende das individualidades para existir.

Pensadores, também, como já disse, a exemplo de Heráclito, afirmaram ser o caráter o próprio destino do homem.[21]

Ligaram, nessa linha determinista, a função do ser aos meios que lhe são oferecidos nessa programação universal, cuja finalidade tanto se indaga, mas jamais se conseguiu penetrar na verdadeira essência.

Essa posição, digna de muitas interpretações, era condizente com uma filosofia que atribuía uma predeterminação ou marca funcional de cada ser, em face de sua atuação no planeta.

Psicólogos e psicanalistas hoje dispõem-se a concordar que o caráter é inato,[22] com isto confirmando a tese de que cada um tem realmente seu destino, definido por seu caráter, como afirmava, há 2.500 anos, Heráclito.

Continua, pois, a ser uma grande interrogação a diversidade de nascimentos e de condições em que os seres humanos chegam para cumprir seu prazo de vida, trazendo seus caracteres como uma definida marca.

Os seres já nascem em desigualdade de ambientes e oportunidades e os regimes políticos que tentaram essa lei cósmica terminaram em fracasso social.

Há em tudo uma desigualdade de formas e de manifestações, ainda que tudo resulte em harmonia – e isto é uma incógnita.

---

[21] Heráclito, filósofo grego da escola jônica de Éfeso, viveu no período 576-480 a.C.
[22] Basta, no caso, citar Lei Senne, em seu *Traité de caracterologie*.

O que é inequívoco, todavia, é o curso que cumprem; alguns, nascendo em condições adversas, chegam à prosperidade; outros, nascendo na prosperidade, chegam a situações adversas.

A forma de cada um se conduzir, guiado por seu caráter, é uma questão que ainda tem facetas desconhecidas.

Sabemos, entretanto, que tudo tende a se reger pelo poder da vontade sobre o uso do caráter.

Tudo se passa como se o livre-arbítrio residisse nesse determinismo, por paradoxal que pareça.

Ao receber uma programação de bem e mal, como estrutura do caráter, o ser, ao determinar a prevalência do bem sobre o mal, estaria dando provas de sua capacidade de alterar seu destino, através do exercício da vontade.

A vontade, tudo faz crer, é a expressão do livre-arbítrio, embora possa ser guiada por intuições e premonições, aspectos estes que ainda não possuem uma definição satisfatória no campo do conhecimento.

Sempre será uma decisão, mas quanto às causas que a motivam, nem todas me parecem absolutamente claras.

Processos pedagógicos, também, orientados cientificamente, possuem condições de reverter as causas de defeitos de caráter e transformar as qualidades negativas em qualidades positivas.

Mudanças de ambientes, também, podem operar mudanças.

Tudo, entretanto, muito se subordina ao exercício da vontade.

A História está pontilhada de exemplos de homens que, nascendo em condições de adversidade ambiental chegaram, todavia, ao ápice da sabedoria e da glória, do poder e da grandeza.

Marden atribui a questão das desigualdades ao *grau de evolução do espírito, que determina o grau de progresso da individualidade.*[23]

A mim, tais diversidades de destinos parecem fortalecer a tese respeitável e coerente das doutrinas da reencarnação, às quais nos referimos; não tenho meios de afirmar que assim seja, mas, apenas, supor que assim possa ser.

---

[23] MARDEN, O. S. *Formação do caráter*. Porto: Figueirinhas, s.d. p. 44.

Seja como for, o caráter, como forma de individualização, termina por identificar os indivíduos, e quando se assenta na virtude, não há dúvida, enseja sempre uma vida competente para o ser e a sociedade.

Cada um nasce com sua individualidade, mas aperfeiçoa-se pela educação.

O caráter é amoldável e mutável.

Por isso, no campo da ética, a promoção de uma cultura qualificada precisa, realmente, ser efetivada, com afinco, desde os primeiros anos de vida.

Cada pessoa vai assimilar, de sua forma, o que é ensinado, mas um criterioso regime educacional pode homogeneizar comunidades inteiras.

Cada indivíduo, todavia, acredito, continuará a ter sua estrutura, sua individualidade, digna de respeito, dentro dos limites de qualidade do ser.

O caráter, parece-me, é competente para qualificar o ser, e quando for virtuoso, será, sempre, também, ético.

Dever perante a ética

A consciência ética impõe um sentimento de cumprimento da mesma. A isto podemos denominar "dever ético", ou dever moral,[1] como também o denominam outros estudiosos. Cumprir o que se faz útil e necessário à sobrevivência harmônica, própria e do grupo, dos semelhantes, da sociedade, é um "dever" ou obrigação perante as regras de convivência.

Quer aceitando-se que isso seja uma *disposição de vontade* (como Kant admitiu),[2] quer como os sociólogos admitem,[3] quer sob um ângulo idealista, quer materialista, quer compulsório,[4] o dever situa-se como uma *disposição especial a exigir seu cumprimento como condição de respeito, conveniência e êxito da conduta humana perante terceiros.*

Gênese e natureza íntima do dever

Há uma lógica natural do dever que, *partindo de nosso espírito*, de nosso *cérebro*, nos estimula a cumprir os modelos mentais e educacionais, estes que recebemos e aqueles os que adquirimos pela convivência.

Os avanços da ciência atribuem-nos, também, estados especiais de memórias, provenientes de nossa formação biológica ou genéticos, e os que hoje estudam, cientificamente, o espírito, admitem que pela reencarnação trazemos algumas memórias mais fortes gravadas, que influem em nossos comportamentos.[5]

A história, há milênios, registra o aparecimento de homens de inteligência superior, muito acima da média, embora sejam poucos,[6] destacados em uma especialidade definida e sempre sujeitos ao seu ambiente para que possam demonstrar suas virtudes.

---

[1] A Ética é considerada a teoria da moral.
[2] KANT, Immanuel. *Fundamentos da metafísica dos costumes.* São Paulo: Publicações Brasil, 1936.
[3] Spencer, Durkheim e outros.
[4] Código de ética profissional imposto pelas entidades de classe.
[5] Desta forma, explicam eles fenômenos como os de Mozart, que compunha aos cinco anos, e de Bentham, que aos 12 anos já era universitário, para citarmos apenas dois exemplos. Muitos são os casos de superdotados, como os de gênios.
[6] As estatísticas, no Brasil, acusam o aparecimento em uma faixa que vai de 1% a 3% da população.

O que hoje a ciência denomina "inteligência emocional", que antes Binet[7] denominava Quociente de Inteligência (QI), enseja testes que classificam essas genialidades, hoje, através de eletroencefalogramas e diante de estímulos, realizados a partir dos três anos de idade.

Na realidade, identificam neurônios e falam deles, mas ninguém explica a verdadeira causa, pois, o cérebro, em si, materialmente, nenhuma diferença tem dos demais. É inequívoco, pois, que muito ainda existe a explicar no campo da mente e de suas relações com o espírito.

Parece inquestionável que exista, reconditamente, *uma cobrança, em nós mesmos, que nos impele ao correto*; a questão, observada sob esse ângulo, muito se aproxima do que Kant denominou "boa vontade", como *indução ao sentimento de dever*, como atuação de uma sensibilidade ética.[8]

Se uma pessoa mantém sigilo sobre o que outra a ela revelou, segue tal conduta quase por um instinto natural de vontade, mas, se não o faz, recebe, intimamente, repreensões de sua consciência, sentindo certo peso que não pode explicar, mas que pode perceber (a menos que seja malformado, e, nesse caso, situa-se entre as exceções), além da condenação de quem foi prejudicado e de terceiros que possam observar nesse ato uma desqualificação para quem o pratica.

A ética, como conduta, é transcendental, quase intuitiva, a partir das bases educacionais comuns, mas aperfeiçoa-se, quanto à complexidade dos deveres, pelos Códigos, pelas leis, pelo consenso nas comunidades, aceitos e criados especialmente para tal fim.

Sensibilidade para com o dever

O que parece existir em nós como algo natural, pela força dos costumes, pode consubstanciar-se, e, quase sempre isto ocorre, em regulamentos e leis, como ações de ordem impositiva.

Tais efeitos normativos, entretanto, não permitem, por si sós, no campo do conhecimento, a confusão do legal, do regimental, com o ético, quer sob os ângulos da sensibilidade, como um complexo de tudo o que é sensível[9] no ser, quer da racionalidade.

---

[7] Alfred Binet, fisiologista e psicólogo francês nascido em 1857 e falecido em 1911.
[8] Sensibilidade é um conceito que abrange tanto o conhecimento sensível ou preceptivo como os instintos e as emoções, e, inclusive, tudo o que se relaciona à vontade, determinada ou não.
[9] Sensível, na forma aqui utilizada, é tudo o que pelo homem pode ser percebido.

O que contraria o normativo pode não contrariar o ético e vice-versa, em sentido relativo. Quando, entretanto, existe uma coincidência de princípios, tudo o que contraria tal consolidação é uma violação. A transgressão, por efeito, passa a ser uma deformação.

Assim, por exemplo, tramar contra um amigo, motivado pela inveja ou desejo de ascensão social, é uma traição, e esta um dos mais vis defeitos do ser humano, condenável pela má qualidade moral de quem a pratica; o traidor é um ser abjeto, deformado moralmente, indigno do respeito de seus semelhantes e antes de tudo um covarde.

A obrigação de lealdade advém da virtude exigível para a amizade, para as relações de ligações de trabalho etc.

O dever provém e se consolida, de tal forma, no espírito, e tem tal poder de costume que se manifesta como um imperativo natural nos seres bem formados.

Essa emoção imanente que impele a distinguir o bem e o mal, que nos conduz em direção ao que é certo e nos reprova diante do errado, é, como o admitiu Rousseau,[10] algo natural, sendo esse o sentimento que nos modela para o dever, pelas vias de uma consciência ética.

Essa capacidade de receber emoções e de reagir a tais estímulos, de julgamento no campo da conduta humana, consubstancia-se no que aceitável se toma como dever, como espontânea forma de reagir diante de uma situação qualquer.

A condição de alguém obrigar-se a cumprir e a fazer da virtude um propósito de vida é geradora dessa obrigação, que não é compulsória por atos sociais, nem por ambiências, mas por vontade própria.

Aquele que vive no vício, como exemplificamos no caso do traidor, não possui a sensibilidade ética, nem a racionalidade pertinente; termina, quase sempre, desprezado por seus semelhantes, como um marginal em seu grupo, embora possa iludir a muitos com suas artimanhas e ainda tirar proveito de seu ato indigno, temporariamente.

Os efeitos das violações, de penalização do transgressor, parecem sujeitar-se a um tempo de maturação, mas a experiência tem comprovado serem eles sempre vítimas de suas próprias condutas.[11]

---

[10] ROUSSEAU J. J. *Pensées*, 3.
[11] Os pensadores, os religiosos, desde Buda, há 2.500 anos, falam da lei de retorno para os que praticam o mal e de um prazo de amadurecimento do bem e do mal.

Compulsoriedade do dever

Por consagrar-se nos costumes e consubstanciar-se em normas, regulamentos e leis, torna-se a conduta virtuosa, também, uma obrigação compulsória. Isto porque representa algo que não se sujeita a opções, nem a alternativas, mas a um necessário cumprimento.

A falta de cumprimento do dever assume caráter de violação, ou seja, de transgressão de obrigação da norma, mas, intimamente, é mais que isto, por representar uma antipropriedade do espírito.[12]

Em decorrência, a violação torna-se objeto de sanção ou punição, quer natural (pela autocrítica), quer do grupo próximo (pelas implicações no conceito pessoal, com perda de oportunidades), quer legal (pelas implicações penais), quer profissional (através dos Tribunais de Ética das instituições de fiscalização do exercício), quer social (perante a comunidade).

Nenhum desses aspectos se confunde, pois as naturezas das obrigações são diferentes diante de também diferentes condições de análise.

Educação e dever

O cumprimento dos deveres éticos, todavia, para os que possuem formação educacional de qualidade, que são dotados de índole boa, é um efeito natural, egresso de estruturas espiritual e mental sadias.[13]

Diversos são os estudiosos que recusam o conceito de dever moral ou ético, como efeito da pressão social ou de imposição legal,[14] por entenderem que o ser humano pode possuí-lo como formação própria e recebida, independentemente do que possa estabelecer um código, um decreto, um regulamento etc.[15]

Tudo porque *a vocação para o bem, a educação para o bem, ao se consolidarem na mente dos seres, conduzem o mesmo ao cumprimento do dever ético, como algo absolutamente natural, intuitivo.*

O sentimento da obrigação, existente nos que possuem estruturas bem formadas, flui sem imposições.

---

[12] As propriedades do espírito são o amor, a sabedoria, a ação e a reflexão, segundo entendo.
[13] Admito que as propriedades espirituais são, por natureza, boas, deformando-se com o ambiente. Só a exceção é naturalmente má e para o mal tende. Não nego, todavia, as condições atávicas, nem genéticas.
[14] CUVILLIER, A. *Manuel de philosophie*. Paris: Armand Colin, 1947. p. 282 ss.
[15] Dentre eles, dos mais notáveis foi Jean-Jacques Rousseau.

Esta a razão pela qual, no cuidado para com a infância, para com os adolescentes, na formação da qualidade de educandos, que recebem modelos de moral e ética, torna-se importante uma educação também de qualidade, volvida à virtude.

Os efeitos da educação básica de qualidade, sobre a comunidade e o próprio ser (como beneficiário de raízes fortes para a vida em comum, de uma cultura de índole refinada para o bem), tem a história comprovado serem eficazes meios de geração de condutas positivas.

Não entendo como útil o que se denomina educação, deixando que o educando faça tudo o que quer, ao sabor do acaso e de uma suposta liberdade, sem uma orientação competente para o que é necessário no campo da moral e da ética.

Da mesma forma, não posso conceber uma comunidade profissional que não esteja regida por uma norma de conduta ética e que não eduque seu grupo, constantemente.

A orientação para o cumprimento do dever ético é tarefa educacional permanente, quer dos lares, quer das escolas, quer das universidades, quer do Estado, quer das demais instituições.

Educar para o dever é contribuir para a harmonia social e para o êxito do ser que recebe os modelos de conduta.

Não obstante, pois, os dotes genéticos, espirituais, naturais que possuímos, é preciso que tal força seja direcionada e aprimorada, assim como protegida, pela educação.

Espírito e dever

O sentido do dever parece-me ter proveniência de recônditas disposições de nosso espírito e em nós manifesta-se como se fosse uma vocação[16] ou faculdade específica.[17] Apresenta-se como um modelo energético que nos tivesse sido oferecido, susceptível, todavia, de ser reforçado e/ou alterado.

Precisa, por isso, receber acréscimos, como elementos para o exercício da sabedoria, no ambiente onde vai cumprir sua missão cósmica.

Tal missão parece ser uma parcela de um sistema incomensurável e indefinido para nós, quanto a suas finalidades últimas, mas plenamente identificável e perceptível nos objetivos que nos estão próximos.[18]

---

[16] Isto não implica excluir a natureza má, a índole para o mal inata em certos seres e que também parece existir como determinação do destino ou deformação biológica.
[17] Contemporaneamente, sabemos que grande parte das funções de nosso cérebro é ainda desconhecida, assim como é ainda embrionária a ciência do espírito.
[18] Refiro-me especialmente ao exercício de virtudes comprovadas como benefícios do ser e já analisadas nas obras dos clássicos, desde os pré-socráticos, e com exuberância entre os estoicos romanos.

Admito, pois, que *o dever se encontra, em suas raízes, no espírito, como uma tendência originária, mais que como uma obrigação formal, mas só tem condições de refinar-se e de consubstanciar-se como modelo de conduta pelas vias da educação.*

Não conheço casos nem referências de estudiosos que pudessem ter comprovado a excelência de conduta apenas por um efeito absolutamente natural.

Embora saibamos que o natural ocorra, isto não exclui a admissão de que também o aperfeiçoamento se faça imprescindível.

Parece-me determinante, relevante, a qualidade da educação, pois esta, paralelamente à boa índole, ao ambiente sadio em que se forma o ser, enseja também a consciência ética de qualidade, e esta o firme conceito de dever. Mesmo os bem-dotados não podem prescindir desse polimento, desse acréscimo ao natural.

Vocação para o dever e conflitos entre vontade e compulsório

Como nos ensinou Kant, o dever, em sua análise, extrai seu valor menos de uma finalidade e mais de uma vocação.[19]

Partindo de uma consciência vocacionada para o dever, o homem age de acordo com essa determinação íntima que o impele a uma conduta sadia, como um modelo de *boa vontade*. Esta não se confunde com a lei, com a norma, com o regulamento, pois estes podem, inclusive, provocar resistências subjetivas.

O normativo pode ser gerado de experiências sadias e consagradas e pode estar impregnado de interesses de grupos dominantes do poder,[20] que decidem sobre suas aprovações para um uso compulsório.

A vida impõe-nos condutas que são especialmente típicas da ambiência social e que parecem, algumas, discrepar daquelas a que somos instruídos por efeitos naturais.

Podemos, por isso, discordar da lei, por entendê-la contrária ao que nossa consciência ética determina, especialmente quando esta, impregnada pela pureza das propriedades espirituais,[21] se contrapõe àquela, contaminada por conveniências de grupos dominantes (que detêm o poder de estabelecer as compulsoriedades, pelas autoridades delegadas ou usurpadas).

O dever, quando tal conflito se estabelece, entre a consciência e a lei, passa a ser um imperativo; cumpre-se porque é obrigatório, mas não por haver vocação para fazê-lo.

---

[19] KANT, Immanuel. *Fundamentos da metafísica dos costumes*. São Paulo: Publicações do Brasil, 1936.
[20] Quer seja esse poder o do Estado ou das instituições classistas.
[21] As propriedades espirituais, repetimos, em nossa forma de entender, são o amor, a sabedoria, a ação e a reflexão.

Nesse caso, distinguem-se, perfeitamente, os aspectos de um dever ético natural e de um dever compulsório, este com características mais de obediência do que de vontade.

O dever ético natural é o que a Ética acolhe como categórico, como específico da natureza da conduta. Desta forma, nasce e se desenvolve por uma voluntária manifestação de vontade, sem que exista a obrigação de cumprir, mas como cumprimento de uma determinação interna que fluiu sem esforços.

Há uma substancial diferença entre cumprir o imposto exteriormente e o que internamente nos impele a um dever que se tem como um princípio de formação espiritual.

O dever e o social

Diferentemente do que aceitaram vários sociólogos, entendo que a sociedade não nos impõe, mas nos impele, transcendentemente, à aceitação do dever como princípio. Logo, parece-me não ser a imitação ou a obrigação por efeitos ambientais que nos conduz a entender o dever ético, em seu sentido natural.

Parece-me contraditório aceitar que o homem tenha um instinto gregário e que o gregário possa reger seu instinto.

A causa não pode ser o efeito, como este não pode ser a causa.

As dimensões podem ocorrer até simultaneamente, mas não podem ser confundidas, sob pena de perdermos a ótica das percepções exigíveis racionalmente.

Não podemos negar, no caso da conduta, certa interação entre o ser e sua ambiência social, mas, entre isso e admitir que tudo provenha da ambiência, parece-me temerário. Muito da conduta ainda está imerso em indagações, especialmente o que se refere às nossas ligações espirituais e aquelas ainda desconhecidas, do próprio cérebro.

Dever e racionalidade

Tendência também natural do dever, como defluência de uma consciência ética, é caminhar para o racional.

Embora na concepção de Kant isso não seja categórico, a prática nos mostra que grandes têm sido os esforços no sentido de uma codificação das normas éticas.

Historicamente, elas passaram do domínio das religiões ao do poder do Estado, das classes, até que, como ciência, fosse possível um estudo insuspeito das mesmas. Isso não significa afirmar que houve sempre coincidência de tais esforços com o sentimento dos indivíduos, quer isoladamente, quer em grupo, mas é inegável que assim tudo aconteceu.

Admito que o dever não deva ser encarado com tamanho rigor, como o fez Kant, mas não posso deixar de acolher a utilidade do reconhecimento do mesmo como associado ao do bem, e este como prática do amor a si mesmo e a nossos semelhantes.

O bem, como ação racional, parece-me ser manifestação suprema que associa o dimanado da energia espiritual com a estrutura do cérebro.

A sensibilidade para o bem, associada à racionalidade de sua prática, parece-me completar esse circuito, que é competente para fazer do dever uma consequência natural de tão importantes causas.

Quando a conduta humana volvida ao bem se faz desejável, deixa de ser compulsória; sendo sensível e racional, deixa de ser obrigação imposta, para ser de natureza voluntária.

Somos parte de uma sociedade que nos oferece grandes conveniências, mas que nos requer como participantes ativos de sua organização. Servir a ela deixa de ser um dever imposto ou mesmo sugerível, para emergir do racional e do sensível.

A racionalidade de um dever para com o social significa também ser sensível à lei de retorno, ou ainda, ao que devemos dar, não só em razão do que recebemos, mas como um princípio que nos habilita sempre a continuar a receber, em face de nossa posição na interação dos benefícios.[22]

Existem, todavia, situações em que o negar é uma doação.[23] A intenção, mesmo na negativa, será sempre uma doação, em sentido relativo, se teve o bem como motivação. O que nos é solicitado pode transformar-se, se cedido, em um mal para quem recebe nossa concessão.

O bem tem faces de relatividades que precisam ser observadas sob a égide da racionalidade, para que a consciência ética não se forme somente na base da doação, mas também na da negação, quando a recusa é que enseja um bem.

O dever ético exige, nesse caso, o emprego do racional, pois apenas uma vocação infinita de doar, em sentido absoluto, pode resultar em malefícios, em atos contrários à Ética.

---

[22] Esta, aliás, a máxima de São Francisco de Assis: "Porque é dando que se recebe".
[23] SÊNECA, L. A. *De beneficiis*. Bolonha: Zanichelli, 1972. Livro II, XIV.

Vontade ética

*Tudo o que provém do caráter já formado sob as condições da gênese ética; **é ato de vontade**.*

Um complexo de atividades do ser humano, já inserido em seu universo mental, caracteriza o que denominamos "vontade ética". Ela envolve a ação reflexa, a tendência, o instinto, a atividade ideomotriz, a vontade determinada e a vontade livre.

Cada uma dessas parcelas de que se compõe o todo que denominamos *vontade ética* tem sua importância e se justifica como conceito dentro do estudo da matéria.

Embora sejam sutis as diferenças entre tais elementos, na realidade, podem ser identificados, e para que se amplie seu estudo, necessário se faz que sejam delimitados, nessa proveitosa análise do ser perante a Ética.

O estado de consciência ética está em interação com a vontade ética.

O ato volitivo, a espontaneidade aparente no cumprimento dos princípios das virtudes morais e éticas, provém de uma consciência formada, mas dela se distingue pela forma e pela prática efetiva ou ação do estado consciente mental.

Vontade reflexa

A *ação reflexa,* no campo da ética, caracteriza-se por uma atitude aparentemente impensada, automática, como imposição de uma energia que se situa em nossa mente e que nos compele a praticar a virtude sem maiores raciocínios.

Afirmam muitos estudiosos ser uma reação de natureza nervosa que nos impele à ação, de forma quase mecânica, promovida por estímulos psíquicos que nos conduzem a atos imediatos e quase sempre uniformes, diante de determinadas situações.

Perante uma provocação desonesta que sugira, por exemplo, a traição a um sigilo, formulando pergunta maliciosa, o profissional cala-se instintivamente, sem dar resposta, por um dever de não revelar.

Isso faz do bom profissional da Contabilidade um homem de poucas palavras na presença de terceiros, quando se refere a assuntos que dizem respeito a seu cliente. Não referir-se às questões de trabalho torna-se um ato reflexo.

O silêncio aparentemente espontâneo tem, todavia, raízes nas "programações do cérebro", nos modelos que ali funcionam e que levam a atitudes condizentes com tais disposições, sem qualquer esforço de raciocínio.

Embora a educação tenha a influência de sua época, de acordo com os fatores da ambiência política, social, econômica, tecnológica etc.,[1] aquela volvida aos princípios morais e éticos segue uma linha de conservadorismo na formação do caráter; de tal forma isto tem sido preocupação de algumas famílias, que o rigor imposto forma profundas impressões cerebrais, que passam a comandar os atos reflexos com grande poder.

Quando o pai, por exemplo, já é um profissional militante, de boa qualidade, e educa o filho em seu ambiente de trabalho, transferindo bases éticas de comportamento específico, a tendência das ações reflexas se potencializa, segundo nossa vivência tem comprovado, em muitos casos de filhos que sucederam seus pais em suas profissões.

Em muitas nações, essa sucessão de desempenhos e de éticas ocorre há milênios. O filho procura imitar o pai e de tal forma o faz com habitualidade que as ações que pratica tendem a ser automáticas, por efeitos reflexos acentuados.

Já ouvi muitos profissionais alegarem que jamais consultaram o Código de Ética Profissional imposto pelo Conselho Federal de Contabilidade e nunca incorreram em problemas por quebra de ética; afirmam que possuem o comportamento ético dentro deles; na realidade, isso tem, até certo ponto, muita verdade, mas tudo se fundamenta na educação recebida no berço, no exemplo de virtude que tiveram em suas famílias, na qualidade do ambiente que tiveram em suas infância e adolescência.

O que as normas e os usos e costumes estabelecem, o cérebro já tinha, no caso, absorvido desde a fase pueril, pela educação; o efeito educacional tornou-se tão fortemente instalado no inconsciente que passou a promover ações reflexas, como se algo fosse natural; conforme a qualidade da educação, dificilmente se consegue anular sua influência sobre o cérebro humano, sabemos todos.

Tendência ética

A *tendência ética* tem sua explicação nos efeitos de uma sensação de inclinação para a prática virtuosa.

---

[1] Muito bem enfoca esta questão Imídeo G. Nérici em sua obra *Metodologia do ensino* (São Paulo: Atlas, 1992).

Essa matéria não encontra, ainda, a meu ver, uma lógica férrea aceitável como absoluta. A tendência, admitem alguns, provém de efeitos atávicos; outros preferem atribuí-la aos genes; outros a explicam pelo lado espiritualista, como efeito de reencarnação; outros preferem atribuí-la a captações inconscientes diversas; em suma, as causas permanecem no campo da polêmica e dos diversos critérios de estudiosos.

Fato inequívoco é que o pendor, a vocação para a ética, é inato em determinados seres, e isso tem-se comprovado pela experiência, embora, pessoalmente, eu prefira admitir que no campo profissional não se possa dar a tal tendência um caráter tão absoluto, pois existem aspectos que requerem aprendizado.

Existem tendências inatas e outras derivadas de hábito e observação que venham a ligar as virtudes naturais com as exigíveis para o desempenho das tarefas.

Quem gosta de determinado trabalho ou arte tende a inteirar-se de tudo o que diz respeito ao mesmo e, nesse afã, absorve, por imitação ou por busca, muitos procedimentos ou "formas de fazer e agir".

Outras formas de atuar podem advir de uma busca de proteção, ou de um desejo de realização próprio, ou seja, de um caminhar para conseguir algo, porque melhor benefício produz.

Não podemos negar que a tendência muito ajuda, mas não podemos desconhecer o fato de a formação profissional ter muitas coisas específicas, decorrentes de realidades no campo do trabalho que necessitam de adaptações extranaturais.

O desejo de andar corretamente, de praticar o bem, inerente à formação natural de alguns seres, é inegável; quando, na profissão, recebem a educação ética específica, tornam-se verdadeiros titãs da Ética.

O cuidado, no caso, é para se evitar os extremos, ou seja, a potencialização da tendência com a irracionalidade do excesso de rigor, que pode levar a radicalismos e terminar por prejudicar, em vez de beneficiar, a sociedade e o cliente, quando, sob certas circunstâncias, se situa na intransigência.

Instinto ético

Deveras sutil é a diferença entre os aspectos já enfocados e o relativo ao *instinto ético*.

Não é fácil perceber os limites quando não se concentra na diferença que existe entre agir por impulso, agir por reconhecer (que é o melhor caminho) e agir porque existe um *objeto de intenção natural para o qual se é impelido biologicamente*.

A ética como um meio, e não como um fim, é o que caracteriza o *instinto ético*.

A matéria não tem definições muito seguras na psicologia nem nas demais ciências modernas da mente.

E matéria séria para reflexão analisar o que afirmou Vidari:[2] *"O instinto não é por si mesmo um fato que implique consciência moral, mas pode adquirir valor e significado morais, se através dele e do fim que alcança se adquire a consciência reflexa e disto se possa fazer juízo avaliável e instrumento de vontade".*

O instinto busca a utilidade porque é uma forma de ação que visa ao indivíduo, mas, no sentido ético, deve ser tomado com a relatividade que liga o ser a seu conjunto.

Embora o instinto seja fortemente subjetivo, não é excluível da concepção ética, se ele se fundamenta em uma proteção pertinente dentro do todo em que o ser se insere.

O instinto ético não provém de algo que se recebeu nem do que se escolheu, mas de uma disposição natural, biológica, de autoconservação pela prática de uma ação, sendo estável em sua manifestação.

A conduta do ser em acordo com sua ambiência social é o que caracteriza tal ação no campo da ética.

As teorizações sobre tal conduta são milenares; os estoicos já a possuíam.[3] Escreviam eles que o primeiro cuidado do ser animal, consigo mesmo, é preservar-se perante seu meio.[4] Hoje, entendemos tal preservação em sentido amplo, no qual se insere o ético.

O direito natural emergiu desse princípio proclamado pelos que o observaram sob as égides filosófica e do direito.[5]

Seguindo tal ordem de raciocínio foi que também se admitiu, no campo da moral, da ética, a ação humana em sua essência instintiva de preservação do ser dentro de seu grupo, para tal propósito agindo em harmonia com sua comunidade.

Quando se estudou a questão cientificamente, muitas teorias foram estabelecidas e continuam em evolução no campo da psicologia, da sociologia etc., sempre sob o aspecto de comportamento humano; inclusive no campo extralógico a questão tem sido observada.[6]

---

[2] VIDARI, G. *Elementi di etica*. Milão: Hoepli, 1922. p. 188.
[3] Crísipo, Cícero e outros.
[4] Crísipo, em seu primeiro livro, *Dos fins*.
[5] Ulpiano, no século III, foi o defensor de tais aspectos.
[6] Como o fez Pareto em sua *Sociologia generale*, editada em 1923, parágrafo 157.

É lícito, pois, falar-se de um instinto ético derivado dessa ação natural, embora esta mereça restrições por parte de alguns estudiosos, que contestam a prática dessa manifestação natural no campo profissional; daí as naturais controvérsias e imprecisões de que o assunto pode ser alvo.[7]

Atividade ideomotriz e ser ético

Atividade ideomotriz é a que provém do condicionamento mental ao ato ético, ou seja, ao agir não só porque a vontade consciente o determinou, mas também porque o cérebro o impõe, por uma forte disposição inconsciente, ou ainda porque o fim está plenamente consolidado no ser, como determinante.

Na prática, é comum encontrar-se a ação ideomotriz, no campo da ética, inclusive, como consequência da necessidade do exercício da vida social moderna, que impõe condutas especiais.[8]

O cidadão age movido pelos modelos conscientes e inconscientes, identificado com as ideias éticas; um sentimento ideal o impele à ação, em que o fim é de tal forma forte que os meios só fazem segui-lo.

Ao se perceber, pois, a situação que se identifica com o modelo, a ação se desencadeia, determinada por uma ordem implantada através de constructos abrangentes no cérebro.

A deliberação torna-se uma associação entre o observado e o contido, ou seja, entre o observado pelo fato que se apresenta ao ser e o contido pelo modelo mental que se identifica com o referido fenômeno surgido, passando a condicioná-lo a uma ação determinada e coerente com tal paradigma.

A vontade ideomotriz é a que tem o fim como lema, ou seja, identifica-se com a consciência da finalidade.

Poderíamos dizer que é nesse estado que a ação se torna coerente com a finalidade ética, porque há uma identidade entre o que se tem por pensamento e a ação que se desenvolve.

---

[7] Aqui inserimos tal classificação pela natureza desta obra em sua abrangência e condição de natureza cultural em que a universalidade é exigível.
[8] A competitividade no campo do trabalho exige que racionalmente seja o profissional um leal executor de normas éticas, pois, as transgredindo, marginaliza-se em seu mercado.

Entre a percepção da situação e sua conexão com a consciência ética, existem, pois, vários caminhos, como até aqui descrevemos, analisando as diversas manifestações humanas em face da vontade.

No exercício da vontade ideomotriz ética, o ser se apresenta como um verdadeiro "ser ético", pois une a consciência à ação.

O fim e o ato passam a ser um só na vida do profissional, e quando isto ocorre, também pratica-se a plenitude ética profissional.

Nada disso autoriza a atribuir-se ao profissional uma ausência da personalidade ou uma despersonalização da individualidade, pois a ação consciente exclui a submissão, por natureza; o ser ético é um homem especial, qualificado, competente em seu grupo, inclusive para influir sobre o que deve ser alterado num processo de evolução ou a ele condicionado.[9]

Conflitos, vontade determinada e vontade livre

Quando ocorrem conflitos, no exercício da vontade ética, cuja decisão depende da razão, e não mais dessas disposições produzidas por modelos e que devem seguir uma linha de *liberdade da vontade,* é preciso considerar aquela vontade condicionada à de terceiros, a qual precisa ser respeitada.

A vontade passa a ser, pois, regulada e, quando exercida, pode não atender a toda a liberdade mental do ser, isoladamente, mas certamente seguirá aquela conveniente ao grupo, logo, transformando-se em uma disposição especial.

Ninguém nega que o pensamento é livre, mas também é axiomático que o *pensamento ético é condicionado a uma liberdade geral que se traduz, para ser exercida, em sacrifícios de opiniões pessoais, tornando a liberdade do ser relativa, em seu próprio benefício.*

Falar-se, pois, em *vontade livre,* no campo da ética, é referir-se a uma ação relativa em face do grupo, de fatores sentimentais e de pressão irresistível[10] que podem ocorrer; nesses casos, é justo falar-se de uma *vontade relativamente livre.*

Não podemos negar, também, que é factível a contestação, a um ser inteligente, e que os próprios códigos de ética sejam criticados por sua inadequação no tempo e nos

---

[9] A ética é evolutiva como todo conhecimento humano sujeito a alterações compatíveis com as mudanças que a sociedade sofre, embora conserve seus princípios pétreos, milenariamente válidos, pela verdade que encerram.
[10] Todos esses fatores são inibidores da vontade do ser e turbam sua ação.

espaços onde a atividade profissional se exerce, como recentemente se pronunciou o emérito Prof. Gaitano Antonaccio[11] em relação ao Código brasileiro.

A ética, enquanto norma fixada, sofre as corrosões naturais da evolução social e científica, isto é inquestionável; nesse caso, o que se contesta não é a ética em si, mas o que de normativo pretende representá-la.

Há um nítido divisor de águas entre a ação normativa e a realidade; o ideal é que coincidam; mas nem sempre isto ocorre (por exemplo, quando as atualizações não se operam diante da velocidade de mutações que exigem a conduta do grupo ou quando os fatores sentimentais, em torrentes, formam sentimentos iguais e contrários à aludida vontade).

É nesse território que ocorre o exercício de uma *vontade específica,* em que se distinguem a vontade *determinada* e a *livre.*

A *deliberação* do ser em face de sua consciência e da realidade que enfrenta, entre a inibição e o dever, representa um conflito que demanda reflexões.

A aparente liberdade enfrenta as muralhas dos normativos e a porta de entrada para a vila enclausurada da prática profissional pode parecer intransponível.

O regime da incerteza diante do dever e do sentimento, diante da norma e da pressão sofrida, provoca um fenômeno psíquico de dura crueldade para o profissional. Quando ocorre o momento final da *decisão,* a ação pende para o que prevalece, e quando isto é uma infringência de base, efetivado fica o indesejável.

Enquanto a questão está no *deliberar,* no escolher, os conflitos são a tônica, mas quando se passa ao *decidir* e a ação se realiza, o que pode dimanar é um profundo desajuste.

A liberdade não é um privilégio que se funda apenas entre o ser e a realidade, mas também entre o critério eleito e a vontade ética.

Vontade integral

Quando a *vontade,* como disposição, como *atividade ideomotriz,* esbarra nas áreas dos *sentimentos e das pressões,* ameaça-se o critério de *liberdade.* Tal fato ocorre, muitas vezes, nas empresas e nas instituições públicas onde as pressões irresistíveis levam ao acobertamento de atos corruptos e viciosos, mesmo contra a vontade do profissional ou com vantagens pecuniárias ou de influências para os mesmos.

---

[11] ANTONACCIO, Gaitano. *Como agir sem ferir ética e prerrogativas.* 2. ed. Manaus: Sebrae, 1994.

Nos mercados, geralmente, ocorrem fatos que são frutos de influências que ferem a ética, derivados de sistemas de pressões de diversas naturezas.

Tais ocorrências podem apresentar uma aparência ética, mas, na essência, não são condutas que contribuem para a virtude, nem podem ser consideradas como aceitáveis universalmente, cientificamente, pois um conhecimento deve-se construir pela verdade.

Motivos derivados da força de capitais, de poderes, de situações de pressão interna ou externa sobre as células sociais, tolhendo a liberdade individual ou ameaçando a integridade dos seres, com frequência sucedem.

Tais fatos são autênticas distorções do eticamente desejável e, embora mascarando-se como ética de mercado, são, em realidade, frutos da especulação, do egoísmo e até da trapaça (casos dos crimes ditos do colarinho-branco).

Sendo injustificáveis, os aludidos fatos defluentes de "negociatas", embora alguns tacitamente sejam até aceitos como "sagacidade comercial" (intitulação que tolda a verdadeira, que é *desonestidade*, certas vezes), em realidade, não são aceitáveis como ética de negócios.

Não faz muito tempo, no Brasil, assistimos aos acontecimentos com o Banco Econômico, da Bahia, e com o Banco Nacional, em que os fatos ocorridos e revelados pela imprensa deram conta de grosseiras falhas, que, mesmo sendo relevantes, perduraram por alguns anos.

Tudo evidenciou-se como um círculo de pressão que encasulou vontades humanas, na defesa, possivelmente, de supostos interesses internos das empresas, de grupos e talvez do próprio mercado, pois difícil é entender como o Banco Central e a Receita Federal com as mesmas não tivessem atinado e nem, também, os especialistas em revisão de demonstrações contábeis.

"Como a ética e a economia têm suas próprias leis", podem ocorrer contradições internas nos mercados, opostas até ao interesse social, como ocorreu, também no Brasil, com o advento do "plano" dito Real.

Tal "plano" sacrificou as massas trabalhadoras em favor da especulação de grupos financeiros, paralelamente a uma atitude do poder que manteve impune a maior parte da corrupção que ocorreu, principalmente, em suas próprias e diversas esferas.

O Poder foi acusado, publicamente, pelo ex-Presidente da República, Itamar Franco, de comprar votos de parlamentares para sustentar conveniências particulares, na manutenção de uma política que entendo como equivocada, pelos malefícios prestados às massas trabalhadoras (operários, profissionais etc.) e à soberania nacional.

Nesse torvelinho de pressões, muitos atos contra a ética, no sentido científico e puro, foram cometidos.

Muito bem desenvolve esta questão Meneu, tratando de ambientes em que a especulação e a corrupção prevaleçam, quando enfoca as mazelas que atingem o mercado financeiro internacional e que possuem reflexos de ordem social e política[12] em diversas nações, motivando condutas desumanas, em favor do enriquecimento desmedido de grupos de pessoas (com os quais o Poder, em conluio, também tira proveito individual).

A vontade integral, como a denominam no campo da Ética, é, portanto, uma natureza de vontade limitada que pode sobrepor-se à liberdade de decisão plena, ameaçada por pressões e poderes muito mais fortes, quase sempre não reveláveis mas, quase sempre, contra interesse coletivo.

Os condicionamentos impostos à vontade podem não ser os defensáveis perante a virtude, mas são susceptíveis de representar um comportamento que, mesmo deformado, segue uma corrente de pensamento dominante, emocional[13] ou não, que, às vezes, tem a força do compulsório.

A "conveniência" parece ter sido a própria tendência determinante na fixação dos valores, especialmente quando a matéria é empresarial, financeira ou de mercado.

Inevitável é, pois, o conflito entre a ética, em sentido puro, e aquela que se condiciona a uma filosofia de vida de um ambiente, nem sempre coadunante com o que é rigorosamente humano.

Custa-me imaginar como aceitável uma ética do vício, mas não posso negar que entre grupos e sociedades viciosas ou ignorantes o comportamento se deixa, muitas vezes, guiar pelo desumano, ditando uma conduta coletiva.

Até a rapinagem, como ocorreu em certa época no império britânico, era defendida sob a ótica de uma ética nacionalista e protecionista, mas, contra as demais nações; a coroa financiou e protegeu piratas em seus assaltos e abordagens de navios, como atos defensáveis e tidos como corretos, mas repudiáveis perante os preceitos da virtude.

A história do comércio fenício, grego, islâmico, em suma, de muitos povos, abriga procedimentos que ferem fundamentalmente a virtude, mas que foram considerados como perfeitamente aceitáveis para o interesse de grupos e de governos, em suas épocas.

---

[12] MENEU, Juan José Franch. *Problemas éticos en los mercados financieros*. Madri: BBV, 1995. p. 167-218.
[13] Ver sobre o emocional o capítulo seguinte: Inteligência Emocional e Ética.

A interpretação desses fenômenos sociais, econômicos e políticos, sob a égide do comportamento humano, oferece ângulos deveras peculiares e inspira-me dúvidas quanto à verdadeira natureza divina de alguns homens.

Evidenciam, tais fatos, em suas essências cruéis, como a visão ética pode ser deturpada, em relação ao que se pode aspirar para um verdadeiro conceito de uma filosofia do bem, perante a conduta.

Difícil é aceitar a pilhagem como um ato virtuoso, mas ela foi a recompensa de guerreiros em muitas passagens históricas, inclusive e especialmente no mundo antigo, sendo uma autêntica condição de comportamento entre grupos mercenários.[14]

Aceitar o erro, todavia, mesmo quando ele é imposto por pressões, costumes, leis e regulamentos, como condição de prática, especialmente no campo profissional, repudia a formação dos que conseguiram entender que a vida é um exercício de inteligência cósmica que se deve guiar pelo amor e pela sabedoria, e que também as virtudes, por natureza, não fazem nenhuma concessão ao mal.

---

[14] Como exemplo vale lembrar o apoio dado pelo Papa a Afonso Henriques, quando Portugal tornou-se nação independente, concordando com o saque de Lisboa pelos cruzados nórdicos. Uma fé que prega o respeito humano fez acordos políticos para praticar atos desumanos e isto foi aceito como normal e regular. Modernamente, a Igreja, todavia, insurge-se contra a opressão e contra o capitalismo canibal, e até se penitencia em relação a suas omissões.

Inteligência emocional e ética

Novas perspectivas da ética frente à ciência do "eu"

Os limites de estudo do fenômeno emocional, em relação àquele ético, parecem estar estreitando-se, contemporaneamente. O ferrenho posicionamento filosófico preso ao "objetivo" no campo ético, que dominou o estudo da conduta, começa a esbarrar em algo impregnado do subjetivo, e que provém do campo da "emoção", com subsídios de uma "ciência do eu".

Tal "ciência do eu" surge com alguma força e direciona a observação para uma ótica sobre a Inteligência Emocional, tida, esta, como ponte entre o instinto e a razão.

Preciso é, pois, considerar essa evolução que busca cooperar para uma visão renovadora, partindo de antiquíssimos preceitos, milenares, já evocados por grandes filósofos, mas agora revestidos de cunho científico.

Começam a ruir as fortes muralhas que foram interpostas entre o emocional e a razão, no que tange aos estudos da Ética, pregando-se uma vinculação de interesses em estudos que não podem ser dissociados quando se tem por objetivo o progresso da conduta.

O poder da emoção

A emoção é um sentimento que advém de estados biológicos e psicológicos e que pode motivar o primeiro impulso para a ação.

Quando algo é percebido por nossos sentidos, é inicialmente recebido em uma zona de nosso cérebro que se denomina "amígdala cortical".

Tal amígdala é como se fosse um armazém da memória específica, que é a emocional. A afeição e a paixão operam-se nessa área do cérebro, que é autônoma.

Se o que ocorre nessa região cerebral não é direcionado ou disciplinado, a tendência é de que vícios e erros se pratiquem, comprometendo a conduta, logo, também a Ética, embora o problema da Ética bem se defina no campo do *racional*.

Muito grande é o número de emoções e diferentes seus efeitos nos seres humanos, podendo influenciar positiva ou negativamente a qualidade ética, como um invasor no processo da consciência.

Admito que a análise do fator emocional não pode ser desconhecida nos estudos da Ética, embora não seja ele o próprio objeto da Ética.

É habitual, no campo científico, buscar subsídios em outros ramos do conhecimento e também considerar fenômenos correlatos.

Como o emocional é o que primeiro nos impressiona e o que o cérebro recebe antes que a razão se opere, sobre esta podendo influir, até por anulação, é preciso que os estudos de Ética acompanhem as evoluções operadas no campo da denominada "ciência do eu", que se ocupa da Inteligência Emocional.

Razão e sentimento são independentes, mas precisam estar harmonizados para a eficácia da conduta.

A perturbação, defluente do emocional, é como um tóxico, e pode gerar três grandes males que muito podem perturbar a formação e até a evolução de uma consciência ética, que são: a raiva, a ansiedade e a depressão.

A emoção tem, pois, um grande poder que necessita ser controlado para que também se possa desenvolver a própria vontade ética, pois esta, como já se expôs, se opera em outra área de nosso cérebro.

Não havendo um *domínio emocional*, perturba-se a ação do "eu", com influências inevitáveis na estruturação de uma *consciência ética*.

Inteligência emocional e ética

Conter o impulso emocional, dirigi-lo no sentido dos preceitos de uma consciência moldada em princípios éticos, é função da "inteligência emocional".

Podemos entender, sob a ótica que é objeto de nosso estudo, como inteligência emocional, pois, o uso da razão para o domínio da emoção, através de uma condução competente do que sentimos, em favor de uma vontade ética.

Exemplos milenares sobre sugestões ao uso da inteligência emocional já se encontram nas lições de Buda,[1] ditadas a Ananda, advertindo sobre a necessidade de suprimir

---
[1] Buda acusava a ignorância como a causa dos erros e admitia que esta se operava quando se excluía a ação da consciência; pregou ele o domínio dos seis sentidos como o caminho a ser seguido.

a forte emoção do desejo e substituí-la por uma consciência inteligente que venha estabelecer o "domínio dos seis sentidos".

O grande filósofo oriental sugeriu o governo da emoção como um caminho; hoje, cientificamente, aceitamos como necessário que todo ser prepare-se emocionalmente, acionando sua *inteligência emocional,* para que disto decorra uma conduta que possa classificar-se como de excelência ética.

A ótica filosófica referida, de Buda, como princípio, desenvolve-se hoje na "ciência do eu", no que tange ao campo da conduta, dizendo, pois, respeito, diretamente, ao "ético".

Surgiu todo um ramo de conhecimento que se dedica ao que se denominou de "ciência do eu", que visa, exatamente, oferecer elementos para o controle das emoções, para que estas não ultrapassem o limite do razoável e venham a impedir ou mascarar uma conduta virtuosa, serena, ou seja, de qualidade ética.

Vícios sociais e o emocional

Egoísmo, violência, avidez pelo material, embriaguez pelo poder, em suma, um conjunto de defeitos habita hoje o mundo social, destruindo relações éticas, mas brotados, quase sempre, de uma supremacia do *emocional* sobre o *racional*.

É lógico que a má conduta individual, quando praticada por muitos indivíduos, ou por alguns com muito poder, provoque fenômenos sociais negativos.

Diversos fatores podem conduzir toda uma sociedade a desequilíbrios de ordem emocional.

Os vícios, quando habituais e expressivos, podem transformar-se em verdadeiras deformações de massas e estas, inclusive, levar a atitudes desumanas, como as da indução ao ódio racial, religioso, político etc., que promovem terrorismo, convulsões, revoluções armadas, guerras e outras deformações.

O emocional descontrolado, em grupos dominantes, produz males que atingem inocentes e que envergonham o gênero humano.

Desde a antiguidade remota, até este século, registra a História atos de autênticos desastres sociais motivados pela incompetência, pela ausência de uma inteligência emocional de dirigentes, de profunda desumanidade, como ocorreu, só para citar dois grandes exemplos, com o "holocausto" na Alemanha e com as bombas atômicas lançadas pelo Estados Unidos contra cidades japonesas.

Nada justifica a exterminação, a exploração, a escravidão e a especulação do homem pelo homem, e todos os atos, nesse sentido, são males que afetam a sociedade e transgridem os preceitos da Ética.

Educação ética e emoção

Mente, emoção e corpo estão interligados e oferecem condições, quando em interação, de beneficiar a conduta humana, logo, são promotores de qualidade ética quando associados harmoniosamente.

Os domínios do emocional vão dilatando-se à medida que débeis se tornam as bases educacionais, como conduções que devem ser do homem, para o uso adequado da emoção.

Como já nos referimos, no capítulo "Gênese, Formação e Evolução Ética", o ser, bem educado para um bom relacionamento, mediante conduta virtuosa e serena, credenciado fica a um desempenho de suas funções racionais e habilita-se ao êxito perante o ambiente social, tendendo a viver protegido contra "tensões".

Todas as pessoas desejam sentir-se importantes e requerem atenção; o emocional muito age nesse campo, mas, se aprimorado pela inteligência, pela razão, pelo superego, enseja o máximo desempenho ético.

Coordenar o sentimental com o racional (através da Inteligência Emocional) beneficia a conduta, logo, a Ética.

A pessoa beneficiada por uma educação baseada nos preceitos a que nos referimos possui conhecimentos maiores e visão holística dos problemas, tendendo a uma conduta qualificada, especialmente em razão dos recursos oferecidos para o domínio das reações impulsivas (Inteligência Emocional).

Diversidade emocional

Os seres humanos agem diferentemente em face das emoções que atuam sobre seus cérebros (cada cérebro parece ser um universo distinto).

A tendência é de que a falta do uso de uma inteligência emocional seja poderoso inimigo de uma conduta sadia, afetando, portanto, o campo da Ética.

É utópico, já sabemos, tentar implantar normas absolutamente gerais para o comportamento do homem, em face da emoção, como se pudessem ser elas regras competentes para todos os casos.

É factível a adoção de preceitos e princípios no campo da inteligência emocional e que podem levar o ser humano a uma conduta sadia, de melhor qualidade.

Emoção e Ética são enfoques distintos da mesma realidade, que é a do fenômeno humano, mas parecem-me fortemente interligadas quando se tem em mira analisar profundamente a *inteligência emocional (que já é exercício de razão)* em face da formação da *consciência ética (que deve ser racional, por natureza)*.

A distinção entre os conceitos de *comportamento* e *conduta* é nítida no campo dos estudos, mas não autoriza uma dissociação nos critérios de conveniência de uma consideração desses fenômenos, objetivando a qualidade ética.

O avanço científico de nossos dias requer que muitos conhecimentos se associem, diante de objetivos maiores e da abertura de melhores condições de vida do homem; basta lembrar, nesse particular, o que está a ocorrer com a biogenética, que une, sem dissolver, a Física, a Química e a Biologia, buscando novos modelos de células e, com isto, beneficiando diversos outros setores da medicina, da produção industrial e agrícola etc.

O fato de os seres humanos comportarem-se diferentemente perante as emoções, portanto, não nos permite deixar de tentar formas de melhor uso da inteligência emocional e nem de abandonar a questão ética, apenas porque nos apegamos a uma diferença conceptual entre comportamento e conduta.

O caráter objetivo da ética, diante do subjetivo da emoção, não exclui a apreciação dos fenômenos e nem o das correlações que possam possuir, visando-se à qualidade da conduta.

Motivação e emoção

Parece-me que a falta de motivação também age como complemento relevante na disciplina emocional e tal falta compromete a ação dos seres, uns perante os outros.

Uma imprensa negativista e que só veicula notícias agressivas motiva, sim, a violência; ao contrário, uma difusão orientada no sentido do bem tende a motivar a virtude.

O mesmo passa-se com qualquer outro veículo de informação que chega ao cérebro.

A manipulação da informação tem sido uma forma de abuso do Poder que governos e grupos econômicos têm utilizado para despertar emoções, acelerar consumos, acomodar o povo diante da mentira etc.

De forma oposta, também nos países de maior evolução busca-se motivar cada vez mais a população a crer em seus destinos e no poderio de suas Nações.

Como a motivação age sobre o emocional e o emocional age sobre o ético, é axiomático que a motivação tem influências sobre a ética.

Não me parece racional, admito, estabelecer rigores tão radicais que nos impeçam de entender que o estudo da Ética deva estar associado àquele da Inteligência Emocional, embora isto não seja aceito por alguns pensadores e estudiosos que entendem que emocional e ético são matérias absolutamente distintas.

O fato de estudarmos uma matéria correlata não significa que estamos deformando ou deturpando a que é objeto do conhecimento da nossa.[2]

Entre os estímulos mentais, está o emocional, como porta de entrada para todo um complexo, e embora não seja, por vezes e até muitas vezes, o aconselhável para a conduta, não deve ser excluído, inclusive para que possa ser analisado sob seu ângulo de correção.

A Ética estuda atos programados no cérebro, mas não deve excluir o que possa influir sobre tal programação.

Hominização e ética

É inegável que o emocional tende a ser tanto mais presente nos seres quanto mais, como afirmou Chardin, estejam eles "hominizados"[3] (o neologismo *hominização* vem da expressão que visa evidenciar a transformação do homem animal em homem com conhecimento evolutivo).

Nossos sentimentos precisam de controle e só a consciência é competente para isto oferecer, especialmente no campo em que a atitude precisa ser ética.

Ser homem, no sentido integral, não é apenas estar vivo e possuir um corpo, mas unir esse corpo aos recursos da mente, em sua amplitude e também aos poderes do espírito.

Tudo isto exige que a emoção seja apenas uma parte e que ela se complete e transforme com o uso da razão, com os recursos da reflexão, para que assim possa o ser humano chegar à condição deveras superior na escala cósmica.

Volto a lembrar Buda, que apelava para essa conexão de modo que o homem pudesse aniquilar o desejo, tido, por ele, como a fonte básica do impulso individualista e egoísta que arruina as relações do homem perante seus semelhantes e que não se coaduna com a formação superior da energia suprema da vida.

---

[2] Sobre a questão da autonomia científica e da correlação entre as ciências trato, com maior extensão, em meu livro *Teoria da Contabilidade*. São Paulo: Atlas, 1998.
[3] CHARDIN, Pierre Teilhard de. *O fenômeno humano*. Porto: Tavares Martins, 1970.

O ser homem, no sentido amplo, de uma postura ética superior, requer, sem dúvida, um equilíbrio competente entre emoção, razão e os demais atributos do espírito humano.

Empatia e ética

Empatia é o sentimento que se opõe ao de antipatia e representa o que gostaríamos de sentir se alguém nos fizesse algo, ou seja, é o buscar a compreensão de como estaríamos no lugar de outrem diante de determinado fato.[4]

Tal posicionamento é de rara importância para o desempenho das profissões, para a prática da vida, pois é básico no campo da ética.

Nosso semelhante é tão importante quanto nós, e, se assim julgarmos, muitos defeitos da alma se dissolverão e a conduta tenderá a aprimorar-se, cada vez mais.

Cícero, há 2.000 anos, já pregava, em sua obra sobre a amizade, que o verdadeiro amigo é aquele que enxerga no outro sua própria pessoa, fazendo a apologia de uma conduta que muito mais tarde surgiria, como modernismo, nas ciências da mente.[5]

Quanto mais nos conhecermos, melhor será nossa aptidão para compreender terceiros.

O conceito amplo de Ética parece estar sendo evocado por estudiosos modernos, no propósito de não impor limites a uma ciência da conduta humana.

A empatia, dimanada da inteligência emocional, abre portas a uma especial forma de eficácia nos domínios da ética e raros são os Códigos que não evocam a exigência de consideração para com colegas e diligência nos procedimentos (que deve-se ampliar no campo emocional com a motivação pelo trabalho).

Não podemos negar que a inteligência emocional tem relevante influência na conduta humana e que muitos de seus aspectos são de direto interesse para a Ética.

Empatia, em sua manifestação, envolve calma, receptividade e principalmente saber como falar, sorrir e serenamente manifestar.

Ter habilidade para expressar as emoções é condição essencial para a empatia e porta aberta para o sucesso no campo da conduta humana.

---

[4] Tal como evoca o Cristianismo quando se refere ao amor ao próximo, com a mesma intensidade que nos amamos, embora os clérigos nem sempre, durante a História, tenham seguido tal princípio, bastando lembrar os episódios desumanos e de graves omissões diante da Inquisição, dos Templários, do Holocausto, de Hiroshima, Nagasaki, da guerra química no Oriente praticada pelos estadunidenses etc. para ver que uma coisa é a doutrina e outra os que se incumbem de implantá-la através de suas condutas.
[5] CÍCERO, Marco Túlio. *Della amicizia (De Amicitia)*. Bolonha: Zanichelli, 1969.

Podemos acreditar, pois, que parece haver uma *inteligência social* que se manifesta por meio da inteligência emocional e que facilita a vida em comum, aplainando dificuldades que possam surgir por decorrência de deficiências no campo da ética.

Esse fenômeno coletivo que se deriva de um controle das emoções, ao longo da história, foi determinante para caracterizar povos e construir as tradições (e estas plantaram sistemas religiosos, políticos, legais etc.).

Crítica e emoção

A crítica pode derivar-se apenas do fator emotivo, mas, também, de dever ético, baseado na razão, no desejo do acerto.

O perigo está em mesclar esses campos e nada melhor que o uso de uma inteligência emocional, de uma ajuda ética, para transformar a crítica em algo deveras construtivo, para que não seja uma ofensa, mas sim uma forma de cooperar.

Eticamente, a crítica deve ser evitada quando se refere a trabalhos de colegas, por exemplo, mas é obrigação quando se relaciona a tarefas de auxiliares ou de quem se incumbiu de executar um trabalho que transferimos, mas sem dele perder a responsabilidade.

A ambição, o desenfreado interesse especulativo, pode, entretanto, fazer esses vícios da emoção prevalecerem e as normas éticas então se romperem.

As pessoas reagem diferentemente diante da crítica e esta pode ser de ordem fortemente emocional, ferindo, inclusive, a ética.

Muitas pesquisas, no campo do relacionamento, comprovaram que é deveras significativo o número de rupturas, em todos os gêneros de sociedades (conjugais, comerciais, de classe etc.), motivadas pelo uso mal feito da crítica.

Todos os entes humanos, entretanto, desejariam evitar aquelas árduas repreensões que ferem.

Os maiores defeitos de relacionamento encontram-se, em quase todos os lugares, nos problemas oriundos das "cobranças emocionais e funcionais", mas, especialmente, no trabalho.

Um líder não critica, preferindo conduzir o liderado a raciocinar com ele e esta é uma importante prática ética.

Criticar é, todavia, um ato comum e necessário; o que é incomum, embora necessário, é saber como criticar.

A crítica mal feita é caminho aberto para a resistência.

Em geral, quem só critica, sem contribuir com argumentos sadios para que se encontre o caminho certo, é incompetente no campo ético.

Reprovar um ato praticado por nosso semelhante requer mais que o uso da razão, exigindo sensibilidade e toque emocional.

Nessa área, soma-se a inteligência emocional com a consciência ética para totalizarem-se em uma conduta eficaz.

A Ética não tem por objeto precípuo de seu conhecimento, repito, o estudo da emoção como base, mas não pode, entendo, progredir, nem aprofundar-se, sem unir o indissociável, que é essa ação de uma Inteligência Emocional e que, sendo associação de razão e emoção, pelo que tem de racional, interessa, inequivocamente, ao campo da Ética.

Volto, pois, a evocar ao que me referi no parágrafo "Bases Mentais e Conduta", ou seja, que tudo o que está no domínio da mente e do espírito e que pode refletir-se em conduta é interesse da Ética.

Conduta do ser humano em sua comunidade e em sua classe

A razão pela qual se exige uma disciplina do homem em seu grupo repousa no fato de que as associações possuem, por suas naturezas, uma necessidade de equilíbrio que só se encontra *quando a autonomia dos seres se coordena na finalidade do todo*. É a lei dos sistemas que se torna imperiosa, do átomo às galáxias, de cada indivíduo até sua sociedade.

Em tudo parece haver uma tendência para a organização e os seres humanos não fogem a essa vocação.

Todo agregado, todo sistema, entretanto, depende de uma disciplina comportamental e de conduta.

Cada ser, assim como a somatória deles em classe profissional, tem seu comportamento específico, guiado pela característica do trabalho executado.

Cada conjunto de profissionais deve seguir uma ordem que permita a evolução harmônica do trabalho de todos, a partir da conduta de cada um, através de uma tutela no trabalho que conduza a regulação do individualismo perante o coletivo.

São exigíveis, pois, uma conduta humana especial, que denominamos Ética, e o exercício de virtudes dela defluentes.

O sentimento social é um imperativo na construção dos princípios éticos, e estes são incompreensíveis sem aquele.

Como os seres são heterogêneos por seus caracteres, a homogeneização perante a classe precisa ser regulada de forma que o bem geral esteja preservado, inclusive o do próprio ser, como unidade, em um regime de interação benéfica.

Individualismo e ética profissional

Parece ser uma tendência do ser humano, como tem sido objeto de referências de muitos estudiosos,[1] a de defender, em primeiro lugar, seus interesses

---

[1] Basta observar o que Machiavelli escreve em seu *O príncipe* para se chegar a conclusão sobre essa realidade.

próprios; quando, entretanto, esses são de natureza pouco recomendável, ocorrem seriíssimos problemas.

Quando o trabalho é executado só para auferir renda, em geral, tem seu *valor restrito*. Por outro lado, nos serviços realizados com amor, visando ao benefício de terceiros, dentro de vasto raio de ação, com consciência do bem comum, passa a existir a *expressão social* do mesmo.

O valor ético do esforço humano é, pois, variável de acordo com seu alcance em face da comunidade.

Aquele que só se preocupa com os lucros, geralmente, tende a ter menor consciência de grupo. Fascinado pela preocupação monetária, a ele pouco importa o que ocorre com a sua comunidade e muito menos com a sociedade.

A respeito, conta-se, para ilustrar a questão, uma saga.

Dizem que um sábio procurava encontrar um ser integral, em relação a seu trabalho. Entrou, então, em uma obra e começou a indagar. Ao primeiro operário perguntou o que fazia e este respondeu que procurava ganhar seu salário; ao segundo repetiu a pergunta e obteve a resposta de que ele preenchia seu tempo; finalmente, sempre repetindo a pergunta, encontrou um que lhe disse: "Estou construindo uma catedral para a minha cidade".

A este último, o sábio teria atribuído a qualidade de ser integral em face do trabalho, como instrumento do bem comum.

Como o número dos que trabalham, todavia, visando primordialmente ao rendimento, é grande, as classes procuram defender-se contra a dilapidação de seus conceitos, tutelando o trabalho e zelando para que uma luta encarniçada não ocorra na disputa dos serviços. Isto porque ficam vulneráveis ao individualismo.

A consciência de grupo tem surgido, então, quase sempre, mais por interesse de defesa do que por altruísmo. Isto porque, garantida a liberdade de trabalho, se não se regular e tutelar a conduta, o individualismo pode transformar a vida dos profissionais em reciprocidade de agressão.

Tal luta quase sempre se processa através de aviltamento de preços, propagandas enganosas, calúnias, difamações, tramas, tudo na ânsia de ganhar mercado e subtrair clientela e oportunidades do colega, reduzindo a concorrência. Igualmente, para maiores lucros, pode estar o indivíduo tentado a práticas viciosas, mas rentáveis.

Em nome dessas ambições, podem ser praticadas quebras de sigilo, ameaças de revelação de segredos dos negócios, simulação de pagamentos de impostos não recolhidos, subtração de valores confiados em consignação e sem documentação comprobatória em favor do utente etc.

Para dar largas a ambições de poder, podem ser armadas tramas contra as instituições de classe, com denúncias falsas pela imprensa para ganhar eleições, ataque a nomes de líderes impolutos para ganhar prestígio etc.

Não existem limites para os desonestos, traidores e ambiciosos; se deixados livres, podem cometer muitos desatinos, pois muitas são as variáveis que existem no caminho do prejuízo a terceiros.

A *tutela do trabalho*, pois, processa-se pelo caminho da exigência de uma ética, imposta através dos conselhos profissionais e de agremiações classistas.[2] As normas devem ser condizentes com as diversas formas de prestar o serviço e de organizar o profissional para esse fim.

Dentro de uma mesma classe, os indivíduos podem exercer suas atividades como empresários, autônomos, associados etc. e também dedicar-se a partes menos ou mais refinadas do conhecimento.

No campo contábil, por exemplo, existem, só em São Paulo, aproximadamente 15.000 escritórios, e os profissionais se dedicam a áreas como escrituração, tributação, assessoria, consultoria, auditoria etc. Seja como for, seja em que profissão se considere essa questão de organização, o interesse apenas pessoal pode chegar a níveis altíssimos.

Como não existem limites para as ambições humanas, no campo da riqueza, a conduta pode tornar-se agressiva e inconveniente, e esta é uma das fortes razões pelas quais os códigos de ética quase sempre buscam maior abrangência.

Tão poderosos podem ser os escritórios, hospitais, firmas de engenharia etc., que a ganância dos mesmos pode chegar ao domínio das entidades de classe e até ao Congresso e ao Executivo das nações.[3]

---

[2] As agremiações, no Brasil, não só se grupam por natureza de trabalho, mas também pelas espécies deles; são institutos, associações, sindicatos, federações etc.

[3] O Senado dos Estados Unidos denunciou, em relatório denominado *The establishment accounting*, na década de 1970, as oito maiores empresas de auditoria, por manobrarem o Instituto dos Contadores e exercer atos de corrupção perante o Governo para garantir sua maior faixa no mercado de serviços. Essa mesma denúncia foi feita no Brasil, no Senado, pelo senador Gabriel Hermes, na época presidente da Ordem dos Contadores do Brasil. Analogamente, a imprensa denuncia a ação de laboratórios estrangeiros quanto às pressões exercidas no Congresso Brasileiro, no caso da lei de patentes.

Em nome de seus profissionais, pois, um país pode chegar a pressionar o mercado de trabalho de outras nações, como a imprensa tem denunciado no caso da medicina, da auditoria, da engenharia etc.

A força do favoritismo, acionada nos instrumentos do poder através de agentes intermediários, de corrupção, de artimanhas políticas, pode assumir proporções asfixiantes para os profissionais menores, que são a maioria.

A ausência de ética pode levar a discriminações e até a políticas desumanas em âmbito internacional, como tão bem acentua Constanzo, em sua "ficção-realidade" (por paradoxal que pareça), em recente obra de crítica ao fim de nosso século.[4] O autor critica a visão de certas superpotências em relação aos demais países e a posição plena de egoísmo de certas sociedades que vivem às custas de outras.

Mostra, criando em sua obra uma assembleia imaginária de sábios, que o social tem aspectos de ficção, conveniente apenas a grupos, quando não se situa no campo do ideal, mas do interesse apenas dos dominantes do poder. Mostra ainda como tais oligarquias destroem os ideais do Estado e como se comportam desumanamente.

Tais grupos podem, como vimos, inclusive, ser profissionais, pois, nestes, encontramos também o poder econômico acumulado, tão como conluios com outras poderosas organizações empresariais.

Portanto, quando nos referimos à classe, ao social, não nos reportamos apenas a situações isoladas, a modelos particulares, mas a situações gerais.

O egoísmo desenfreado de poucos pode atingir um número expressivo de pessoas e até, através delas, influenciar o destino de nações, partindo da ausência de conduta virtuosa de minorias poderosas, preocupadas apenas com seus lucros. Ou seja, como bem assevera Carrel: *"Uma sociedade que reconhece o primado do econômico não se dá a virtude, porque a virtude consiste essencialmente em obedecer às leis da vida, e quando o homem se reduz à atividade econômica, logo deixa de obedecer, quase que de todo, as regras da natureza"*.[5]

Sabemos que a conduta do ser humano tende ao egoísmo, repetimos, mas, para os interesses de uma classe, de toda uma sociedade, é preciso que se acomode às normas, porque estas devem estar apoiadas em princípios de virtude.

---

[4] CONSTANZO, Gaetano. *Ditadura dos sábios*. Rio de Janeiro: Francisco Alves, 1995.
[5] CARREL, Alexis. *O homem perante a vida*. Porto: Educação Nacional, 1949. p. 138.

Como só a atitude virtuosa tem condições de garantir o bem comum, a Ética tem sido o caminho justo, adequado, para o benefício geral.

Vocação para o coletivo

Egresso de uma vida inculta, desorganizada, na base apenas de instintos, o homem, sobre a Terra, foi-se organizando, na busca de maior estabilidade vital. Foi cedendo parcelas do referido individualismo para se beneficiar da união, da divisão do trabalho, da proteção da vida em comum.

A organização social foi um progresso, como continua a ser a evolução da mesma, na definição, cada vez maior, das funções dos cidadãos; tal definição acentua, gradativamente, o limite de ação das classes.[6]

Como escreveu Vidari: *"A formação das classes sociais é um fato de grande importância Ética que se completa no momento exato em que o homem sai de sua homogeneidade instável de origem primitiva e forma grupamentos mais determinados e estáveis".*[7] Tal assertiva ele a fez para depois argumentar que tais grupamentos aumentaram suas necessidades na vida, em decorrência da agregação.

Isto justifica o que já afirmei sobre a relação entre a evolução e a definição cada vez maior das classes profissionais,[8] pois estas se dividem à medida que aumentam as especializações para suprirem novas necessidades.

Sabemos que entre a sociedade de hoje e aquela primitiva não existem mais níveis de comparação, quanto à complexidade; devemos reconhecer, porém, que, nos núcleos menores, o sentido de solidariedade era bem mais acentuado, assim como os rigores éticos.

Poucas cidades de maior dimensão possuem, na atualidade, o espírito comunitário; também, com dificuldades, enfrentam as questões classistas.

Parece-me pouco entendido, por um número expressivo de pessoas, que existe um bem comum a defender e do qual elas dependem para o bem-estar próprio e o de seus semelhantes.

---

[6] No Brasil, a classe dos contadores praticamente se fracionou nas classes de economistas, administradores e estatísticos, pois todas essas funções as desempenhavam os antigos peritos-contadores.
[7] VIDARI, G. *Elementi di etica*. Milão: Hoepli, 1922. p. 68.
[8] A vocação para as especializações é notória e estas são divisões de trabalho que acabam por criar classes de pessoas; no início do século XX, no Brasil, os peritos-contadores incumbiam-se de todos os assuntos pertinentes às empresas e instituições; a partir da década de 1940, ocorreram divisões que criaram as classes de administradores, economistas, estatísticos e a própria de contabilistas, dividida em técnicos e contadores.

Esse referido *comum*, como afirmou Maritain, *atinge "o todo e as partes"*.[9]

Há uma inequívoca interação que nem sempre é compreendida pelos que possuem espírito egoísta.

Isto não é uma negação do instinto gregário, por si só, mas a prova de que a complexidade e a densidade demográfica enfraqueceram o ideal do todo.

Quem lidera entidades de classe sabe a dificuldade para reunir colegas, para delegar tarefas de utilidade geral.

Tal posicionamento termina, quase sempre, em uma oligarquia dos que se sacrificam, e o poder das entidades tende sempre a permanecer em mãos desses grupos, por longo tempo.

A vocação para o coletivo já não encontra, nos dias atuais, a mesma pujança nos centros maiores.

Muitas críticas têm-se feito ao débil sistema de atenção ao social, praticado em muitas nações; algumas de tais advertências são acérrimas, como as de Carrel,[10] e buscam mostrar que a organização da existência em sociedade ainda é incipiente, em face do progresso geral da ciência.

A vitória do egoísmo parece ainda vigorar e sua reversão não nos parece fácil, diante da desmassificação que se tem promovido, propositadamente, para a conservação dos grupos dominantes do poder.

Na área do trabalho, não se tem, igualmente, fugido de sérios problemas, mas a conveniência de preservar o equilíbrio de classes tem rompido alguns obstáculos, através dos códigos de ética.

Como o progresso do individualismo gera sempre o risco da transgressão ética, imperiosa se faz a necessidade de uma *tutela sobre o trabalho,* através de normas éticas.

É sabido que uma disciplina de conduta protege todos, evitando o caos que pode imperar quando se outorga ao indivíduo o direito de tudo fazer, ainda que prejudicando terceiros.

É preciso que cada um ceda alguma coisa para receber muitas outras; esse é um princípio que sustenta e justifica a prática virtuosa perante a comunidade.

O homem não deve construir seu bem a custa de destruir o de outros, nem admitir que só existe a sua vida em todo o universo.

---

[9] MARITAIN, Jacques. *Os direitos do homem.* Rio de Janeiro: José Olympio, 1947. p. 19.
[10] CARREL, Alexis. *Op. cit.*

Em geral, o egoísta é um ser de curta visão, pragmático quase sempre, isolado em sua perseguição de um bem que imagina ser só seu.

Classes profissionais

Uma classe profissional caracteriza-se pela homogeneidade do trabalho executado, pela natureza do conhecimento exigido preferencialmente para tal execução e pela identidade de habilitação para o exercício da mesma. A classe profissional é, pois, um grupo dentro da sociedade, específico, definido por sua especialidade de desempenho de tarefa.[11]

A questão, pois, dos grupamentos específicos, sem dúvida, defluiu de uma natural especialização, motivada por seleção natural ou habilidade própria, e hoje constitui-se em inequívoca força dentro das sociedades.

A formação das classes decorreu de forma natural, há milênios, e se dividiram cada vez mais.

No tempo, atribui-se à Idade Média a organização das classes trabalhadoras, notadamente as de artesãos, que se reuniram em *corporações*.

É possível que associações com outras características tenham existido em outras épocas e disto existem alguns indícios, não muito veementes, mas, indiretamente, aceitáveis.

Sabemos que no Egito Antigo, por exemplo, as classes trabalhadoras eram definidas e que existiam profissionais geniais e de grande notoriedade, como Imhotep,[12] cognominado de Leonardo da Vinci egípcio, pelos historiadores.

Para aquele povo, uma das profissões mais nobres era a de contabilista. Tal profissão constituía-se no exercício das funções de escriturário, administrador, legislador geral e de impostos, diplomata e até ministro e vizir; os profissionais tinham mercado de trabalho assegurado, em razão, tudo faz crer, do altíssimo valor que se atribuía à escrita, notadamente a aplicada ao informe sobre a riqueza.[13]

Os historiadores, todavia, mesmo os mais detalhistas, não enfocaram a organização de classes profissionais ao longo da História, tal como a que ocorreu, como fenômeno social, na Idade Média.

---

[11] A habilitação das classes pode ser legal ou consagrada pelos usos e costumes; geralmente, a limitação legal ocorre em decorrência de graus maiores de responsabilidade.
[12] Imhotep viveu ao tempo de Zozer III, do velho reino (2.700-2.300 a.C.).
[13] Os egípcios já possuíam escrita de custos, analisavam custos por atividades, realizavam prodigiosos inventários, possuíam escrita matricial e existem historiadores que aos mesmos atribuem a invenção das partidas dobradas, tomando por base referências de escritores contábeis orientais da baixa Idade Média.

A divisão do trabalho é antiga, ligada que está à vocação de cada um para determinadas tarefas e às circunstâncias que obrigam, às vezes, a assumir esse ou aquele trabalho; ficou prático para o homem, em comunidade, transferir tarefas e executar a sua.

A união dos que realizam o mesmo trabalho foi uma evolução natural e hoje se acha não só regulada por lei, mas consolidada em instituições fortíssimas de classe.

Código de ética profissional

As relações de valor que existem entre o ideal moral traçado e os diversos campos da conduta humana podem ser reunidas em um instrumento regulador.

Tal conjunto racional, com o propósito de estabelecer linhas ideais éticas, já é uma aplicação desta ciência que se consubstancia em uma peça magna, como se uma lei fosse entre partes pertencentes a grupamentos sociais.

Uma espécie de contrato de classe gera o Código de Ética Profissional e os órgãos de fiscalização do exercício passam a controlar a execução de tal peça magna.[14]

Tudo deriva, pois, de critérios de condutas de um indivíduo perante seu grupo e o todo social.

O interesse no cumprimento do aludido código passa, entretanto, a ser de todos. O exercício de uma virtude obrigatória torna-se exigível de cada profissional, como se uma lei fosse, mas com proveito geral.

Cria-se a necessidade de uma mentalidade ética e de uma educação pertinente que conduza à vontade de agir, de acordo com o estabelecido. Essa disciplina da atividade é antiga, já encontrada nas provas históricas mais remotas, e é uma tendência natural na vida das comunidades.

É inequívoco que o ser tenha sua individualidade, sua forma de realizar seu trabalho, mas também o é que uma norma comportamental deva reger a prática profissional no que concerne a sua conduta, em relação a seus semelhantes.

Toda comunidade possui elementos qualificados e alguns que tergiversam na prática das virtudes; seria utópico admitir uniformidade de conduta.[15]

---

[14] Para os contabilistas, a vigilância e a atuação para que se cumpra o Código de Ética Profissional são realizadas pelo Conselho Regional de Contabilidade em cada unidade do país e coordenadas pelo Conselho Federal de Contabilidade.
[15] Herbert Spencer, em sua obra *O indivíduo e o estado* (Bahia: Aguiar e Souza, s.d. p. 20 ss), traça comentários objetivos sobre essas parcelas das comunidades que são desajustadas e que por isso mesmo não permitem uma consideração teórica absolutamente homogênea.

A disciplina, entretanto, através de um contrato de atitudes, de deveres, de estados de consciência, e que deve formar um código de ética, tem sido a solução, notadamente, nas classes profissionais que são egressas de cursos universitários (contadores, médicos, advogados etc.).[16]

Uma ordem deve existir para que se consiga eliminar conflitos e especialmente evitar que se macule o bom nome e o conceito social de uma categoria.

Se muitos exercem a mesma profissão, é preciso que uma disciplina de conduta ocorra.[17]

Base filosófica dos códigos de ética profissional

Para que um Código de Ética Profissional seja organizado, é preciso, preliminarmente, que se trace a sua base filosófica. Tal base deve estribar-se nas virtudes exigíveis a serem respeitadas no exercício da profissão, e em geral abrange as relações com os utentes dos serviços, os colegas, a classe e a nação.

As virtudes básicas são comuns a todos os códigos. As virtudes específicas de cada profissão representam as variações entre os diversos estatutos éticos.

O zelo, por exemplo, é exigível em qualquer profissão, pois representa uma qualidade imprescindível a qualquer execução de trabalho, em qualquer lugar.

O sigilo, todavia, deixa de ser necessário em profissões que não lidam com confidências e resguardos de direitos. Um contabilista precisa guardar sigilo dos segredos que conhece da vida dos negócios, mas um agrônomo já não tem muito que reservar-se em relação às tarefas que executa.

Cada profissão tem suas próprias características e isto exige também virtudes pertinentes a um desempenho de boa qualidade.

Traçar, pois, as linhas mestras de um código, é compor a filosofia que será seguida e que forma a base essencial do mesmo. *Sejam quais forem as linhas mestras de um código de ética elas serão sempre linhas de virtude a serem seguidas.*

A base filosófica é necessária para que se forme a estrutura. Formada a estrutura, a partir dela, traçam-se os detalhes. O princípio será sempre o de estabelecer qual a forma de um profissional se conduzir no exercício profissional, de maneira a não prejudicar terceiros e a garantir uma qualidade eficaz de trabalho – essa a orientação filosófica fundamental.

---

[16] Embora os códigos de ética não sejam privativos das profissões liberais, são elas que mais têm colocado em prática essa organização normativa.
[17] No Brasil, estima-se que mais de 400.000 pessoas estejam a exercer a atividade contábil, embora nem todas estejam competentemente registradas em Conselhos de Contabilidade.

Peculiaridades em um código de ética profissional

As peculiaridades em um código de conduta profissional dependem de diversos fatores, todos ligados à forma como a profissão se desempenha, ao nível de conhecimentos que exige, ao ambiente em que é executada etc.

Isto significa que não pode existir um padrão universal que seja aplicável com eficácia a todos os casos, embora as linhas mestras sejam comuns, pois comuns são as principais virtudes de todas as profissões exigíveis.

Logo, existem códigos de ética, e não apenas um código de ética, quando se tem em mira objetivar o exercício profissional ou de conduta de um grupo.

As classes, através de suas instituições, de seus líderes, são os naturais elementos geradores de tais estatutos, os quais precisam surgir do amplo debate, da franca intervenção de todos, de forma a possibilitar uma realidade e algo que efetivamente seja exequível e abrangente.

Devem ser coletados, pacientemente, todos os deveres ou obrigações do indivíduo perante todos os ângulos de seu exercício, ou seja, em todas as esferas onde possam ocorrer relações pessoais que exijam atos profissionais e humanos a estes pertinentes.

Os contabilistas brasileiros iniciaram o esboço de seu código de ética em 1950, no V Congresso Brasileiro de Contabilidade, em Belo Horizonte. O tema central de tal conclave foi o código de ética. Os debates foram se sucedendo, as contribuições se somando, até que o Conselho Federal de Contabilidade, em 1970, através de uma Resolução, oficializou a matéria.

Foram decorridos 20 anos de amadurecidos estudos. A evolução, todavia, ocorrida nas profissões, através da mudança de costumes, do avanço da tecnologia, das alterações nas políticas sociais, do progresso das nações, da dilatação dos mercados etc., exerce influência nas condutas e os códigos se desajustam, por mais cuidadosas que tenham sido suas elaborações.

Tais desajustes atingem, normalmente, os aspectos da forma de trabalhar, porque são estes os mais sensíveis às modificações.

Quando, todavia, a operacionalidade no trabalho se altera, é possível que também se alterem formas de relacionamento pessoal, e, logicamente, a conduta.

Puritanismo e ética profissional

Atitudes exageradas, em relação às virtudes, são antinaturais, logo, também enfraquecem seus valores éticos.

Não é sem razão que Carrel escreve: *"A virtude adquiriu, graças aos puritanos, uma desgraçada reputação. Foi confundida com a hipocrisia, a intolerância, a dureza, a afetação"*.[18]

Os extremos, em matéria de conduta, parecem perigosos, e isto se agrava quando se prende a detalhes, às vezes, de mínima relevância.

Devemos considerar sempre o que mais caracteriza um ato, diante da intenção maior; pequenos erros são às vezes toleráveis, entendo, quando não intencionais.

A infalibilidade, em toda a minha vida profissional, de mais de 50 anos, jamais a encontrei em qualquer ser.

Até as máquinas falham; o próprio computador, com todos os seus inequívocos e maravilhosos recursos, por vezes, nos apresenta comportamentos discrepantes.

A intransigência não é uma virtude. Opostamente, aquele que em tudo vê a fraude, a má-fé, o erro, mesmo que seja insignificante, não se encontra no melhor de sua capacidade mental.

Conheço pessoas desse gênero, cujo único assunto é criticar todos e que só observam, em tudo, lesões à virtude. Imaginam-se puros e intocáveis.

Tal comportamento não é ético, pois caracteriza a intolerância, e esta, quase sempre, gera o espírito de perseguição, calúnia, traição e demais vícios; ou seja, ao admitir-se o único virtuoso do mundo, o puritano acaba por enlamear, muitas vezes, a honra até de inocentes.

Quando isto ocorre no âmbito das profissões, a tendência é de que tais indivíduos terminem isolados em seu grupo.

Sabemos que, em matéria de prestação de serviços, conseguem-se atos de grande expressão virtuosa, às vezes seguindo alguns caminhos *aparentemente não virtuosos*.

O advogado, ao defender o criminoso, aos olhos de um puritano pratica ato imoral.

Um contador, ao deixar de denunciar ao fisco um cliente que está em atraso de pagamentos, como a lei certa vez exigiu, para o puritano é um transgressor.

Um médico, ao dizer ao paciente que seu estado não é grave, sabendo que é terminal, aos olhos do puritano é um desleal.

Entretanto, o advogado não está a defender o crime, e sim o cidadão; o contador a defender a vida da empresa, e não a inadimplência; o médico a amenizar a aflição do paciente, e não a enganá-lo em um caso já perdido.

---

[18] CARREL, Alexis. *Op. cit.* p. 139.

Os atos precisam ser julgados com suas relatividades. Toda a natureza, obra de uma inteligência muito superior à nossa, nos dá exemplos exuberantes de relatividade, em todas as suas manifestações.

O puritanismo é um vício quando prejudica terceiros, quando, em uma comunidade, procura abalar o valor ético das instituições e de líderes que as representam.

Em nome de uma pseudomoralidade, muitas denúncias se fazem, muitas acusações se realizam, baseadas, às vezes, na simples aparência ou na análise parcial de formas de atitudes, desconhecendo a essência e o resultado destas.

É da natureza do puritano ver fantasmas em tudo e ser sempre contra quase tudo, em todas as suas ações.

Tais indivíduos, em nome de sua ética particular, lesam, quase sempre, a verdadeira ética.

Conduta individual e sucesso

A conduta sadia do ser, consigo mesmo e com seu ambiente, habilita ao sucesso.

Entre os muitos estudiosos da questão, Alexis Carrel conseguiu sintetizar sobre as relações ambientais, seus pontos de vista, em *princípios aptos para a felicidade*, todos de índole ética.

Embora não seja o exclusivo tratadista da matéria, entendemos que foi com propriedade que objetivou os seguintes:

1. Considerar o triunfo da vida como nossa principal ocupação.
2. Aceitar a ordem das coisas, resignando-nos a uma voluntária limitação da liberdade, para nos submetermos a uma regra.
3. Optar pela ordem, em vez da fantasia, e pelo esforço constante, em vez da despreocupação irresponsável.
4. Utilizar, ao mesmo tempo, o saber e a crença, a inteligência e o sentimento.
5. Utilizar todas as aquisições da humanidade, tanto a religião como a ciência.
6. Incorporar, nas formas racionais, os elementos passional, afetivo e religioso.
7. Substituir pelos conceitos e princípios científicos aqueles conceitos e princípios fisiológicos.

8. Levar em conta o econômico, o que é uma condição necessária, mas não suficiente, para o triunfo. Subordinar esse econômico ao humano.

9. Tirar partido de todos os elementos humanos idôneos, tais como os liberais sinceros e os intelectuais democratas; neutralizar os preguiçosos, os especuladores, o poder do dinheiro, os traidores, os avarentos, os criminosos e os loucos. É a qualidade que importa, porque a quantidade não basta.

10. Recordar a importância do desenvolvimento simultâneo e conjugado do fisiológico e do intelectual.

11. Recordar, outrossim, que o homem tem necessidades, e não direitos, e que essas necessidades diferem segundo as funções. Os crentes não têm de se inquietar com a substituição dos conceitos científicos pelas ideologias. Só uma verdade existe. Todas as suas parcelas encontraremos encerradas nas ideologias.[19]

Carrel estabelece, em seus princípios, os caminhos que entende sejam os que conduzem o homem ao triunfo. Denotam, em sua essência, um tipo de conduta que se baseia na atenção em si mesmo, no próximo e nos objetivos definidos.

O sucesso, todavia, como o entende a sociedade atual, nem sempre tem-se coadunado com essas normas. Não é pequeno o número de pessoas que enriquecem e passam a desfrutar de prestígio, tendo alcançado a fortuna pelas vias da corrupção, notadamente no mundo político e do comércio ilegal.

Não se confundem, pois, o que na atualidade se considera como sucesso e aquilo que integralmente o ser consegue pela prática do ideal, da virtude, da conduta respeitosa.

Conheço, pessoalmente, homens que enriqueceram prodigiosamente, na política, no próprio município em que vivo, às custas dos mais duros golpes de corrupção contra o Estado e contra seus semelhantes.

Seria absurdo admitir, pois, enriquecimento como sendo sucesso e sucesso sem virtude.

O enriquecimento pode ser conseguido às custas da ausência de virtude, mas o sucesso desta depende.

Por mais que se tenham corrompido os costumes, por mais que se tenham deixado sem punição os que furtaram em suas funções públicas, em tempo nenhum essas coisas conseguirão destruir a verdade contida na virtude.

---

[19] CARREL, Alexis. *Op. cit.* p. 304.

O sucesso, tal como admitimos para um homem integral, jamais poderá ser alcançado sem a prática da ética.

Embora deixemos de concordar com alguns itens dos princípios de Carrel, admitimos que o sucesso repousa na associação do amor com a sabedoria, somado tudo à ação e a uma constante reflexão sobre tudo o que se faz.

É pelo exercício do espírito que o homem alcança seus maiores objetivos, ou seja, pela crença firme em si mesmo, pela determinação obstinada em seus propósitos honestos, pelo desejo de dar a seu semelhante as mesmas oportunidade e respeito que recebe.

Se amamos o que fazemos, o fruto de nosso trabalho será de boa qualidade e trará proveitos. Se nos valorizamos pela sabedoria, é possível, profissionalmente, cada vez mais, auferirmos melhores rendimentos. Se agimos sem tréguas, eticamente, conseguimos realizar e materializar os ideais. Nessa ação está compreendida a qualidade do trabalho que busca a possível perfeição e o respeito às necessidades dos utentes dos serviços que prestamos.

Finalmente, se refletimos, estamos sempre em conexão com as forças transcendentais que parecem vir a nós pela ligação que estabelecemos pelo pensamento reflexivo (a oração tem sido um caminho, quando ela é uma forma livre de lançar ao espaço nossos juízos).

Julgamento da conduta ética na classe

Estabelecido um código de ética, para uma classe, cada indivíduo a ele passa a subordinar-se, sob pena de incorrer em transgressão, punível pelo órgão competente, incumbido de fiscalizar o exercício profissional.

À semelhança do direito penal, os tribunais de ética julgam os casos que lhes são encaminhados ou dos quais tomaram conhecimento através da fiscalização que as instituições promovem.

A burocracia dos julgamentos é realizada ao feitio dos processos na Justiça, com as sindicâncias necessárias, a obtenção de provas de todos os gêneros, os depoimentos, as defesas, as justificativas etc.

Assegura-se ao transgressor todas as formas de defesa em direito permitidas e em seu julgamento se consideram todas as atenuantes e agravantes.

O tribunal de ética, composto de pessoas eleitas pela maioria da classe, funciona como um júri e atribui aos faltosos as diversas modalidades de penas, que vão desde as simples advertências até a mais rigorosa, que é a de cassar o direito do exercício profissional.

Tais práticas visam exercer o poder coercitivo dos órgãos de classe[20] sobre os componentes desta que não se ajustam às normas estabelecidas. Derivam-se de apurações de irregularidades, que são originadas ou de trabalhos da fiscalização ou de denúncias formuladas.

A fiscalização do exercício da profissão pelos órgãos de classe compreende as fases preventiva (ou educacional) e executiva (ou de direta verificação da qualidade das práticas).

Grande parte dos erros cometidos derivam-se em parte do pouco conhecimento sobre a conduta, ou seja, da educação insuficiente, e outra parte, bem menor, deriva-se de atos propositadamente praticados.

Os órgãos de fiscalização assumem, por conseguinte, um papel relevante de garantia sobre a qualidade dos serviços prestados e da conduta humana dos profissionais.[21]

A prática que possuo sobre a questão mostra que quanto maior é o investimento que os conselhos fazem na educação, menor é o índice de infração das normas éticas.

As classes, ao julgarem seus componentes, ao impor-lhes punições por atos viciosos, através de suas instituições, fortalecem-se. A fé que passam a merecer é bem maior.

O exemplo de retidão deve sempre partir dos poderes, e quando isto não ocorre, abala-se a crença nos governos e perde-se a moralidade em uma comunidade.

Quando, também, procuram acobertar erros ou omitir-se diante deles, tendem a cair no descrédito público.

Pode parecer cruel um colega julgar outro, mas, no caso dos conselhos, aquele que promove o julgamento está despido de sua individualidade, ou seja, é representante de uma comunidade à qual deve seu trabalho. Os deveres para com a coletividade exigem que as questões pessoais sejam afastadas.

Se o réu é pessoa ligada ao conselheiro que tem a função de julgamento, deve este, sim, considerar-se suspeito e afastar-se, para que outro assuma seu lugar, e jamais praticar ato de parcialidade.

Seria incoerente que, ao julgar matéria ética, o próprio conselheiro ligado ou interessado não a praticasse, pois, ao não ser imparcial, estaria lesando a moralidade do julgamento, ainda que se esforçasse por manter-se neutro.

---

[20] Os advogados possuem como tal órgão a sua ordem, e as demais profissões seus conselhos regionais e federal.
[21] Sobre esta matéria específica, editamos um trabalho, pelo Conselho Regional de Contabilidade da Bahia, sob o título *A Contabilidade e a função institucional do Conselho Regional de Contabilidade*. (Salvador, 1993).

A preservação das instituições depende de atitudes elevadas, acima das individualidades, com isenção tanto de favoritismo quanto de perseguições.

A autoridade que possuem é decorrência do próprio bem que se almeja para todos. Tal poder é outorgado a representantes das comunidades para que façam cumprir as finalidades diversas de interesse comum. Trata-se de uma delegação, como tal devendo-se comportar, sem características de usurpação ou de admissão de que o coletivo pudesse passar a ser propriedade do poder.

Alguém deve conduzir a obrigatoriedade de conduta das comunidades, segundo as normas aprovadas.

A outorga do poder é um ato de proteção, mas pode voltar-se contra a comunidade se o mesmo não se reveste de legitimidade ou se os elementos incumbidos de o exercer não possuem capacidades moral e cívica para o cumprimento dos objetivos.

Tudo é volvido ao geral, mas, quando isto não ocorre, existe a ameaça de amplos desequilíbrios nas classes.

Seria incoerente os próprios incumbidos de preservar a conduta sadia praticarem atos condenáveis e injustos.

PARTE II

ÉTICA PROFISSIONAL

Profissão e efeitos de sua conduta

A expressão *profissão* provém do latim *professione*, do substantivo *professio*, que teve diversas acepções naquele idioma, mas foi empregado por Cícero como "ação de fazer profissão de".[1]

O conceito de profissão, na atualidade, aquele que aceito, representa: *"trabalho que se pratica com habitualidade a serviço de terceiros"*, ou seja, *"prática constante de um ofício"*.[2]

A profissão tem, pois, além de sua utilidade para o indivíduo, uma rara expressão social e moral.

Basta lembrar os pontos que Cuvillier, com rara felicidade e oportunidade, destaca:[3]

1. É pela profissão que o indivíduo se destaca e se realiza plenamente, provando sua capacidade, habilidade, sabedoria e inteligência, comprovando sua personalidade para vencer obstáculos.

2. Através do exercício profissional, consegue o homem elevar seu nível moral.

3. É na profissão que o homem pode ser útil a sua comunidade e nela se eleva e destaca, na prática dessa solidariedade orgânica.

De fato, se acompanharmos a vida de um profissional, desde sua formação escolar até seu êxito final, vamos observar o quanto ele produz e recebe de utilidade.

---

[1] CÍCERO, Marco Túlio. *De oratore*. 1, 21. Bolonha: Zanichelli, 1992.
[2] A expressão *ofício* emprega-se para expressar "profissão" e provém do latim *officiu*, como derivativo de *officina*, que significava loja, fábrica, laboratório, escola, em suma, lugar onde se atendia ou servia a alguém. É nesse sentido que Tito Lívio a emprega em sua *História de Roma*, 26, 51, 8, e Cícero em *De oratore*, 40.
[3] CUVILLIER, A. *Manuel de philosophie*. 9. ed. Paris: Armand Colin, 1947. p. 358-359.

Profissão em contabilidade, um exemplo expressivo

Quem lê a autobiografia de D'Auria[4] ou de Hilário Franco pode ter perfeita noção dessas trajetórias gloriosas de dois grandes cientistas da Contabilidade brasileira.

Tiveram eles o cuidado de oferecê-las, como documentário de uma vida útil e gloriosa no campo de uma profissão de alta utilidade social.

Muitos outros exemplos poderíamos citar de vidas profissionais relevantes, em muitíssimas áreas, umas maiores, outras não tanto, mas todas valorosas como contribuição aos semelhantes.

Embora não tenha eu ainda escrito a minha autobiografia, em meus já 50 anos de Contabilidade, posso afirmar, baseado em minha experiência pessoal, que a vida profissional reservou-me as maiores dignidades éticas, morais, sociais, intelectuais, culturais, humanas, em suma, sob todos os ângulos de que possa observar minha vida.

Com ela consegui títulos elevados no setor cultural, desde os acadêmicos e laudatórios, até aqueles de representação do país em entidades internacionais.

Sendo uma das profissões mais antigas do homem,[5] evoluiu com a sociedade e hoje se situa entre as mais requeridas (não há, praticamente, crise em seu mercado de trabalho) e as mais difundidas, pois toda empresa e toda instituição precisam, obrigatoriamente, de tais serviços.

A profissão contábil consiste em um *trabalho exercido habitualmente nas células sociais, com o objetivo de prestar informações e orientações baseadas na explicação dos fenômenos patrimoniais, ensejando o cumprimento de deveres sociais, legais, econômicos, tão como a tomada de decisões administrativas, além de servir de instrumentação histórica da vida da riqueza.*

Os deveres profissionais que ela impõe, por conseguinte, são os da utilidade, em relação à explicação dos fenômenos da riqueza que as células sociais utilizam para suprirem suas necessidades de existência,[6] tão como de informes[7] e opiniões sobre tudo o que se relaciona ao patrimônio das pessoas naturais ou jurídicas.

O ser que se dedica à Contabilidade possui deveres para com a regularidade do emprego racional da riqueza nas empresas, nas instituições diversas, assim como perante o

---

[4] D'AURIA, Francisco. *50 anos de contabilidade*. São Paulo: Editora do Autor, 1953. FRANCO, Hilário. *50 anos de contabilidade*. São Paulo: Atlas, 1993.
[5] Há provas de exercício profissional da Contabilidade na civilização sumero-babilônica, há mais de 6.000 anos. Os registros contábeis datam de mais de 20.000 anos, encontrados no Paleolítico Superior.
[6] Esta a função superior da Contabilidade, como ciência da riqueza celular social.
[7] Essa a função técnica, de nível médio, da Contabilidade.

ensino, a pesquisa, a difusão cultural e educacional, o mercado, a sociedade e também na produção de provas e opiniões sobre comportamentos do patrimônio.

Necessita, o contabilista, de uma *consciência* profissional que possa guiar seus trabalhos e de *virtudes* que possam ser parametrias,[8] considerada a imensa responsabilidade de tais tarefas.

O trabalho é um dever social,[9] mas, além de tudo, algo que realiza quem o faz, se, realmente, no exercício de suas tarefas, emprega o amor como guia de suas ações.

A profissão permite que o indivíduo exerça sua função de solidariedade para com seus semelhantes, recebendo, em troca, não só dignidades, mas compensações que permitem, inclusive, o enriquecimento material.

Foi pelo caminho de cuidar do patrimônio de terceiros, inclusive, que muitos contadores se enriqueceram,[10] partindo de suas bases profissionais.

Valor social da profissão

A quase totalidade das profissões liberais possui grande valor social. O que varia é sua forma de atuação e a natureza qualitativa dos serviços perante as necessidades humanas.

A saúde, a educação, o lazer, a habitação, a vida empresarial e institucional etc. são grandes objetivos que necessitam da atuação do profissional.

Médicos, professores, escritores, engenheiros, administradores, contadores, advogados, psicólogos, biólogos, agrônomos etc. são elementos indispensáveis à vida social, em tarefas de relevante importância.

A Contabilidade destaca-se por seu papel de proteção à vida da riqueza das células sociais e pela capacidade de produzir informes qualificados sobre o comportamento patrimonial.

Entendo, todavia, ser *uma das maiores, entre todas as utilidades da profissão contábil, aquela que se baseia na consciência de que é por levar as células sociais à eficácia que se consegue o bem-estar nas nações e das comunidades em geral.*

---

[8] Tais assuntos, destacados em tipo itálico, serão objeto de capítulo deste livro.
[9] Aristóteles escreveu, em *A política* (Cap. 2, parágrafo 2º), que "a salvação da comunidade é a ocupação de todos os cidadãos, qualquer que seja a diferença que entre eles exista".
[10] Um dos maiores milionários dos Estados Unidos, Rockfeller, teve por base sua profissão de contador.

Se todas as empresas, todas as instituições, forem prósperas, também o país o será, e o contabilista é um grande responsável no sentido de conduzir a riqueza individualizada à prosperidade.

Esta a conclusão a que chegamos, ao término do desenvolvimento de nossa Teoria Geral do Conhecimento Contábil.[11]

O ápice da consciência profissional em Contabilidade encontra-se nessa imensa responsabilidade de servir a todo o social, embora, obviamente, não se exclua, pela importância inequívoca que têm, as responsabilidades pela produção de provas, informes qualificados, análises e opiniões.

Ao exercer sua profissão, o contabilista pratica uma função nitidamente social, como um autêntico médico de empresas e instituições, e ao mantê-las sadias, cuida, também, da riqueza social (que é uma concepção abstrata, decorrente da somatória dos patrimônios celulares).

O trabalho nessa área não serve apenas ao profissional e a sua família, mas, quando de qualidade, tem condições de dignificar sua classe e cumprir a finalidade abrangente das organizações humanas.

A dignidade no cumprimento estará sempre ao lado de uma utilidade ampla, coerente com os interesses de todos, embora o campo de atividade seja celular,[12] das unidades de um todo.

Todavia, como não há total sem parcelas e a expressão da soma depende daquela de suas unidades, uma consciência firme profissional, como condição ética, tende a beneficiar a todos, posto que se exerce, exatamente, nas parcelas ativas da sociedade.

As influências que pela Contabilidade podem ser exercidas no destino da riqueza das células sociais são muito fortes.

Um bom conhecedor de tal disciplina pode conduzir à prosperidade, através da ampliação das oportunidades de emprego, do aumento dos índices de investimentos, da adequação da utilização racional e do menor custo de financiamentos, da redução de gastos, do aumento de receitas, da atribuição de destinos corretos aos lucros, do ensejo da justiça no pagamento da mão de obra, do aumento da produtividade do capital, em

---

[11] SÁ, A. Lopes de. *Teoria geral do conhecimento contábil*. Belo Horizonte: IPAT-UNA, 1993.
[12] Mesmo na perícia contábil, servindo a particulares, a atuação tende a ser sempre nas empresas e instituições, ou seja, nas células sociais. Veja-se, sobre o assunto, nossas obras *Perícia contábil* e *Auditoria*, ambas da Editora Atlas.

suma, da oferta de orientações tão competentes ao uso adequado da riqueza que, por efeito de sua atuação, o progresso tem condições de efetivar-se.

No campo da informação, também, o profissional exerce um grande papel que beneficia o Estado, as instituições, as empresas, os investidores etc.

Hoje, nas tendências mais modernas, parte-se para uma normalização de tais informes, adequada aquela a cada utilidade que deve prestar.[13]

O papel do profissional é produzir tal utilidade, ou seja, por seu conhecimento, por suas virtudes pessoais no exercício, propiciar a eficácia na utilização da riqueza, oferecendo como decorrência informes, pareceres, laudos, estudos, planos etc.

Cumpre, ainda, no campo da Justiça, das provas, o importante papel de perito, ensejando decisões que modificam o destino das pessoas, como, também, no campo da auditoria, tem por função certificar situações para ensejar formação de opiniões diversas.[14]

Nesse particular, tal profissão tem seu relevo de "fé pública" no informe e na interpretação de fatos, requerendo responsabilidades de alto teor e o uso de uma consciência específica e muito mais rigorosa.

Responsabilidade, utilidade e projeção profissional

Entre os diversos campos profissionais, o Contabilista tem a seu dispor um dos maiores mercados, pois nenhuma empresa e nenhuma instituição podem dispensar sua assistência constante; por isso, proporcionalmente, se agigantam as responsabilidades e os deveres, mas também as dignidades e as recompensas pelo exercício.

Não são poucos os contabilistas que hoje se encontram no poder, quer de empresas (como dirigentes), quer no Estado (como vereadores, deputados, senadores, ministros, altos funcionários), quer nas instituições em geral. Passam a fazer parte de uma classe média e média alta, tendendo à alta, em razão de seu valor pessoal, adquirido através do exercício da profissão.

---

[13] Importantes aspectos dessa matéria encontramos no refinado trabalho apresentado à I Jornada de Trabalho sobre a Teoria da Contabilidade, editado pela ASEPUC, em Málaga, em 1995, de autoria de Leandro Cañibano Calvo e José Antonio Gonzalo Angulo, sob o título *Los programas de investigación en Contabilidad*; igualmente de alta relevância e com muito maior amplitude são os trabalhos de Jorge Tua Pereda, da Universidade Autônoma de Madri, especialmente aquele sob o título *La investigación empírica en Contabilidad* (Madri: ICAC, 1991).

[14] Para alcançar a extensão do assunto, vejam-se nossas obras *Perícia contábil* (2. ed. São Paulo: Atlas, 1996) e *Auditoria* (8. ed. São Paulo: Atlas, 1996).

O mesmo ocorre com advogados, médicos, engenheiros, administradores e outros que galgaram tais posições em decorrência de seus valores profissionais, projetando-se pela qualidade de seus trabalhos.

Em países de alto grau de civilização, os dirigentes nada resolvem sem ouvir seus Contadores; em todos os principais negócios, nas principais decisões, estão sempre presentes tais profissionais, pois temem os gestores praticar falhas, depois, irreparáveis.

A responsabilidade que lhes é atribuída advém da utilidade que prestam e, como decorrência, os benefícios surgem.

Os benefícios que os profissionais propiciam, cumprindo as responsabilidades de seus trabalhos, passam a dar-lhes notoriedade, ampliando o grau de satisfação em relação a eles e quase criando uma obrigação de retribuição moral por parte dos beneficiados. Esta a razão pela qual, com sucesso, muitos deles chegam a cargos eletivos, com relativa facilidade.

A oportunidade de servir é retribuída, socialmente, com aquela de usufruir o prestígio granjeado.

A sociedade acaba por retribuir amplamente os serviços com qualidade que a ela o profissional dá com amor.

Aquele que se conduz eticamente bem recebe de volta o bem social que pratica.

Obstáculos à fama profissional e postura ética na defesa do direito de imagem

É óbvio que não escapará o profissional vitorioso dos males da inveja.

Escreveu Balzac: *"É natural destruir o que não se pode possuir, negar o que não se compreende e insultar o que se inveja"*.[15]

De forma ainda mais profunda, Zamora escreveu: *"Os ataques da inveja são os únicos em que o agressor preferiria, se pudesse, ocupar o papel da vítima"*.[16]

Tal baixo sentimento sempre se faz acompanhar de atitudes imorais e antiéticas como decorrências (calúnias, difamações, traições, resistências passivas, chantagens etc.). Todavia, a postura ética oferece remédios para se contrapor a essas mediocridades do espírito humano.

---

[15] H. Balzac, em *Serafita*. Nasceu Balzac em 1799 e faleceu em 1850, na França.
[16] Niceto Alcalá Zamora, em *Pensamentos e reflexões*. Nasceu Zamora na Espanha em 1877 e faleceu em 1949, fora de seu país.

A projeção tem seus ônus naturais e os obstáculos provêm sempre dos medíocres, dos que não conseguem pelo valor próprio se destacar no mesmo nível dos que sobem aos graus mais altos do conhecimento e da evidência social.

Nomes honrados podem ser desmoralizados; o que se fez durante toda uma vida em poucos dias pode desmoronar, diante dos efeitos malévolos da ação dos caluniadores, traidores, difamadores, chantagistas e intrigantes, mas é nesse particular que também os profissionais de valor podem se opor com inteligência, desde que o façam em tempo oportuno e com a energia necessária.

Há 2.500 anos, Buda já advertia: *"O bem se paga com o bem e o mal com a Justiça"*. Os que movidos pela inveja praticam atitudes contra o profissional vitorioso devem ser tratados com a energia necessária e no momento em que ocorrem os ataques.

É óbvio que cada caso merece um tratamento. É possível, algumas vezes, transformar os que se voltam contra nós, como inimigos gratuitos, em aliados.

A História dá-nos muitos exemplos disto, bastando lembrar um, do grande herói espanhol El Cid, em relação a Ordoñez. O grande líder conseguiu transformar um invejoso em amigo e fez com que lutasse a seu lado. São relatividades que precisam ser consideradas.

Existe, pois, uma ética perante a inveja, mas quando a lesão é profunda, uma estratégia especial precisa ser armada contra a sanha dos detratores. A passividade pode ser gravosa.

Embora Heródoto afirmasse que *"é melhor ser invejado que lastimado"*,[17] a posição do atingido, quando causa lesões a seu nome que possam ser gravosas, deve ser a de ação rápida e enérgica contra o agressor.

Modernamente, as questões de direito de imagem tomaram vulto e é a grande especialista na questão, Dra. Silma Mendes Berti, da Universidade de Minas Gerais, quem escreve sobre a questão, lecionando ser o mesmo *"um direito de personalidade extrapatrimonial, protegendo interesses morais"*, mas acrescentando ser *"também um direito patrimonial assegurado a proteção de interesses materiais"*.[18]

Felizmente, suprindo as debilidades do Direito Penal, no que tange à difamação e à calúnia, o direito de imagem vem fazer uma justiça protetora do respeito devido aos que conseguiram construir um nome e não devem ficar à mercê dos que, não conseguindo

---

[17] Heródoto. *Histórias III*. Historiador famoso (viveu de 485 a.C. a provavelmente 425 a.C.).
[18] BERTI, Silma Mendes. *Direito à própria imagem*. Belo Horizonte: Del Rey, 1993. p. 36.

a mesma notória posição, muitas vezes se valem dos ataques para aparecerem transitoriamente ou conseguirem outras vantagens pessoais.

Um profissional que alcançou nome, às custas dos benefícios que prestou à sociedade, criou uma imagem que valoriza sua própria classe e não deve estar à mercê de inescrupulosos e invejosos, pois seu nome acaba por transformar-se em patrimônio de uma comunidade.

Existem, no caso, um patrimônio moral do profissional de fama e um patrimônio social da classe, por ter elementos representativos. Isto precisa ser respeitado e preservado.

Ninguém, construindo um nome, deve abdicar do direito de defendê-lo, pois não é só sua pessoa que está em jogo, mas também a *imaterialidade de seu conceito. É dever ético proteger um nome profissional.*

Esta a razão pela qual os códigos de ética buscam preservar valores pessoais e institucionais.

O direito de imagem é tão sério que prevalece mesmo depois de falecido o profissional, segundo os mais insignes escritores da questão.

Tal posicionamento moderno do direito coloca em evidência um grande progresso do direito do homem, assim como um sensível progresso de proteção aos valores, no campo da defesa da Ética.

Ética e profissão

Observada em tese, em seu sentido geral, a profissão, como *exercício habitual de uma tarefa, a serviço de outras pessoas,* insere-se no complexo da sociedade como uma atividade específica.

Trazendo tal prática benefícios recíprocos a quem pratica e a quem recebe o fruto do trabalho, também exige, nessas relações, a preservação de uma conduta condizente com os princípios éticos específicos.

O grupamento de profissionais que exercem o mesmo ofício termina por criar as distintas classes profissionais e também a conduta pertinente.

Existem aspectos claros de observação do comportamento, nas diversas esferas em que ele se processa: perante o conhecimento, perante o cliente, perante o colega, perante a classe, perante a sociedade, perante a pátria, perante a própria humanidade como conceito global.

A consideração ética, sendo relativa, também hoje se analisa do ponto de vista da necessidade de uma conduta de efeitos amplos, globais, mesmo diante de povos que possuem tradições e costumes diferentes.[1]

Valor da profissão, utilidade e expressão ética

A profissão, como a prática habitual de um trabalho, oferece uma relação entre necessidade e utilidade, no âmbito humano, que exige uma conduta específica para o sucesso de todas as partes envolvidas – quer sejam os indivíduos diretamente ligados ao trabalho, quer sejam os grupos, maiores ou menores, em que tal relação se insere.

Quem pratica a profissão dela se beneficia, assim como o utente dos serviços também desfruta de tal utilidade. *Isto não significa, entretanto, que tudo o que é útil entre duas partes o seja para terceiros e para a sociedade.*

---

[1] A tendência para a generalização cada vez mais se acentua, à medida que os interesses dos povos se ampliam com a formação das comunidades, como está acontecendo com a Europeia, o Mercosul etc.

Um empresário que precisa estar informado e orientado sobre seus negócios, em face do que vai ocorrendo com seu capital, necessita de um profissional especializado em Contabilidade. Em reciprocidade, o diplomado em Contabilidade necessita do trabalho e da oportunidade que o empresário vai lhe oferecer. Estas são relações diretas entre quem presta o serviço e o que deste se beneficia.

Na oportunidade oferecida, tem o contabilista meios de mostrar todas as suas capacidades e, em decorrência, construir seu *conceito profissional*.

O conceito profissional é a evidência, perante terceiros, das capacidades e virtudes de um ser no exercício de um trabalho habitual de qualidade superior.

Não se constrói um conceito pleno, todavia, sem que se pratique uma conduta também qualificada.

O valor profissional deve acompanhar-se de um valor ético para que exista uma integral imagem de qualidade.

Quando só existe a competência técnica e científica e não existe uma conduta virtuosa, a tendência é de que o conceito, no campo do trabalho, possa abalar-se, notadamente em profissões que lidam com maiores riscos.

Um advogado, por exemplo, que defenda o réu e sirva também ao autor, quebra um princípio ético e se desmerece, conceitualmente, como profissional.

Ao longo do exercício de minha profissão, tive oportunidade de conhecer profissionais que, sendo empregados do Governo, aceitavam causas contra este, utilizando nomes de terceiros e se tornando, pois, servos de dois senhores, maculando sua conduta e estabelecendo um conluio de práticas viciosas.

A profissão, pois, que pode enobrecer pela ação correta e competente, pode também ensejar a desmoralização, através da conduta inconveniente, com a quebra de princípios éticos.

O sentido de utilidade pode existir e a ética não se cumprir.

No exemplo que citamos, o advogado serviu, sendo útil a uma das partes, mas, eticamente, praticou conduta condenável.

Ocorreu, repito, um ato útil para duas partes (advogado e cliente), mas com ausência de ética (advogar para quem é autor onde o réu é empregador do profissional). O utilitário pode ser também antiético, portanto, segundo determinadas circunstâncias.

Não podemos negar, no caso exemplificado, que ocorreu a utilidade, mas também não podemos negar que se infringiu a Ética.

O valor da utilidade, pois, é relativo e pode contrariar os preceitos de uma conduta sadia.

Especialização, cultura e utilidade profissional

No campo educacional, tem-se alegado que o excesso de especialização termina por marginalizar, socialmente, o profissional.[2]

Outros apregoam, opostamente, que a especialização é a solução para a qualidade do trabalho e para a sociedade, como maior veículo de utilidade; sociólogos, como Durkheim, inclusive, proclamaram ser a vida das classes aquela que se assemelha a de uma família, fazendo a apologia das especializações.

Entendo, particularmente, que o nível de cultura profissional depende do que se faz exigível, porque a tarefa pode realizar-se em diversos âmbitos: no campo da pesquisa, da literatura, do ensino, do exercício prático geral, do exercício prático específico etc.

Em meu modo de entender, a cultura geral ensina a viver com maior intensidade e a compreender a própria especialização sob um prisma de maior valor.

O conhecimento de filosofia, por exemplo, abandonado por certos programas de educação, como inútil ou supérfluo, diante da dinâmica moderna, foi reconhecido, no Congresso Internacional de Educação que se realizou em Belo Horizonte em 1995, como imprescindível à formação cultural de todas as profissões.

Pode parecer supérfluo, por exemplo, a um administrador profissional, os conhecimentos de psicologia, psicanálise, cibernética e heurística, mas, na verdade, se tiver bases nesses ramos, conseguirá, com muito melhor qualidade, entender as questões relativas à qualidade da decisão, da seleção de pessoal, da motivação para a produção etc.

A maior visão ensejará, automaticamente, maior qualidade de trabalho no campo administrativo, com proveitos para a eficácia da gestão.

A um Contador pode parecer supérfluo o conhecimento de lógica, mas compreenderá todo o seu valor quando se aprofundar nas questões de análise dos fenômenos patrimoniais das células sociais, em que precisará conscientizar-se da força dos princípios que regem as relações dos fenômenos da riqueza e saber como classificá-los.

---

[2] GIDE, Charles. *Essai d'une philosophie de la solidarité*, Paris, 1928.

Se ele se dedicar ao magistério, à pesquisa, muito perderá em qualidade de trabalho se não conhecer a epistemologia.

Sempre afirmei que *não há cultura inútil, mas sim os que não sabem reconhecer a utilidade da cultura. Por menor que seja o conhecimento, ele será sempre maior que a ignorância.*

O valor do exercício profissional tende a aumentar à medida que o profissional também aumentar sua cultura, especialmente em ramos do saber aplicáveis a todos os demais, como são os relativos às culturas filosóficas, matemáticas e históricas.

Uma classe que se sustenta em elites cultas tem garantida sua posição social, porque se habilita às lideranças e aos postos de comando no poder.

A especialização tem sua utilidade, seu valor, sendo impossível negar tal evidência; não se trata apenas da identificação de uma classe de valor, mas também da qualidade superior que esse valor pode alcançar, se a especialização for complementada com outras culturas.

Embora a autonomia profissional seja inequívoca, também o é que os limites de cada profissão sempre se confinam com os de outras; serão sempre mais qualificados a prática e o entendimento quanto menos muralhas existirem nessas demarcações, ou seja, quanto mais um saber ou técnica de outro similar se aproveitar.

O Contador que possui conhecimentos melhores em administração, economia, direito, sociologia, matemática e lógica está muito mais credenciado ao sucesso que aquele que se limita apenas ao conhecimento eminentemente contábil.

A mim parece falso o argumento que se usa, em sentido absoluto, de que aquilo que se ganha em extensão se perde em profundidade, no campo profissional.

Depende, sim, entendo, da profundidade que já se tenha e da extensão a que se dedica um ser, nas áreas do conhecimento humano.

A extensão do saber nunca prejudicou, mas, pelo contrário, muito auxiliou grandes pensadores e cientistas,[3] no curso do tempo, como nos prova a História. *A utilidade e a qualidade do trabalho tendem a ser tanto maiores quanto maior for a cultura do profissional.*

Igualmente, a conduta tende a ser tanto mais qualificada quanto maior for o grau de cultura.[4] É inequívoco, pois, que *a qualidade da conduta tende a crescer na razão direta da qualidade da cultura.*

---

[3] Leonardo da Vinci era um homem que abrangia em seu saber a matemática, a arquitetura, a física, a pintura, a escultura, a literatura etc.; tal fenômeno não ocorreu apenas com esse magnífico mestre, mas com outros também, como Leibniz, Pascal, Bentham e outros.

[4] A cultura dá polimento ao ser e este evita que se pratiquem ações não virtuosas. Esta não é uma norma infalível, pois ocorrem exceções, mas tende a ser a realidade mais verificável.

Função social da profissão e ambiência social contemporânea

É inequívoco que *o trabalho individual influencia e recebe influências do meio onde é praticado*. Não é, pois, somente em seu grupo que o profissional dá sua contribuição ou a sonega. Quando adquire a consciência do valor social de sua ação, da vontade volvida ao geral, pode realizar importantes feitos que alcançam repercussão ampla.

Quando o Estado, como organização promovida pela sociedade,[5] motiva a ideia do coletivo, quando as administrações públicas são sinceras com seu povo, quando a justiça é aplicada sem protecionismos e sem acobertar os erros dos mais poderosos, entendo que a consciência social se exerce com maior influência.

Diante, todavia, de um exercício ineficaz da autoridade e de um poder corrupto, oligárquico e incompetente,[6] abala-se a vontade de uma ação de cooperação para com o Estado.

Nas circunstâncias descritas, podem ocorrer atitudes mentais adversas para a nação e para a sociedade.

Assim, por exemplo, a corrupção e o roubo podem implantar-se como conduta justificável diante daquelas praticadas pelo poder.

O raciocínio de que se o Governo rouba o Tesouro, e se o Governo é o representante do todo, e se nesse caso é o todo que está a furtar e, por isso, torna-se justificável que cada um também o faça, leva à destruição dos costumes e enfraquece o vigor das sociedades.

Como afirmou Spengler, a ideia do Estado que requer a participação igualitária de todos é consequência de todo um processo histórico e de uma cultura que se consolida nessas áreas do ideal.[7] Como isso nega, em parte, a ideia de que a contribuição seja uma índole e que tenha força para sobrepujar o interesse individual.

Idealmente, entretanto, é imprescindível que as profissões se preocupem com o social, mas, se não são induzidas a isto, o que tende a ocorrer é a ação irresponsável de todos.

O que é natural, como ético, é que a profissão esteja a serviço do social, quer das células, quer do conjunto indiscriminadamente.

---

[5] O conceito de Estado não se confunde com o de sociedade. Em tese, o Estado é uma macrocélula social incumbida da proteção e da ordem e das garantias dos cidadãos.
[6] Geralmente, o desestímulo ocorre quando existe um regime fiscal confiscador, uma administração pública perdulária e desinteressada diante da produtividade e uma Justiça que só pune os mais fracos e as classes de menor influência.
[7] SPENGLER, Oswaldo. *La decadencia de occidente*. Madri: Espasa-Calpe, 1945. v. 4, p. 149 ss.

Quando o profissional, isoladamente, e as classes profissionais, por suas entidades representantes, agem em favor de uma cooperação orgânica, social, consegue-se o estágio idealmente desejável.

É preciso, todavia, para que isso ocorra, que haja uma atmosfera moral competente, nem sempre observável em nossa época.

Escreveu Toffler, a respeito da questão, analisando a situação do fim do século XX, que *"a lista dos problemas que a nossa própria sociedade enfrenta é interminável. Sentimos o cheiro do apodrecimento moral de uma civilização industrial moribunda, enquanto vemos as instituições, uma atrás da outra, sucumbir num turbilhão de ineficácia e corrupção. Consequentemente, o ar enche-se de amarguras, queixas e clamores por uma mudança radical"*.[8]

O referido autor, ao reclamar que o mundo mudou, mas que a política e o procedimento ético não acompanharam tal mudança, mostra o elevadíssimo grau de decadência moral a que se chegou, em razão do poder das minorias, que vêm mantendo uma fachada de democracia, mas sem que o povo tenha ação sobre os verdadeiros destinos de suas nações.

Os acordos entre os grupos políticos que decidem em troca de favorecimentos e ao sabor de suas vontades subjetivas formam o que jocosamente pode denominar-se *"ditadura democrática"*, por paradoxal que pareça; ditadura porque o poder se concentra nas mãos de grupos pequenos, que agem como desejam, e democrática porque tem o rótulo de governo do povo, sem que este, todavia, influa diretamente nas decisões que lhe atinge.

Esse clima de descontentamento a que hoje assistimos, através do terrorismo, das greves, da delinquência, da libertinagem tão livre quanto a prostituição, do abalo das estruturas dos lares, das fraudes gigantescas contra o povo, sempre parece ter existido, a julgar-se pelas obras dos clássicos que também reclamavam de suas épocas;[9] na era atual, todavia, não encontram justificativas tais desajustes, diante dos imensos auxílios dimanados dos progressos da ciência e das tecnologias.

A realidade mostra-nos que os vultosos recursos que foram conquistados no campo do conhecimento não se fizeram acompanhar de evoluções no campo da política, do social, e tudo isso é consequência da debilidade da educação moral, do mau emprego da mídia eletrônica e do desrespeito às instituições.

---

[8] TOFFLER, Alvin, TOFFLER, Heidi. *Criando uma nova civilização*. Lisboa: Livros do Brasil, 1995. p. 139.
[9] Na Roma antiga, os escritos de Marco Túlio Cícero já evidenciavam os males da corrupção no poder público e da ganância pelo dinheiro, a ponto de tal pensador classificar, sarcasticamente, "o homem sem dinheiro" e o "dinheiro sem homem".

Estamos, cada vez mais, nos constituindo, como diz Toffler, em uma *"sociedade desmassificada"*, o que também cada vez mais dificulta a mobilização de maiorias para uma posição de reforma imediata.[10]

A luta pelo mercado de trabalho, por exemplo, tem, também, produzido fenômenos sociais típicos de desrespeito entre as classes, dentro de um outro desrespeito geral que não observa os compromissos da qualidade de trabalho, mas exclusivamente a produção do lucro.

A ausência de responsabilidade para com o coletivo gera, como consequência natural, a irresponsabilidade para com a qualidade do trabalho.

Ofertas indiscriminadas de "pacotes de propostas", com rótulos mercadológicos, invadem os mercados de serviços e de bens, sem nenhum compromisso com a utilidade.

Apresentam-se ideias antigas, fracassadas em suas épocas, mas com outra rotulagem, cercadas de vasta propaganda e literatura (como o caso da "reengenharia", para citar-se um só exemplo), preocupadas apenas com a "venda de serviços", para promoverem receitas profissionais, sem responsabilidades em relação aos efeitos sociais das medidas derivadas.

Planos econômicos são elaborados para efeitos políticos, sem atenção aos danos sociais que causam, sobrepondo interesses monetários àqueles humanos e do bem-estar. Vendem-se pareceres profissionais para certificar situações estáveis de empresas onde já há plena instabilidade, atos de corrupção e decadência.

Todo esse quadro de atentados das profissões ao ambiente social, praticado em todos os níveis e em todas as classes, não por todos, mas por grupos minoritários dominantes, mostram-nos a distância entre o ideal social e o egoísmo acentuado no desempenho de um trabalho de cunho apenas lucrativo e de proveito individual.

Essa mesma falta de responsabilidade e de visão para com o social também se espelha na elaboração e aprovação de leis, como amplamente e há mais de um século[11] já reclamava e expunha Spencer[12] em seus trabalhos.

Outra questão delicada, em face do social, diz respeito à filosofia que um Estado segue, impelido pela decisão totalitária de grupos do poder, deixando-se guiar por "verdades relativas", ou "critérios de conveniência política".

---

[10] TOFFLER, Alvin, TOFFLER, Heidi. *Op. cit.* p. 183.
[11] Herbert Spencer nasceu em 1820 e faleceu em 1903.
[12] SPENCER, Herbert. *O indivíduo e o estado*. Salvador: Progresso, s.d. p. 37.

O movimento das cruzadas, na Idade Média, e as Guerras Mundiais, na Idade Contemporânea, são apenas dois entre miríades de exemplos que poderiam ser evocados para evidenciar que o destino dos povos nem sempre segue um puro interesse moral e que o social pode estar encasulado e envolvido por essas "bandeiras de verdades aparentes".

Como conceber o verdadeiramente moral perante a nação, perante o Estado, perante a sociedade, perante a humanidade, é um tema deveras complexo.

Não duvido que o Ético perante o Estado deva ser encontrado dentro de uma filosofia de virtudes, de prática do bem, de encontro com a felicidade, como preconizou Aristóteles, ou com o prazer, como admitiu Bentham, mas custa-me aceitar que as "bandeiras" ou "filosofias subjetivas de grupos do poder" possam ser a parametria verdadeira do social, do que se deve aspirar como conduta humana.

A contribuição profissional, todavia, é, muitas vezes, compulsoriamente exigida e, quando está de acordo com a lei (e esta o poder manipula como deseja), ganha aparência de ética, mas, na essência, duvido que possa ser aceita como tal.

Entre a vontade ética, aquela da concepção de Kant, de Espinosa, e aquela que se toma para satisfazer tais "bandeiras", parece-me existir um conflito ideológico de profundidade.

Até que ponto a vontade do ser, para ser ética, deva seguir os princípios de uma ciência ou de uma vontade exigível que se ajusta ou amolda a critérios de conveniências de "bandeiras" políticas, mascarada como social, em um momento histórico, entendo como valioso distinguir-se, pois custo a aceitar a referida mescla.

Em meu modo de entender e conforme a circunstância, *se a política fere os princípios éticos, estabelecidos pela ciência, o que nesse sentido se produzir como conduta, pode ser do interesse do Estado, mas não o será daquele social, em sentido absoluto.* Ou seja: pode ser bom para o Estado mas não o ser para os indivíduos.

As linhas entre a conduta perante a nação e aquela perante os princípios científicos da Ética, nesse caso, e também entre os próprios interesses sociais (que em tese devem coincidir com os do Estado, embora isto nem sempre ocorra), parecem-me árduas de traçar.

Questiona-se até que ponto o profissional deve atender a uma Ética científica ou a uma conduta volvida ao cumprimento das leis de seu país (que espelham a política do governo das minorias dominantes, segundo Toffler, na atualidade).

É absolutamente justo e criterioso admitir-se a vontade ética volvida a realizar uma conduta em prol do social, mas o que entender verdadeiramente por social faz-se exigível para uma orientação sadia.

Não se trata de fazer apologia de uma desobediência civil, mas de reconhecer que o poder, nas mãos de minorias dominantes, há muito tempo, em quase todo o mundo, deixou de praticar uma política verdadeiramente em favor da sociedade, e isto se comprova pelas estatísticas que indicam o progresso da miséria no mundo, paralelamente a um progresso da má distribuição da renda.

As profissões que derivam da aplicação de conhecimentos classificados como sociais, do homem,[13] diante das realidades contemporâneas, encontram sérias dificuldades.

Tais barreiras evidenciam-se inclusive diante de sentenças e de acórdãos, de juízes e de tribunais que se rebelam contra as próprias leis aprovadas pelo governo, produzindo decisões que são autênticos gritos de evocações morais, diante de uma ambiência política do legislativo e do executivo que consideram volvida contra o interesse do povo.[14]

Outras vezes, tais rebeldias têm-se consubstanciado na desobediência civil diante de medidas do governo que ferem a ética profissional (como a que exigia dos Contadores a delação de seus clientes ao fisco).[15]

Tais atitudes exemplificadas são bastante evidentes para comprovar a tese de que na conduta humana, na aplicação dos preceitos éticos, não devemos negar nossa parcela de cooperação ao social, nem confundir o Estado com a sociedade, nem um governo com o próprio sentimento individual e nacional.

Não podemos negar que o Estado nasceu de uma vontade das sociedades de se organizarem, mas não é menor verdade que a autoridade e o poder exercidos em nome de tal instituição nem sempre se têm comportado dentro dos interesses das próprias sociedades.

O objetivo do Estado é o bem público, mas nem sempre os dirigentes, incumbidos de cumprir tais propósitos, se comportaram dentro de uma filosofia sadia e motivadora da ética.

O direito pode legitimar um poder e este legitimar outras situações de direito, mas nada disso legitima a conduta que se processa contra os princípios éticos. Não se confundem, pois, as formas legais com as essências éticas, e nisso pode residir uma colisão entre as ações do poder e aquelas da real prática das virtudes.[16]

---

[13] Entre as quais se inserem a Contabilidade, a Administração, o Direito, a Economia etc.
[14] Traça-se, no caso, um divisor de águas entre o que faz o Estado e o que interessa à sociedade como justiça.
[15] Tal medida, rompedora da Ética, motivou, também de minha parte, pronunciamentos que motivaram a classe a observar seus deveres éticos, evidenciando a exorbitância do Estado, que desconsiderava os direitos individuais que a Constituição garante.
[16] Na prática, tem-se constatado irrealidades consagradas em leis, ou seja, com forma legal, mas sem essência de verdade.

A obrigação ética não se confunde, entendo, com a obrigação legal, imposta pelo poder.

A ideia de um Estado infalível, idealmente perfeito, tem-se comprovado uma utopia, embora a meta a alcançar seja a de uma organização eficaz, pois o desejável está em possuir-se uma macrocélula social que possa coordenar e ensejar a liberdade, o crescimento e o bem-estar de todas as demais.

O social em si, o Estado como decorrência do social, as classes, os grupos e as relações próximas entre os seres criam deveres éticos específicos e definidos em relação à conduta relativa a cada um.

Uma sociedade absolutamente eficaz e um Estado igualmente eficaz são abstrações que a teoria deve buscar nas configurações teóricas, nos modelos a serem construídos para as condutas.

A realidade, entretanto, mostra-nos, também, que não existem sociedades constituídas total e exclusivamente por virtuosos, nem só por células sociais eficazes.

Tarefa da ciência ética e das ciências sociais é contribuir para que tais estágios desejáveis sejam alcançados, pelo menos, quase totalmente.

Isto implica a produção de modelos científicos que podem ser construídos para que sejam paradigmas de uma nova sociedade, conquistada pelos esforços do aperfeiçoamento das condutas e da consecução da felicidade.

Não se trata de desejos vãos, como equivocadamente admitiu Russell, mas de esforços da razão no sentido da produção de axiomas para uma convivência humana fundada em critérios de condutas e procedimentos competentes para a consagração do respeito humano e da vitória do amor sobre todos os vícios, como Espinosa sonhou em sua modéstia de vida, mas em sua grandeza de alma.

Deveres profissionais

Todas as capacidades necessárias ou exigíveis para o desempenho eficaz da profissão são deveres éticos.

Sendo o propósito do exercício profissional a prestação de uma utilidade a terceiros, todas as qualidades pertinentes à satisfação da necessidade, de quem requer a tarefa, passam a ser uma obrigação perante o desempenho.

Logo, um complexo de deveres envolve a vida profissional, sob os ângulos da conduta a ser seguida para a execução de um trabalho.

Esses deveres impõem-se e passam a governar a ação do indivíduo perante seu cliente, seu grupo, seus colegas, a sociedade, o estado[1] e especialmente perante sua própria conformação mental e espiritual.

Distinguem-se, pois, os valores nas tarefas e também a importância destas em face da conduta humana observável perante a execução.

No dizer de Simpson, tais distinções, por si sós, já seriam suficientes para a consideração científica do estudo da questão.[2]

Uma vez eleito o trabalho que desempenhará com habitualidade, o ser se compromete com todo um agregado de deveres éticos, pertinentes e compatíveis com a escolha da tarefa a ser desempenhada.

Existem aspectos de uma objetividade, volvida ao trabalho, que apresenta particularidades próprias e também peculiares a cada especialização, ou seja, *há um complexo de valores pertinentes a cada profissão.*

---

[1] Estado e sociedade não são a mesma coisa. A sociedade é quem organiza o Estado para protegê-la e mantê-la em ordem, mas, por vezes, é vítima de sua própria organização, quando a autoridade é mal exercida e o poder se transforma em tirania ou falsa aplicação da justiça.

[2] SIMPSON, George. *O homem na sociedade.* Rio de Janeiro: Bloch, 1954. p. 115.

É lícito, pois, falar de uma *ética profissional*, como algo amplo, e de uma *Ética Profissional Aplicada* a determinada profissão, como algo restrito (Ética Profissional Aplicada à Contabilidade, Ética Profissional Aplicada ao Direito, Ética Profissional Aplicada à Medicina etc.).[3]

Conceito originário de dever profissional e escolha da profissão

Quando escolhemos o que fazer, devemos consultar nossa consciência: se a tarefa é, realmente, a desejável, a condizente com o que nos apraz, e se possuímos pendor para realizá-la.

Nem sempre a escolha coincide com a vocação,[4] mas feita a eleição, inicia-se um compromisso entre o indivíduo e o trabalho que se propõe a realizar. Tal compromisso, essencial, está principalmente volvido para a produção com qualidade, ou seja, para a materialização de todo um esforço, no sentido de que se consiga oferecer o melhor trabalho.

O dever nasce primeiro do empenho de *escolher*, depois daquele de *conhecer*, e finalmente do de *executar* as tarefas, com a prática de uma *conduta lastreada em valores ou guias de conduta*.

Não basta escolher a profissão de administrador, advogado, analista de sistemas, biólogo, contador, engenheiro, jornalista, médico, modelo, odontólogo, professor, químico, seja a que for; é preciso que, ao buscar conhecer a tarefa, haja uma *ligação sensível* com a mesma, de modo que possa ser prazenteira e ensejar, por isso, a prática sob os influxos do amor[5] e do que se faz concretamente desejável.

A gênese, a proveniência do dever é, portanto, *a eleição da tarefa*. Daí decorrem os compromissos do *pleno conhecimento da mesma*; tudo se complementa com o dever da *qualidade da execução e com uma conduta valorosa, calcada em uma escolha de práticas úteis e causadoras de benefícios*.

Essas as relações essenciais no fenômeno do dever ético.

A escolha da profissão implica o dever do conhecimento e o dever do conhecimento implica o dever da execução adequada.

---

[3] Esta a razão que justifica um Código de Ética Profissional para cada profissão, embora, na essência, existam muitíssimos pontos de absoluta coincidência.

[4] O sistema de vagas nas faculdades, limitando a entrada de candidatos, leva, algumas vezes, os estudantes que desejam formar-se em algo a carreiras que não eram as de sua primeira escolha, por aproveitar vagas de outros cursos. Posteriormente, podem transformar-se em excelentes profissionais, por se enamorarem da carreira na qual se habilitaram, mas isto exigirá um esforço de motivação.

[5] A expressão *amor* aqui se emprega como energia volvida à prática do bem, à produção de valores, em toda a sua amplitude.

Aquele que elege um trabalho como meio de vida precisa fazer dele algo prazenteiro, ou seja, deve estar estimulado, por si mesmo, a exercer as tarefas, não só por convicção da escolha, mas por identificar-se com o selecionado.

Saga didática, sobre a capacidade de escolha, atribui-se à vida de Mozart[6] e à de um aluno que lhe perguntava sempre o que deveria compor, ao que o mestre sempre respondia: "É preciso esperar". Um dia, o aluno, impaciente, retrucou afirmando que ele, Mozart, já compunha aos cinco anos de idade, ao que aquele gênio da música respondeu: "Mas eu nunca perguntei a ninguém sobre o que deveria compor".

A eleição de uma tarefa habitual, pois, deve ser natural, defluente de um encontro de nossas estruturas mentais com a tarefa prazente, como a solução de uma fórmula de identidades.

A harmonia na vida muito depende de nossa harmonia com o trabalho que executamos. O dever precisa fluir como algo que traz bem-estar, e não como uma obrigação imposta que se faz pesada e da qual se deseja logo se livrar.

A profissão não deve ser um meio, apenas, de ganhar a vida, mas de ganhar pela vida que ela proporciona, representando um propósito de fé. Seus deveres, nesta acepção, não são imposições, mas vontades espontâneas. Isto exige, portanto, que a seleção da profissão passe pela vocação, pelo amor ao que se faz, como condição essencial de uma opção.

Quando a seleção da tarefa está de acordo com uma consciência identificada com a escolha, dificilmente ocorrem as transgressões éticas, porque estas seriam violações da vontade, contrárias ao próprio ser.

Isto não significa, todavia, que ninguém possa tornar-se um apaixonado adepto de outro conhecimento, tendo escolhido o que não lhe era movido pelo que entendia estar vocacionado.

A história registra muitos casos de profissionais de uma área que acabaram por se notabilizar em outras,[7] em razão de suas genialidades e até da descoberta de aptidões que eles mesmos desconheciam.[8]

---

[6] Wolfgang Amadeus Mozart, célebre compositor e músico austríaco, nascido em Salzburg em 1756 e falecido em Viena, em 1791.
[7] Louis Pasteur, químico, foi o pai da microbiologia e recebeu diploma de médico *honoris causa* pela Academia de Ciências da França. Nasceu na França, em 1822, e faleceu em 1895, sua vida profissional é considerada uma das mais úteis à humanidade.
[8] Conhecer a si mesmo é uma tarefa que nem sempre executamos com plena propriedade.

Dever de conhecer a profissão e a tarefa

O exercício de uma profissão demanda a aquisição de pleno conhecimento, o domínio sobre a tarefa e sobre a forma de executá-la, além de atualização constante e aperfeiçoamento cultural.

Aceitar um encargo sem ter capacidade para exercê-lo é uma prática condenável, em razão dos danos que pode causar.

Quem aceita prestar serviços sem ter a competência necessária ou sem estar atento para que esta se consubstancie comete infração aos princípios da ética, em razão do prejuízo defluente.

Buscar a perfeição na execução de uma tarefa é um dever do profissional que depende do conhecimento e da aplicação plena do mesmo.

Um trabalho malfeito pode causar sérios desastres. Mesmo quando se sabe como fazer, se o trabalho não for executado de acordo com este conhecimento, também se comete uma infração ética, ocorrendo, no caso, a negligência, como bem a classifica e exemplifica Marden.[9]

Desconhecer, todavia, como realizar a tarefa ou apenas saber fazê-la parcialmente, em face da totalidade do exigível para a eficácia, é conduta que fere os preceitos da doutrina da moral (Ética).

Um advogado que não se especializou em direito tributário, ao elaborar um contrato social de uma empresa, pode não cometer enganos quanto ao direito comercial, mas se expõe a falhas que possam vir a agravar a sociedade em razão de erros perante o fisco. Assim, ao estabelecer no contrato que os lucros apurados serão distribuídos pelos sócios na proporção de suas cotas, não comete erro do ponto de vista comercial, mas sujeita a empresa a uma distribuição que será onerada com os impostos pertinentes; o correto seria deixar a distribuição dos lucros em bases opcionais.

Um médico especializado em ortopedia que aceita tratar de um paciente que tem rinite alérgica pode cometer sérios erros em relação a seu paciente.

Um auditor que aceita dar parecer sobre um grande número de empresas, mas que não pode acompanhar e supervisionar diretamente todos os trabalhos, corre o risco de certificar situações contrárias à verdade.[10]

---

[9] O. S. Marden, moralista norte-americano, nascido em 1853. A referência à negligência no trabalho está em sua obra *Sê perfeito em tudo o que puderes*. Porto: Figueirinhas, 1924.

[10] As maiores empresas de auditoria, multinacionais, estão sendo processadas por erros em seus trabalhos, ou seja, atestaram regularidade onde havia imensas irregularidades.

A massificação dos serviços de auditoria e a entrega de tarefas que exigem experiência e cultura mais elevada a auxiliares têm resultado em falhas grosseiras, hoje em regime de apuração em processos parlamentares de inquérito e na Justiça.[11]

Conhecer o que se faz implica não só ser um especialista em um ramo para o qual se está habilitado legalmente, mas também ter todo o domínio da tarefa, de modo que ela possa ser produzida com eficácia.

O conhecimento, no caso, não é apenas a acumulação de teorias, teoremas e experiências, mas também o domínio pleno sobre tudo o que é abrangido pela tarefa que se encontra sob a responsabilidade direta de um profissional.

O dever de conhecer envolve, pois, o de estar apto perante a ciência, a tecnologia, a arte (qual seja o caso) e o de ter domínio total sobre tudo o que envolve o desempenho eficaz da tarefa.

O dever para com a eficácia da tarefa envolve a **posse do saber, a percepção integral do objeto** *de trabalho e a* **aplicação plena do conhecimento de ambos na execução***, de modo a cumprir-se tudo o que se faz exigível, com a perfeição desejável, segundo entendo.*

Ter conhecimento é saber como executar e também ter pleno domínio sobre o que deve ser executado, quando a questão se trata sob a visão da Ética.

É dever ético-profissional dominar o conhecimento, como condição originária da qualidade ou eficácia da tarefa.

Um perito contábil pode ser grande conhecedor de como realizar perícias, mas se não conhece bem o processo em que elas são exigíveis, se está só limitado aos quesitos formulados, tende a cumprir com deficiência sua tarefa.

É preciso a ocorrência do uso do saber e também da plena cognição da matéria que se torna objeto da aplicação da técnica ou da ciência, de modo simultâneo, quando o que se pretende é exercitar uma profissão.

Não se pode excluir da profissão seu caráter de utilidade e não se pode conceber utilidade sem que a função profissional se exerça com eficácia.

Se a necessidade do cliente não é suprida pelo conhecimento e este não se aplica totalmente na execução da tarefa profissional, não há como se falar em eficácia, a menos que motivos de força maior se sobreponham.

---

[11] No Brasil, o caso das quebras dos bancos; nos Estados Unidos, o caso do Senado; na Inglaterra, o caso do BCI etc.

Se uma pessoa procura um advogado e a causa é perdida porque todas as evidências militavam contra a mesma, a ineficácia não é do profissional; o mesmo ocorre no caso em que um médico perde seu paciente por falta de reação do organismo deste ao tratamento prescrito.

Se um empresário frauda o fisco através de obtenção de documentos falsos, a culpa do delito não é do técnico em Contabilidade que efetuou os registros, pois não tinha meios de verificar a falsidade.

As culpabilidades por ineficácia devem observar os limites do cumprimento dos deveres e as condições sob as quais estes se cumpriram.

Nada, por menor que seja, justifica, todavia, um trabalho ineficaz por intenção ou negligência, que possa ser considerado apenas "quase bom", "sofrível" ou "menos mau", quando se tem em mira a qualidade da execução.[12]

Fatos circunstanciais podem empanar a qualidade de uma tarefa, mas quando ela é intencionalmente prejudicada, comprovada tal ocorrência, o caso é delituoso, quer perante a lei, quer perante a doutrina da moral (Ética).

Dever da execução das tarefas e das virtudes exigíveis

Se a profissão eleva o nível moral do indivíduo, por sua vez, também exige dele uma prática valorosa, como escolha, pelas vias da virtude.

O êxito tende a ser uma natural decorrência de quem trabalha de modo eficaz, em plenitude ética.

Não bastam as competências científica, tecnológica e artística; é necessária também aquela relativa às virtudes do ser, aplicada ao relacionamento com pessoas, com a classe, com o Estado, com a sociedade, com a pátria.

A consciência profissional necessita de uma formação específica. Não pode ser considerada eficaz uma tarefa realizada apenas com pleno conhecimento material, sendo imprescindível que tudo se exerça sob a atuação de todo um complexo de virtudes nas quais o zelo, a excelência do produto, é uma das mais louvadas.

O que notabilizou um homem como Stradivari foi a qualidade dos instrumentos musicais de cordas que produziu, que hoje são peças tão raras, que se exibem em museus famosos, como exemplos de qualidade profissional.[13]

---

[12] MARDEN, O. S. *Op. cit.* p. 41 ss.
[13] Antonio Stradivari, o mais famoso fabricante de instrumentos de corda, italiano, nascido em Cremona em 1643 e falecido em 1737.

O trabalho, por conseguinte, não é feito só com a exclusiva participação do profissional, mas envolve o interesse de pessoas diretamente a ele ligadas e, muitas outras, indiretamente influenciadas, ou ainda envolve quem o faz e quem dele se beneficia.

O cliente é o primeiro e direto interessado e merece reciprocidade de confiança, pois, ao procurar o profissional, já nele depositou fé.

Inicia-se, aí, um processo de lealdade que requer a aplicação de todas as virtudes.

É o cliente o mais direto objetivo da utilidade do trabalho e por isso deve, eticamente, receber toda a atenção, cuidado e dedicação.

De um profissional se exige, geralmente, seja qual for sua função, a prática das seguintes *capacidades básicas*[14] *como virtudes, como valores necessários e compatíveis à prática de cada utilidade requerida pelo utente dos serviços profissionais:*

1. Abnegação
2. Afabilidade
3. Altruísmo
4. Aptidão
5. Atenção
6. Atitude
7. Autenticidade
8. Benevolência
9. Caráter
10. Cautela
11. Coerência
12. Concentração
13. Compreensão
14. Coragem
15. Criatividade
16. Decisão
17. Decoro
18. Detalhamento
19. Determinação
20. Dignidade
21. Diligência
22. Diplomacia
23. Disciplina
24. Discrição
25. Eficácia
26. Eficiência
27. Eloquência
28. Empenho
29. Energia
30. Entusiasmo
31. Espontaneidade
32. Estilo
33. Estratégia
34. Eupraxia
35. Fidelidade
36. Firmeza
37. Gosto
38. Gratidão
39. Honestidade
40. Idealismo
41. Improvisação
42. Lealdade
43. Liberalidade
44. Loquacidade
45. Magnanimidade
46. Moderação
47. Nacionalismo
48. Naturalismo

---

[14] A relação segue a ordem alfabética, já que todas as virtudes enunciadas são importantes.

49. Obediência
50. Objetividade
51. Otimismo
52. Parcimônia
53. Percepção
54. Perfeccionismo
55. Perseverança
56. Personalidade
57. Perspicácia
58. Persuasão
59. Pontualidade
60. Pragmatismo
61. Precisão
62. Pré-percepção ou Presunção
63. Probidade
64. Projeção
65. Prudência
66. Racionalismo
67. Realismo
68. Receptividade
69. Reflexão
70. Religiosidade
71. Retórica
72. Rigor
73. Sacrifício
74. Sagacidade
75. Sensibilidade
76. Sensualidade
77. Sentimentalidade
78. Sutilidade
79. Serenidade
80. Seriedade
81. Sigilo
82. Simplicidade
83. Sinceridade
84. Sinergia
85. Sofisticação
86. Solidariedade
87. Temperança
88. Tolerância
89. Tradição
90. Utilitarismo
91. Veracidade
92. Versatilidade
93. Vitalidade
94. Vivacidade
95. Voluntariedade
96. Zelo

O elenco de tais virtudes, de quase uma centena, é ainda incompleto, sabemos, mas oferece uma ideia da vastidão de aptidões necessárias, aplicáveis diferentemente, de acordo com as também variadíssimas necessidades.

Todas essas capacidades desejáveis[15] ensejam deveres a cumprir, **de acordo com a natureza de cada tarefa,** e todas são susceptíveis de normalizações no interesse de grupos profissionais.[16]

Entretanto, **não é só a quantidade das virtudes que nos deve impressionar, mas, notadamente, a qualidade com que devem ser desempenhadas,** pois isto identifica uma relação entre o caráter do profissional e o exercício de sua profissão.

---

[15] Capacidade desejável é o que exprime modernamente a noção de valor, no sentido ético, como guia ou norma de conduta.
[16] A profissão de modelo exige sensualidade, a qual seria hilariante no caso de um mecânico. A profissão de vendedor exige retórica, capacidade de convencimento pela palavra, mas a de médico não necessita desse expediente para ser desempenhada; cada tarefa requer suas próprias aptidões, embora algumas sejam comuns a todas, como a honestidade, a lealdade, o zelo etc. Cada profissão pode, através de suas instituições, estabelecer as ordens de valores dentro de suas necessidades e criar seus códigos de Ética, como, de fato, muitos existem.

Nem todas são exigíveis para todas as profissões, posto que as virtudes são variáveis de acordo com o que se faz desejável ou necessário para o exercício de uma tarefa determinada, conforme os valores atribuíveis a cada trabalho ou função.[17]

O que representa um valor, uma expressão de virtude, em uma profissão, pode não representar em outra e até ser considerado inadequado ou fora de propósito.

Há relatividade na apreciação da virtude quando por esta se entende a capacidade do ser dentro de uma conduta moral ou aprovada para a prática de um trabalho de utilidade social ou microssocial.

Quando benefícios morais se fazem exigíveis, especificamente, para um desempenho de labor, forçoso é cumpri-los; só podemos justificar o não cumprimento quando fatores de ordem muito superior o possam impedir, pois o descumprimento será sempre uma lesão à consciência ética.

Ao se referir à importância dos deveres, Cícero cita o caso de um advogado que, tendo prometido defender alguém em uma causa, necessária se fazendo sua presença no tribunal, teve, no mesmo dia, um filho gravemente enfermo; colocou o compromisso com o filho acima da presença no tribunal e achou justificável tal posição, diante da hierarquia dos compromissos e do malefício do abandono de um descendente direto, desprotegido.[18]

Com isso, o pensador romano desejou afirmar que o dever muda de acordo com a circunstância, mas não deixou de atribuir ao caso o caráter da excepcionalidade. Ele resumia todas as virtudes nos sentimentos de: (1) busca da verdade; (2) preservação da sociedade ou do coletivo; (3) moderação; e (4) temperança.[19]

Poucos pensadores tiveram tão forte, em suas convicções, a preocupação com o dever da doação, com o bem de terceiros e com o respeito ao que é de cada um.[20]

Dever para com o micro e o macrossocial

Parece haver, em tese, como sentimento natural, uma tendência a resolvermos primeiro os problemas de nosso eu, depois os de terceiros e muito depois os da sociedade próxima ou global.

---

[17] Há uma inequívoca hierarquia funcional na sociedade, e as profissões, mesmo organizadas, possuem graus diferentes de atuação e de remuneração de acordo com a qualidade do trabalho.
[18] CÍCERO, Marco Túlio. *De oficiis*. Livro I, p. X.
[19] Ibidem. p. V.
[20] Por isso, Cícero afirmava que "a sua tocha não ilumina menos depois que você acendeu a de um outro" (*De oficiis*, Livro I, p. XVI).

Antes de sentirmos as necessidades de terceiros, são as nossas que mais nos impressionam (esta é uma realidade), embora isso possa contrariar alguns pensadores que raciocinam sempre por critérios dedutivos.

No exercício da profissão, o raciocínio para o social merece mais relevo, pois trabalhamos sempre para servir a alguém e, em função disto, extraímos o proveito para suprimento de nossas próprias necessidades.

É axiomático que o ser, no trabalho, não é um elemento isolado, quando dele faz meio de sobrevivência porque para haver quem preste o serviço é preciso que também haja quem o tenha requerido (isto é o normal, a regra).

Se agirmos egoisticamente no desempenho profissional, curta é a carreira que nos reserva a atividade.

A educação dentro das doutrinas morais, logo, da Ética, requer uma visão do todo: do microssocial (nosso grupo, nossa classe) e do macrossocial (a nação, o Estado, toda a sociedade que nos cerca).

Minha experiência comprovou-me que *quanto mais acentuado é o procedimento egoístico dos componentes de uma classe, tanto mais ela tende a debilitar-se, por falta de líderes, por invasão de seu território de trabalho, por outras classes mais fortemente estruturadas.*

Parece-me que quanto mais se enfraquecem as classes e mais vulnerável é a sociedade, mais tirano tende a ser o Estado[21] e mais fraca a nação se apresenta perante as demais.

O trabalho é um dever social, mas não apenas pelo que produz de efeitos materiais, necessário sendo que tenha feição de utilidade também para o coletivo, com renúncias de fortes egoísmos e defesa de uma global felicidade.

Nesse sentido, os profissionais que alcançam notoriedade, liderança, posição na classe, ficam sempre obrigados a estimular a prática da virtude e a qualidade do trabalho.[22]

Entendo, pela experiência que acumulei, que tal conduta deve emanar mesmo dos que não conseguiram grande notoriedade, mas isto conseguem com muito maior facilidade se as instituições classistas facilitam essa tarefa, transpirando confiança e admiração por suas atuações.

É imprescindível que os profissionais estimulem uns aos outros, e muito mais ainda devem respeitar e conduzir suas entidades a coordenar e liderar tais campanhas.

---

[21] Tal tirania pode operar-se por um absolutismo ostensivo ou por uma ditadura velada de acordo de grupos do Poder, mesmo com denominação e capa de democracia.
[22] Tal obrigação já era destacada por Cícero há 2.000 anos; *De oficiis*, Livro II, p. V.

Sabemos que esta consciência holística, embutida naquela profissional, não é tão fácil de ser conseguida e que as decepções que o povo tem diante do poder de um Estado corrupto e perdulário pioram essa visão, desfocada que se acha pela imoralidade que parte dos escalões superiores politicamente.

Todavia, se cada um fizer sua parte, para melhoria da consciência coletiva de sua categoria e da nação, estará fazendo tudo para que se alcancem dias melhores.

É preciso não confundir Estado com sociedade nem poder público com interesse dos cidadãos, pois tais posições podem estar, inclusive, em conflito, diante da moral.

Nosso esforço deve ser no sentido do respeito a nossos semelhantes, como meta de vida.

Se calcularmos quantos milhares de pessoas trabalharam para tomarmos uma simples xícara de café, veremos o quanto somos beneficiários desse processo social e o quanto, moralmente, ele nos obriga.

Se a classe política está corrompida, não deve ser isto motivação para que a profissional também o esteja.

Sabemos, pela história dos povos, que os profissionais foram e ainda são responsáveis por reformas sociais e por revoluções autênticas do processo político.

Isto nos anima a entender que há uma responsabilidade não só social, mas também histórica, da atuação dos profissionais.

Como responsáveis pela produção dos serviços (e esses crescem hoje mais que outros setores, em todo o mundo) e pelo zelo das condições morais que levam ao bem-estar geral, os profissionais são guardiões das sociedades.

Se o trabalho é dever social e se este se estriba na virtude, como veículo humano supridor das necessidades, pela utilidade da oferta do bem como instrumento e fim, aí se encontra o núcleo das reformas.

A conduta sadia, a partir da profissão, eleva ou derrota todo um povo; daí nossa responsabilidade individual.

As entidades de classe, entregues a líderes autênticos, idealistas, competentes, podem mudar o ambiente social contaminado pela devastação da corrupção e do desperdício.

Tal dever de mudança é de máxima importância e tem suas bases na formação educacional das classes, quando tal formação está comprometida com os propósitos de alcançar o bem social, em regime de interação com a sociedade.

O esforço deve ser no sentido de evitar a crise, também, nas classes profissionais, pois, se aí instaladas, as esperanças se reduzem quanto à salvação do social.

A questão, pois, tange o microssocial (da sociologia de grupo, de classes) e o macrossocial, mas o equilíbrio deste, é inequívoco, depende daquele.

Parece-me que não se conseguirá jamais um total harmônico, em base de pessoas, se não começarmos pelas parcelas, reformando e educando cada uma para uma nova condição de vida, para uma nova sociedade.

Quando houver suficiente consciência individual, capaz de distinguir a nocividade de certa mídia eletrônica, das notícias fabricadas ao sabor de dinheiro, para promover uma opinião conduzida, e quando a educação envolver-se pelo essencial, pelo ético, então a interação processar-se-á.

*Quando a consciência profissional se estrutura em um trígono, formado pelos **amores à profissão, à classe e à sociedade**, nada existe a temer quanto ao sucesso da conduta humana; o dever, passa, então, a ser uma simples decorrência das convicções plantadas nas áreas recônditas do ser, ali depositadas pelas formações educacionais sadias.*

Ambiência e relações especiais no desempenho ético-profissional

Não se pode negar que existem ambientes distintos onde as condutas humanas se processam, se vive no trabalho e o profissional convive com diversas e específicas formas de relacionamento. Conforme a ambiência onde se realizam as tarefas, espécies de condutas também podem variar para as relações profissionais.

Essas ambiências, entretanto, sendo variadas, mesmo não justificando a exclusão, nas mesmas, do virtuoso, acrescem a necessidade de capacidades especiais de convivência.

Com isto desejamos afirmar que há um compromisso com uma Consciência Ética genérica, mas, também, com uma que se forma ao sabor de *conveniências isoladas* de grupos e de atuações no mercado de trabalho.

Há, também, uma *dimensionalidade* desses ambientes, ou seja, eles existem em razão de *causas* determinadas, possuem seus *efeitos* humanos próprios, exercem *qualidades* identificáveis de trabalho, possuem *tamanhos* diferentes e ocorrem em seus *tempos* e *espaços* também próprios.

O estudo das condutas humanas, por conseguinte, em razão dessas particularidades, merece considerações pertinentes.

Aspectos especiais de relações profissionais

Diversos são os *aspectos especiais* ou condições ambientais, sob os quais podemos observar a atuação do profissional, em seus espaços[1] e relações no trabalho, mas, basicamente, encontramos os seguintes, ou sejam, os do Ser como:

a. empregado, particular ou público;
b. autônomo, individual e coletivo;[2]

---

[1] Parece-nos adequado falar-se de uma Ética ESPACIAL, ou seja, aquela que se cumpre dentro de um espaço de atividades.
[2] Os advogados, os médicos, os contadores, costumam trabalhar em estabelecimentos comuns de uso, em associação de fato, mas, sem pessoa jurídica e a esse agregado é que nos referimos como coletivo.

c. sócio de uma empresa fechada;
d. sócio de empresa consorciada ou associada;
e. sócio-dirigente ou de Conselho de uma empresa aberta;
f. participante de uma empresa multinacional.

Cada desempenho processa-se em um ambiente próprio, com relações definidas, exigindo condutas compatíveis.

Como empregado, o profissional segue uma linha de dependência hierárquica e pode ocupar cargos consultivos, diretivos, diretivo-executivos ou só executivos; pode, ainda, ser empregado de empresa particular, de autarquia, de sociedade de economia mista, de instituição pública, de organismos internacionais – só para citar algumas das variações que podem ocorrer nessas ambiências de trabalhos.

Como *autônomo*, o profissional pode exercer diferentes tipos de tarefas, desde as mais singelas até as mais complexas, mas *exerce amplamente a sua liberdade no campo da vontade*.

Como *sócio de sociedade fechada*, pode decidir como majoritário ou ser subordinado à vontade de seu grupo; apesar de possuir o poder de decisão e de controle, tem, todavia, uma conduta empresarial a cumprir, em que, em tese, a vontade deve ser exercida em harmonia com o conjunto (isto para nos referirmos apenas ao exemplo de alguns ângulos da questão).

Como sócio, passa a ser um *semiautônomo*, vinculado à vontade de um grupo e subordinado à figura de uma pessoa jurídica, logo, *relativamente autônomo*.

A harmonia que precisa existir em uma sociedade profissional obriga a uma solidariedade. Tal solidariedade obriga ao consenso, inclusive a aceitação de atos que podem contrariar a vontade de um sócio, mas que não contrariam ao da maioria que tem o poder de decisão.

Nas grandes organizações, um profissional é ainda mais envolvido e quase, apenas, passa a ser um pequeno algarismo em um volumoso total; quando *sócio de uma sociedade aberta, ou multinacional*, pois, *depende de muitas estruturas* que exercem diferentemente suas vontades e aí, então, pouca autonomia possui.

Quanto maior a empresa profissional, tanto menos o sócio tende a exercer, genuinamente, sua vontade.

Pode ocorrer um fato, inclusive, que obriga o profissional a praticar o que não acha recomendável, mas que foi decidido por outros e que podem ter até menor capacidade que a sua.

Em suma, existem variações de ambiências que tornam complexo o quadro da conduta humana, com notórias variações do exercício da vontade do ser humano.

As peculiaridades de condutas, sejam sob que condições forem, repito, não justificam, nesses diversos aspectos, a exclusão das virtudes, pois deixariam de ser éticas.

Como a ação da personalidade do profissional varia com os ambientes, como foi descrito, a tendência é de que *quanto mais impessoal tornar-se o processo da decisão e tanto menos ética é possível que venha a ser a conduta, se um sistema rígido de normas não obrigar à prática da virtude.*

Parece-me lógico que *quanto mais a pessoa humana venha a perder sua importância para uma "organização", tanto menos ética poderá ser sua atuação, pois enfraquece sua condição de vontade* e esta seu compromisso com os benefícios humanos.

À relatividade que os ambientes terminam por impor à conduta podem sugerir diversas formas éticas; em verdade, todavia, por mais que se deseje isto aceitar, ao sabor das pressões de estudos sociológicos, terminamos sempre por observar que existe uma conduta verdadeira, aquela que só pode praticar e ensejar o bem, sob circunstâncias que se dignifiquem pelo amor a si e ao semelhante, em regime de interação.

Não é o que beneficia só a um grupo que pode ser considerado como conduta ética, em meu entendimento. O que pode favorecer a grupos pode prejudicar a maioria.

Não existem duas Éticas: aquela de um grupo e de um ambiente fechado e aquela de todos; a aceitar-se tal condição teríamos a ética dos ladrões, a ética dos traficantes, a ética da prostituição etc., o que seria contrário a um estudo científico, estribado na verdade. O mesmo ocorreria em relação ao direito e então teríamos o direito dos ladrões, o direito dos traficantes etc.

O erro de ótica dos que confundem ética com normas levaria também ao de negar-se a natureza científica do Direito, em razão do precedentemente argumentado. Seria o mesmo que negarmos os princípios da biologia e sua natureza científica, porque existem os casos patológicos e porque cada organismo tem sua própria forma de reagir.[3]

Que tais grupos possuam suas regras, não podemos negar que as tenham, mas dizer que são éticas seria negar a seriedade de uma doutrina em que se busca a verdadeira conduta, aquela que realmente possa representar a essência do bem e dos valores humanos.

---

[3] Fritz Kahn, em sua obra *O corpo humano*, começa por dizer que cada organismo se assemelha a um universo autônomo onde as reações são particulares e próprias.

Os conceitos de bem podem variar, não há dúvida, mas nada disto mudará o bem em si; não consigo confundir costumes com moral, nem a Ética, científica, com o estudo de hábitos pessoais consentidos e nem comportamento com conduta.

A história comprovou que as amplas ambições sobre o mercado, as técnicas anticompetitivas de algumas empresas multinacionais e nacionais de maior porte terminaram por praticar graves lesões à ética, como demonstraram detalhada e comprovadamente diversos estudiosos sobre a questão, tais como Briloff,[4] Mirrow[5] etc.

Para tais grupos, para as pessoas nele envolvidas, para os que vivem em tais ambientes, é perfeitamente válida a conduta que praticam. Pouco importa os males que causam, se os balanços encerram-se com lucros apreciáveis, se o negócio está em expansão, se os salários estão garantidos.

O ambiente de trabalho pode, pois modificar e influir sobre a atuação do ser humano, seja qual for a função que exerça, mas a conduta só terá teor ético se for virtuosa em si.

Condutas gerais espaciais e de ambiência

Entendo que *existem condutas básicas, virtudes pétreas, que não podem ser abaladas* – sejam as relações de emprego com o profissional, sejam as de um autônomo com uma empresa, sejam as de uma empresa comercial para com a empresa profissional.

Não é apenas o espaço e a ambiência de prática da conduta que parece nortear a linha ética. Admito, particularmente, que existem linhas alicerçais, inquebrantáveis e que, na eventualidade de serem ameaçadas, costumam gerar reações do profissional comprometido com seus princípios virtuosos, ou seja, levam-no a buscar elementos competentes para a sua defesa ética.

Existem bases a serem observadas, indeclináveis, que são comuns e pétreas e outras que se moldam ao sabor do tipo de relacionamento espacial ou ambiental e que pode ser variado.

Há uma inequívoca distância entre a força do poder e a força da vontade ética, quando se trata, por exemplo, de critérios de conveniências administrativas, em confronto com a consciência ética. Na prática, o que tem ocorrido é a vitória do Poder sobre a Qualidade do Trabalho.

---

[4] BRILOFF, Abraham J. *More debts than credits.* New York: Harper, 1976.
[5] MIRROW, Kurt Rudolf. *A ditadura dos cartéis.* Rio de Janeiro: Civilização Brasileira, 1977.

Não há dúvida de que, *alterada a condição de relacionamento entre os seres, de posição dos mesmos no grupo, também variam algumas formas de esses se conduzirem perante terceiros.*

Não podemos comparar o regime de relações no trabalho de um médico que tem seu próprio consultório com aquele em que é empregado da Previdência Social, nem um advogado que é procurador do Estado, com um que é empregado em um banco e muito menos com outro que tem seu escritório como autônomo.

Não se pode negar, entretanto, que existam conflitos de consciência; entre as práticas virtuosas e as que devem seguir a determinações imperativas, administrativas, de natureza superior podem ocorrer sérias turbulências.

Não se pode negar, por evidente, a variedade de condutas exigíveis nem, como decorrência, alguns aspectos especiais de comportamento ético. Nem sempre o que interessa a uma administração é o que atende ao interesse de um profissional.

Nenhuma dessas posições exemplificadas tende a alterar a condição do trabalho, mas poderá modificar o sistema de conduta do profissional perante terceiros.

Nesse caso, o prestador do serviço pode vir a errar conscientemente, atendendo, como conduta, aos comandos de quem tem o poder de decisão sobre os destinos da empresa ou da instituição.[6]

Na hipótese aventada, a filosofia da empresa dita toda sua política e esta os procedimentos exigíveis para as tarefas, havendo predominância da ambiência.

No caso do exemplo, poderá haver um prejuízo da qualidade do trabalho, mas deverá o profissional atender às determinações de seu empregador (na Previdência Social constatamos essa realidade em certas administrações). No evento, a cautela recomendará ao profissional uma linha de obediência ao poder, mas pode sugerir outra de proteção a seu ato.

Observamos que *nunca deixará de ocorrer a conduta, mas seus condicionamentos devem amoldar-se às suas ambiências mais próximas, porque mudam os aspectos do desempenho do trabalho em face de ligações administrativas, legais, científicas, tecnológicas, microssociológicas etc.*

A prática da profissão jamais será tangida, mas as normas que podem orientar detalhes no cumprimento podem ser alteradas em relação ao exercício da vontade.

---

[6] Já me referi ao que estudiosos como Briloff e Mirrow acusaram quanto a atos contrários à ética, propositadamente praticados por empresas.

O mesmo ocorre com um contador que é empregado de uma siderúrgica, em relação a outro que é professor de Custos de uma universidade federal, outro que é auditor do Tesouro Nacional e ainda outro que tem um escritório de consultoria.

Cada espaço que ocupar terá sua própria característica e exigirá uma conduta adaptável, embora, naturalmente, a exigência do exercício das virtudes básicas nunca se altere.

Sabemos que o mundo atual tendeu para uma supervalorização do dinheiro, para uma superestima ao poder e para a incerteza sobre as condutas, dilapidando princípios morais, diante dessas maiores evidências de conveniência e egoísmo acentuado, mas nada disto altera a essência da virtude nem a doutrina ética em seus axiomas.

O profissional na ambiência do emprego

Na condição de empregado, o profissional subordina-se a um poder patronal, a uma condição especial de relacionamento obediente. A obediência no emprego não deve, todavia, significar escravidão, nem negação da Consciência Ética, nem exclusão total da vontade humana, mas exige subordinação de vontades.

Às vezes, pode-se observar uma transigência acomodada, ou, ainda, uma concessão que o profissional empregado acaba por fazer perante os rigores tecnológicos que formam sua Consciência, em favor do interesse patronal.

Tal concessão pode ocasionar reações diferentes nos seres, de acordo com suas estruturas mentais e a importância do fato. Ou ainda, por exemplo, um profissional funcionário pode terminar por sujeitar-se a tal autocrítica de que é possível que venham vitimá-lo graves disfunções orgânicas, derivadas de efeitos psicossomáticos, com origens no superego.[7]

Enfrenta, no caso, um bívio: ou realiza uma tarefa, mesmo consciente de que não é a melhor, ou perde o emprego e nesse caso abala-se a estrutura de seus rendimentos ou até sua condição de sobrevivência.

A perspectiva de perda do emprego produz a vontade de preservá-lo, logo, de praticar o que lhe é comandado; a perda da autonomia para exercer sua Vontade Ética promove o desejo de não praticar o que é comandado; nesse conflito de duas forças energéticas iguais e contrárias, no cérebro, ocorrem os traumas, as neuroses, os desequilíbrios que afetam o organismo e tornam vacilantes as condutas.

---

[7] Os efeitos psicossomáticos são de tal ordem poderosos que podem levar a doenças de gravidade; sobre a matéria é de notável qualidade o livro do médico Dr. Marco Aurélio Dias da Silva, *Quem ama não adoece*. São Paulo: Best Seller, 1994.

Um contador, por exemplo, poderá ser comandado para realizar determinados lançamentos que interessam à diretoria, mas que pioram a qualidade técnica demonstrativa; assim, pode ser exigido, na demonstração do balanço, na conta dos Clientes, no Ativo Circulante, que se incluam as duplicatas a receber vencidas e já de há muito não pagas; a lei não impede tal procedimento, mas, contabilmente, isto provoca uma distorção na evidência da liquidez, por considerar como "realizações em dinheiro e a curto prazo" aquilo que não se consegue receber.

Também um médico, seja empregado de uma cooperativa, de um hospital, da Previdência Social, pouco importa, exercerá seu conhecimento no sentido de atender o paciente de forma a proteger-lhe a saúde e a recomendar o que é aconselhável em matéria de medicação e de comportamentos, mas como empregado pode estar limitado, em seu tempo de exame clínico, dele sendo exigido um mínimo de atendimento de pessoas por dia. Nesse caso, para cumprir a rotina administrativa, pode piorar a qualidade dos exames clínicos.

Variam, pois, os graus de conhecimento, de poder, de autonomia e determinação da vontade, de acordo com as ambiências.

Quando, todavia, a prática de um ato pode acobertar um delito grave, aí, sim, entendo, o profissional deve recusar-se a ser conivente ou a participar de conluios que possam prejudicar visivelmente terceiros.

Sabemos que em períodos de crises de empregos, quando os países enfrentam altos graus de desocupação, perder um lugar é perder muito. Sabemos, todavia, também, que as deformações morais terminam por torturar o Ser por sua própria Consciência, além de sujeitá-lo a riscos muito sérios quanto a seu conceito.

No Brasil, se os direitos do emprego se defendem nas associações e sindicatos, na Justiça do Trabalho, por outro lado, os do comportamento moral do profissional ainda não conseguiram uma posição conveniente e definida.

Em relação ao posicionamento ético e da proteção ao profissional empregado, quanto aos aspectos de sua conduta, ainda há todo um campo a ser explorado e normalizado.

São oportunas as palavras de Marden: *"A dignidade, a paz e o bem-estar não podem existir para quem voluntariamente se dedica a um trabalho indecoroso, desses que contribuem para o desenvolvimento da imoralidade e têm por base os mais degradantes vícios e paixões"*.[8]

---
[8] MARDEN, O. S. *A escolha da profissão*. Porto: Figueirinhas, s.d. p. 127.

Aspectos positivos na ambiência do emprego

Ressaltar só aspectos conflitantes e negativos nas relações entre o profissional e o empregador é fazer exame parcial da questão. O que normalmente o empregado tem como deveres profissionais éticos são as práticas usuais da virtude: zelo, discrição, pontualidade, disciplina, sigilo, honradez etc. (já descritas neste livro em "A virtude como substância ética") e devem começar pela seleção de seu trabalho.

São expressivas, a esse respeito, as palavras de Marden: *"A dignidade, a paz e o bem-estar não podem existir para quem voluntariamente se dedica a um trabalho indecoroso, desses que contribuem para o desenvolvimento da imoralidade e têm por base os mais degradantes vícios e paixões"*.[9]

Como o emprego consome grande parte de nossas vidas, a escolha da forma de viver já é todo um princípio de qualidade espiritual. Isto porque *"aquilo de que os homens vivem é a fé na razão de viver"*, *"é o estado de certeza e de crença"*,[10] no dizer de Petrone; também afirmou Buda que *"vivemos do que pensamos"*; tudo isto sugere que a Consciência Profissional, aplicada ao trabalho assalariado, seja moldada ao sabor dos interesses maiores da natureza da tarefa que a empresa, onde se vai trabalhar, adota.

O empregado deve estar motivado a crer na tarefa que lhe atribuem e em seu próprio desempenho; deve aceitar convicto a ideia de que sem a aludida tarefa a empresa não estaria completa em suas funções; quando esta é a mentalidade de que existe um compromisso com a eficácia, o profissional, também instintivamente, cumpre suas obrigações com adequação ética.[11]

O profissional, como empregado, tem sua ética volvida ao compromisso com as finalidades empresariais ou institucionais específicas, em geral, e, em especial, dentro dos limites de sua responsabilidade e autoridade.

As condutas possuem, portanto, os limites de sua ambiência. Devem adaptar-se ao exigível para o desempenho das tarefas. Cada função de labor tem suas características.

Aquelas virtudes pétreas, comuns a todos os desempenhos (zelo, honradez, pontualidade etc.), conservam-se intactas, mesmo na condição de emprego, pois *a moral não é algo que se transfere pelo fato de estar-se empregado ou subordinado*.

A ambiência do emprego, outrossim, pode ter motivações especiais e exigir outras formas virtuosas de conduta, específicas. Ninguém deve violentar-se com atos indignos

---

[9] Idem.
[10] PETRONE, Igino. *Filosofia del diritto*. Varese: Giuffrè, 1950. p. 266.
[11] Estamos a falar de empresas que vivam dentro de princípios sadios e conscientes de seu papel social.

sob a capa de que foi mandado fazer, mas também precisa, com dignidade, aceitar o desempenho de seu papel como se um ideal fosse. Trabalhar para apenas se remunerar, quase sempre, compromete a qualidade do serviço.

O emprego pode transformar-se em um estímulo de vida para o profissional, de modo que este se identifique com ele e suas virtudes de berço passam a ser transplantadas para toda a sua tarefa, preocupado que fica em fazer o melhor.

O positivo, no caso, provém da identidade entre a ambiência funcional e o ideal que ela motivou, de modo a transformar-se em um dever ético.

O profissional e a ambiência do autônomo

O profissional autônomo, liberal, individual, em sua função, tem representado o alvo das atenções dos Códigos de Ética e tem sido a matéria principal de estudos. Isto possui fundamentos históricos, nas raízes artesanais, em razão da consagração que muitos homens tiveram, pela genialidade de seus trabalhos.

Como a genialidade está, comprovadamente, consagrada como rara, ocorrendo em percentagens reduzidas entre os homens,[12] a tendência tem sido a de crer que são eles os que decidem sobre o futuro do conhecimento e a qualidade maior das tarefas.

A personalidade jurídica é uma ficção, quando se trata de serviços, pois, em verdade, nada pode fazer, senão através da conduta humana. Talvez seja esta a razão básica pela qual muitos estudiosos admitem que a impersonalidade que uma empresa grande sugere parece estar em decadência, no campo profissional; basta observar o expressivo número de processos que contra elas correm na Justiça,[13] por efeito de má qualidade do trabalho cumprido, para que se tenha noção sobre os efeitos dessa "impersonalidade", quase sempre fruto de irresponsáveis divisões de tarefas.[14]

O autônomo e a pequena empresa que com ele se confunde parecem apresentar maior dose de interesse pela qualidade dos serviços e despertar maior credibilidade aos que racionalmente escolhem os profissionais.

---

[12] Admite-se que não seja maior que 3% da população ativa.
[13] Estima-se que os processos contra as multinacionais de auditoria estejam a alcançar mais de 60 bilhões de dólares.
[14] Onde muito se divide o trabalho, termina-se por enfraquecer a qualidade e a responsabilidade, quase sempre, especialmente porque a genialidade, a competência, são fatores muito pessoais.

O que mais caracteriza o autônomo são seus dotes culturais pessoais intransferíveis, suas virtudes plenamente identificáveis, a independência funcional e a acentuada responsabilidade que lhe cabe.

Embora possa parecer que às empresas se vá transferindo a tarefa profissional, de forma impessoal, a realidade é que vários estudiosos da questão entendem que tudo tende a uma cada vez mais gradativa apologia da individualidade, no desempenho das tarefas qualificadas; admitem que as pequenas e médias empresas e que formam a maioria do mundo ativo são movidas na base da individualidade de líderes das mesmas, em sua quase generalidade e que o liberalismo será a solução futura,[15] cada vez mais estribado no "homem".

Em geral, o utente sente-se mais seguro com a relação pessoal e pouco lhe importa a denominação que tenha a empresa que o atende.

Se transaciona com um banco é porque o administrador, gerente, que o atende, teve habilidade para conquistar sua confiança; pode, anos a fio, ali tratar seus negócios, sem sequer nunca ter conhecido um só proprietário ou acionista do banco. O mesmo ocorre em relação aos profissionais.

O autônomo relaciona-se diretamente com os utentes dos trabalhos e por índole só transfere tarefas de menor responsabilidade.

Faz opção pela qualidade e não pela quantidade do serviço aceito.

Ao entregar seus serviços, tem, o liberal, maior grau de convicção sobre a utilidade deles.

Em razão de tal entrega tende a conquistar mais a confiança, oferecendo qualidade e responsabilidade mais definida. Tal questão, todavia, comporta algumas considerações relativas.

Existem trabalhos que envolvem apreciável quantidade de mão de obra, de variadas qualidades e o responsável final por elas não tem condições de a todas executar. É o caso, para citar um só exemplo, do ramo de engenharia, na construção de estradas, prédios, máquinas pesadas etc. Mesmo assim, muitas dessas empresas tenderam para menores dimensões, com a finalidade de se precaverem contra serviços menos qualificados.

O prejuízo advindo da má qualidade do trabalho é lesão à ética; por isso, autoriza-se a entender, como mais próximo de uma prática qualitativa maior, os trabalhos

---

[15] FUKUYAMA, Francis. *O fim da história e o último homem*. Rio de Janeiro: Rocco, 1992.

que dimanam da prática da profissão pelos autônomos, ou por pequenas empresas, especialmente em ramos de alta responsabilidade, como os da Medicina, do Direito, da Contabilidade etc.

A dita "socialização da profissão", como forma massificada de trabalhos e atendimentos, tem-se demonstrado falha no que tange à qualidade do serviço e responsabilidade de quem o pratica; as próprias correções de procedimentos que se têm feito, nesse sentido, demonstram um paradoxo, ou seja, fala-se em socialização, mas, cada vez mais, faz-se a apologia da individualidade da profissão, aproximando prestador de serviços e utente.

A tendência, pois, é de que a Ética se preserve melhor nos ambientes menores; ou ainda, tudo parece crer que exista uma razão inversa entre a ambiência do trabalho e a conduta de melhor qualidade ética.

Quando a prestação de serviços exige dotes pessoais, é óbvio que só a pessoa possa produzir a qualidade.

Eticidade, conduta humana e atos institucionais

A *eticidade*, tal como Hegel a distingue da moralidade, como realização advinda de uma concepção de algo institucional, é, essencialmente, parece-me, uma "abstração", ou seja, algo concebido, mas necessário de uma consideração limitada a tal forma de conceber.

Não creio ser possível dissociar, de forma absoluta, uma conduta, uma realização de atos, daquela de um ser humano.

A conduta, mesmo praticada em nome de uma sigla, denominação ou ideia, dimanará, sempre, da vontade de um ou mais seres.

Não há como duvidar do institucional, nem da realidade de sua aceitação, mas admitir que esse abstrato possa produzir por si só condutas concretas é coisa que só consigo assimilar com relatividade.

Pode-se convencionar que se fará isto ou aquilo em nome de "Alfa" ou de "Beta", como denominação, mas, na essência, é sempre a vontade dominante de um ser ou de um grupo, em conluio, que estará decidindo a prática da ação, logo, representando a vontade desses.

Pode-se, por conveniência, por ângulo jurídico, econômico, contábil, admitir-se a célula social como uma existência, mas, no campo da Ética, da conduta humana, parece-me uma violência admitir que tal célula seja a responsável, absoluta, por uma ação, sem que o homem tenha exercido sua vontade.

Essencialmente, a eticidade é, apenas, uma apresentação abstrata de conduta e, assim, parece-me ser. Seria irreal admitir a inexistência do institucional, mas não menos irreal admitir que ele por si só possa ser o responsável absoluto pela conduta humana.

Hegel[16] admitiu, por exemplo, ser o Estado a própria manifestação de Deus, em razão e em nome de sua eticidade; os resultados práticos a humanidade está a comprovar, com os fracassos do mundo soviético.

Contrariamente a Hegel, Nietzsche considerou o Estado como um monstro e, contundentemente, afirmou: *"São os aniquiladores que preparam as armadilhas para muitos e as chamam de Estado, à sombra de suas espadas e dos seus apetites variados..." "o Estado conta mentiras em todas as linguagens, do bem e do mal"*.[17]

Todas essas observações as faço para considerar que a conduta humana pode sofrer os efeitos da ambiência institucional, mas não pode excluir a vontade ética; a ação, mesmo em nome da instituição, será sempre uma ação humana, com responsabilidade perante a Ética.

Um médico pode fazer um atendimento em nome da "Clínica Brasil" e o paciente ter ido a tal empresa para procurar serviços, mas os efeitos do trabalho, eticamente, serão sempre os derivados do trabalho do médico, ainda que seguindo a uma norma decidida pelos dirigentes da empresa e que também são pessoas.

Os serviços da Clínica Brasil podem ser feitos desta ou daquela forma, mas quem os cumprir será sempre um ser humano, com vontade própria e capacidade de determinação, com responsabilidade individual de natureza ética.

Ética profissional nas ambiências empresariais

A empresa prestadora de serviços profissionais tem sido considerada como eminentemente pessoal, quer pelo Direito Civil, quer pelo Direito Fiscal, bastando, para disto certificar, observar qual o tratamento que às mesmas tem-se dispensado. Não é, essencialmente, a exploração de capitais, mas de serviços humanos que forma o núcleo da atividade. Desejar, pois, admitir uma conduta institucional em termos absolutos, para justificar atos praticados perante a ética profissional, parece-nos temeroso.

---

[16] HEGEL. *Filosofia do direito.*
[17] NIETZSCHE, F. *Assim falou Zaratustra.*

Uma empresa prestadora de serviços só se justifica se existirem profissionais competentes para a execução de um tipo de trabalho, logo, tenha o tamanho que tiver, será sempre dependente de atitudes dimanadas do ser humano.

O profissional é quem constitui a empresa. Tudo o que dimanar dessa organização, ainda que realizado por auxiliares, terá sempre a responsabilidade ética dos criadores. Os nomes de fantasia, as denominações que possam ser dadas a tais empresas (como o exemplificado com Clínica Brasil), são apenas referências que não agem por si mesmas, mas, sempre, em decorrência da vontade dos que estabelecem as normas de conduta a serem praticadas.

Não é sem razão que os Conselhos Profissionais, como órgãos fiscalizadores, exigem a existência e a ostensiva determinação do *responsável técnico*.

Outras entidades, congêneres, como a Ordem dos Advogados, impedem, inclusive, a constituição de empresa para a prática da profissão, o que, particularmente, entendo muito adequado para a defesa da qualidade do trabalho; tal exigência não impede a associação de profissionais da área, permite o trabalho em comunhão de interesses, mas não aceita a figura institucional.

Tem-se observado que o serviço profissional em empresa tende à massificação e com esta surge o risco da perda de qualidade daquele.[18]

Grandes empresas de serviços profissionais são sempre vulneráveis à perda de qualidade do trabalho, pelo fato da quantidade de pessoal que envolve e da impossibilidade de obter-se só mão de obra de refinada competência.[19]

Muitos problemas podem ser evitados com bons métodos operacionais e supervisão de alta qualidade, paralelamente a treinamentos eficazes, mas isto parece diluir-se à medida que a dimensão da empresa começa a alcançar gigantismo.

As questões éticas no campo profissional empresarial podem ser agravadas em face da dimensão empresarial.

O zelo, a pontualidade, o sigilo etc. nem sempre são atitudes que se conseguem, presentes, quando as estruturas empresariais se desenvolvem, crescem ou alcançam divisões espaciais de maior monta.

---

[18] Atribuo os processos judiciais existentes contra diversas auditoras internacionais a essa massificação.
[19] Já afirmamos que os maiores quocientes de inteligência se verificam apenas em minorias, ou seja, parece um fator raro a existência de neurônios privilegiados nos seres.

Uma coisa é controlar a qualidade das vendas de um produto em todo o mundo e outra é a de serviços profissionais, notadamente de determinados ramos que exigem uma somatória apreciável de conhecimentos especializados e gerais.

A corrupção, a ineficiência, a ineficácia, a negligência, a omissão, o egoísmo, a mentira etc. são lesões às virtudes que encontramos em quase todas as organizações estatais e nas maiores empresas, em razão de suas dimensões e da quantidade e qualidade de pessoal que envolvem.

Algumas empresas de grande porte chegam a atos abusivos contra a sociedade, contra o ser humano, o mesmo ocorrendo com o Estado, conforme se tem comprovado, em decorrência do poder que possuem e da capa protetora que lhes envolve, especialmente a de uma impersonalidade aparente.

Todavia, como as médias e pequenas empresas possuem a maior influência de seus titulares, conseguem maiores graus de qualidade ética em suas condutas. A ambiência para efeitos de ética profissional atua de formas diferentes e pode, até, provocar condutas não virtuosas.

Admito que nada justifica a lesão aos valores do homem, em nome de práticas institucionais.

Entender que há uma eticidade aceitável e competente para substituir a Ética, na vida profissional, é abdicar da razão, do compromisso com o trabalho como valor social, da dignidade do ser como essência da vida.

Seria fugir à realidade admitir que as empresas não constituíssem suas normas de conduta, mas, no fundo, quem as constitui são os seres que nelas possuem força de decisão, portanto, "homens". Se as referidas normas transgridem as virtudes, são homens que estão a transgredi-las, ainda que sob a capa de "empresas".

Ao profissional, sócio de uma empresa, pode parecer correto praticar uma atitude que foi aprovada pelos seus demais companheiros, mas poderá ser absolutamente errônea, se ela ferir as virtudes pétreas ou consagradas pela ciência da Ética.

As leis éticas não se constroem ao sabor dos ambientes particulares, nem dos consensos empíricos, mas da universalidade da conduta humana volvida ao bem.

Não é um pacto entre um grupo, nem as normas que o mesmo traçou, nem o que o mesmo considerou institucional que, por si só, é competente para justificar-se como ético, como conduta necessária perante os deveres da humanidade. *Se a conduta é boa para um grupo, mas não o é, em geral, para terceiros, perderá sua qualidade ética.*

A virtude é algo que exige interação benéfica geral entre os seres humanos.

As ambiências são espaços onde as relações profissionais se processam, incompetentes, por eles mesmos, para reformar as essências das virtudes.

O profissional, pelo fato de estar em uma empresa, não deixa de produzir a conduta e nem esta, seja qual for, poderá alterar conceitos já consagrados como éticos, pelo simples fato de ser permitida na ambiência onde é produzida.

Virtudes básicas profissionais

Muitas são as virtudes que um profissional precisa ter para que desenvolva com eficácia seu trabalho. Em verdade, múltiplas exigências existem, mas entre elas, destacam-se algumas, *básicas*, sem as quais se impossibilita a consecução do êxito moral.

Quase sempre, na maioria dos casos, o sucesso profissional se faz acompanhar de condutas fundamentais corretas. Tais *virtudes básicas* são comuns a quase todas as profissões, mas destacam-se, ainda mais, naquelas de natureza liberal.

Virtudes básicas profissionais são aquelas indispensáveis, sem as quais não se consegue a realização de um exercício ético competente, seja qual for a natureza do serviço prestado.

Tais virtudes devem formar a consciência ética estrutural, os alicerces do caráter e, em conjunto, habilitarem o profissional ao êxito em seu desempenho.

Uma vez mais destaco que não se confundem, em nosso estudo, o enriquecimento, nem a posse de cargos ou destaques sociais, com a verdadeira qualidade ética, embora tudo isto possa ser conseguido conjuntamente.

Entre as virtudes básicas que vou enfocar, todas parecem-me imprescindíveis, a todas as profissões, mas inspirei-me, particularmente, naquelas em que o serviço prestado deriva-se de conhecimentos formados nas universidades, notadamente naqueles de maior alcance social.

Zelo – importantíssima virtude na execução da tarefa profissional: diligência, exercício do zelo

Um trabalho continua sempre presente, ainda quando falta aquele que o produziu.

O que fazemos, pois, representa-nos, mesmo em nossa ausência.

Por um dever para consigo mesmo, o profissional deve cuidar de realizar sua tarefa com a maior perfeição possível, para a produção favorável de sua própria imagem.

O zelo ou cuidado com o que se faz, começa, portanto, com uma responsabilidade individual, ou seja, fundamentada na relação entre o sujeito e o objeto de trabalho.

Marco Aurélio, na antiguidade clássica, já advertia, escrevendo sobre a questão: "*O homem comum é exigente com os outros; o homem superior é exigente consigo mesmo*".[1]

O zelo é uma virtude que, como as demais, muito depende do próprio ser.

Pela qualidade do serviço mede-se a qualidade do profissional.

Quando alguém procura um contador, um advogado, um médico, um arquiteto, seja que profissional for, entrega, ao mesmo, juntamente com o trabalho requerido, algo imaterial muito precioso – a confiança. Maus serviços são, pois, em princípio, traições à confiança depositada.

É digno recusar um trabalho sobre o qual não se tem convicção sobre a dedicação que poderá ser dada. Indigno é aceitar uma tarefa, sem a certeza de que é factível, dentro dos limites máximos do possível e sem que haja possibilidade de ser realizada com desvelo.

Se falta, ao profissional, a certeza de que pode, com empenho e cuidado, executar um trabalho, melhor será que o recuse e esclareça sobre a inviabilidade sua em cumprir o que é requisitado.

Ninguém é obrigado a aceitar um empenho profissional, mas se obriga ao aceitá-lo.

Algumas tarefas, todavia, representam *casos perdidos*, mas, mesmo assim, não excluem o empenho e todas as tentativas para reverter o quadro, dando a conhecer os riscos que envolve, a quem espera os resultados de sua atuação, ou seja, ao utente ou a seu tutor ou responsável.

É comum um médico receber um paciente em caso terminal, como a um advogado incumbir-se de uma causa que sabe não ter amparo de lei para sustentação, como também a um contador ser procurado para recuperação patrimonial de uma empresa já em estado pré-falimentar.

Mesmo diante de uma situação aparentemente sem solução, o profissional pode aplicar de tal forma o zelo que venha a modificar o prognóstico negativo.

---

[1] Marco Aurélio, imperador romano, sábio e filósofo, reinou dos anos 161 a 180 da era cristã. Nasceu no ano de 121 e morreu no poder, em 180. São célebres as suas "Meditações". Ao término de seu governo, inicia-se a Decadência do Império Romano.

O poder do empenho na solução pode superar casos preliminarmente caracterizados como perdidos, embora nem todas as vezes seja possível conseguir a reversão.

O importante é que não falte todo o esforço e cuidado para que o serviço se execute em favor do utente, mesmo em condições adversas.

A história está repleta de casos em que todas as aparências denotavam derrota e que se transformaram em vitória.[2] O cuidado com a tarefa envolve tudo o que a ela diz respeito, desde a forma de compreender bem o que o utente deseja, até a entrega do serviço com qualidade e no tempo marcado. O termo *zelo* é abrangente.

Necessário ao zelo, pois, seguindo-se o conceito leibniziano, é tudo o que é impossível de ser o contrário dele e ele compreende, exatamente, o grau máximo de responsabilidade pessoal do sujeito, com a abrangência total do objeto de trabalho.

Um profissional percebe, dentro de si mesmo, o que deveras é preciso fazer para que a tarefa se desempenhe da melhor maneira possível e se não o sente é porque ainda não está apto para ser um profissional.

Quem não conhece como fazer, logicamente não terá aptidão para compreender a extensão do objeto ou matéria de trabalho e, nesse caso, se aceita, pratica não só um ato de negligência, mas, principalmente, um de desonestidade, como adiante veremos.

Se um cliente procura um advogado para defendê-lo, é preciso que este, em primeiro lugar, conheça completamente a questão, ouvindo, anotando, perguntando, debatendo, analisando. O mesmo ocorre com um médico e que deve ouvir o que seu paciente queixa, auscultar com detalhes todas as possibilidades sintomáticas do mal, realizar todas as perguntas pertinentes e exigir todas as análises adequadas.

Também, por exemplo, com um perito em Contabilidade sucede o mesmo, quando vai assessorar a Justiça. Precisa ele conhecer todo o processo, analisar todos os documentos pertinentes, ouvir as partes, buscar alcançar todos os detalhes da lide e o próprio espírito da mesma.[3]

A atitude zelosa principia com a aceitação do trabalho e só termina quando da entrega.

---

[2] Basta lembrar um só exemplo, como o de Napoleão ao derrotar russos e austríacos, superiores em número de combatentes, em Austerlitz, no início do século XIX; o inimigo tinha mais que o dobro de soldados em relação a Napoleão, que mesmo assim conseguiu, com o seu zelo militar, vencer a famosa contenda.
[3] Sobre esta matéria detalhamos com muito cuidado tal procedimento ético do perito em nossa obra *Perícia contábil*, da Editora Atlas, São Paulo, 2ª edição, 1996.

Em alguns casos, mesmo depois de concluído o trabalho, se faz necessária uma assistência posterior. Para um bom profissional, a responsabilidade não cessa em tempo algum em relação a quem o procurou e nele depositou sua confiança. A satisfação do utente deve ser plena quanto ao zelo que lhe é atribuído, seja em que época for. O respeito, pela tarefa e por quem dela necessita, é algo que precisa ser priorizado. Esta é a razão pela qual, de fato, existe entre as partes um contrato, quer tácito, quer expresso.

Eliminam-se muitas dúvidas, todavia, o escrever sobre todos os detalhes de tal pacto, tais como a natureza do serviço contratado, o prazo para a elaboração, as modalidades da entrega, a forma como o serviço se executa, os honorários, a forma de pagamento etc.

Quando os trabalhos são disciplinados em suas relações, por escrito, há sempre menor oportunidade de queixas infundadas, especialmente no que tange à caracterização da tarefa.

Nem todos os serviços justificam um documento. Alguns limitam-se a pedidos e explicações verbais, mas, jamais, eticamente, excluem o dever do zelo. Entre esses incluem-se os de menor duração e menor responsabilidade.

Os contratos muito ficaram facilitados com a informatização, pois podem-se acumular nas memórias dos computadores em disquetes ou fitas.

Os modelos de textos de contratações de serviços padronizam as formas e relações, bastando realizar as alterações em pouca coisa, para atender-se a cada caso específico.

Bem caracterizar a tarefa, as modalidades da execução, o tempo, a remuneração, a forma de pagamento, já são cuidados que ajudam a evitar mal-entendidos e insatisfações, mas que podem ser normalizados em contratos padrões.

O cuidado, por conseguinte, começa ao tratar-se o trabalho e termina quando nada mais o profissional tem a executar nem a assistir. Um serviço advocatício, de engenharia, contábil, administrativo, para citar apenas poucos exemplos, merece, quase sempre, um contrato escrito. Uma consulta médica, pessoal, já não justifica a burocracia formal nem é uso e costume elaborar documento escrito para tal fim. Um trabalho médico para uma empresa já merece um contrato, quando se refere a um seguro de saúde ou a atendimentos de muitos empregados e em caráter permanente. Um trabalho advocatício para um *habeas corpus*, por exemplo, raramente justifica matéria escrita.

As contratações dependem de circunstâncias, mas são benéficas para uma perfeita caracterização das relações entre o profissional e o utente, especialmente no que tange a uma nítida caracterização das tarefas e relações que a envolvem.

Cada tipo de tarefa, por conseguinte, exige seu próprio zelo e sua própria forma de caracterizá-la. Um contabilista, por exemplo, encarregado de cuidar de uma escrita contábil, tem a seu cargo, geralmente, todas as tarefas fiscais e que envolvem declarações, pagamentos de tributos etc.

Um mesmo profissional da Contabilidade, todavia, ao qual se incumbe de realizar uma análise para fins de avaliação de um ativo imaterial de uma empresa, já tem outro gênero de responsabilidade e tempo de tarefa. Quer em um caso, quer em outro, o zelo será sempre exigível, embora, nem sempre, seja justificável um contrato escrito.

Podem variar a qualidade do serviço e a formalização do contrato, mas não variará a obrigatoriedade do cuidado para com a tarefa.

O executar a contento, com a aplicação do máximo interesse, realizando tudo o que se faz necessário, tempestivamente, para que um serviço seja integralmente cumprido, esta é a função do zelo profissional.

Não existe, no caso, nem qualidade de tarefa, nem qualidade de cliente – apenas se tem o objetivo firme de cumprir o trabalho de forma eficaz.

Não se justificam o descaso, o desinteresse, a procrastinação (que são ausências de zelo) porque o cliente é pequeno ou porque não tem condições de remunerar melhor o profissional.

Conheci profissionais, precedidos de fama, que eticamente mal se comportaram, porque o cliente parecia *menos interessante*. Testemunhei casos de outros que, para extorquirem dinheiro de seus pacientes, procrastinaram tratamentos e deixaram de aconselhar a medicação de maior eficácia. Vi alguns que trataram superficialmente o que merecia maior atenção, porque estavam preocupados em atender ao maior número de clientes para obter maiores rendimentos. Presenciei perdas de prazo, em processos, por descuido e desorganização de profissionais. Assisti a empresas serem multadas por falta de cumprimento de exigências nas declarações e recolhimentos de impostos.

Considero, pois, falta de zelo o deixar de cumprir tudo o que se faz necessário para o desempenho eficaz de uma tarefa cuja responsabilidade se assumiu.

Em todas as profissões, quando não há desvelo, ocorrem as transgressões éticas. Também aqueles que muitas vezes já se julgam famosos podem perder a consciência ética, relaxando quanto ao zelo.

Uma das formas de desrespeito ao cuidado pode ser aquela em que, consignando tarefas a assistentes de muito menor capacidade, o profissional só visa a ampliar seus negócios aceitando encargos além de sua capacidade de manutenção da qualidade do desempenho e sem imaginar que as realiza mediocremente.

A divisão do trabalho, em si, não é um mal, mas, opostamente, um bem social; o que é mal, entretanto, é dividir sem zelo ou atribuir responsabilidade de execução a quem não tem ainda amadurecimento e competência para produzir com qualidade.

A delegação de tarefa a um colega de menor experiência ou mesmo a um simples estagiário caracteriza falta de zelo quando o delegado não tem capacidade para cumprir com êxito a outorga.

Muito diferentemente de uma indústria, onde se podem traçar linhas gerais e deixar a equipe realizar o resto, dando confiança para que tenha o que zelar, em empresas de serviços profissionais nem todas comportam tal outorga, sem que possam ocorrer problemas de qualidade.

A tese da gestão participativa que Morita pregou em sua obra[4] pode ter muito sentido em empresas de produção de aparelhos, mas falece diante da quantidade imensa de variáveis que ocorrem no trabalho profissional de um médico, de um advogado, de um auditor.

A questão profissional não é só de venda de produtos, embora tenha que se acomodar ao que os utentes solicitam e preferem. O problema profissional exige presença, participação pessoal, certeza de que o serviço será executado com a preocupação de eliminar todos os riscos que possam gravar a qualidade do trabalho.

A negligência, antônimo do zelo, é a responsável por grande parte dos defeitos nos serviços e, conforme o caso, pode ser fatal a muitas pessoas, causando, até, ruínas de empresas, morte de pessoas, prejuízos etc. Assim, por exemplo, em resposta a uma consulta feita pelo cliente, sem que demande estudo competente, pode induzir a erros às vezes irreparáveis. Existem casos que comprovei e que levaram empresas à falência, por negligência na orientação profissional.

Toda emissão de opinião sem que o profissional esteja convencido do ponto de vista que expende e sem que a faça com os limites de prudência e segurança necessários é falta de zelo no desempenho das tarefas.

---

[4] MORITA, Akio. *Made in Japan*. São Paulo: Cultura, 1986. p. 278.

Quem requer uma opinião é porque dela depende para tomar decisões. Quem emite a opinião precisa ter responsabilidade sobre o que sugere, estando convencido de que o atendimento preenche as necessidades do requerente.

É negligência deixar de estudar profundamente uma questão para emitir um parecer, a menos que o assunto seja de tal forma comum, habitual, que já tenha a resposta estereotipada ou habitualmente dada em outros casos, experimentado o efeito do que se sugere, com sucesso.

Os computadores hoje muito nos facilitam armazenar dados e informações e através de arquivos bem feitos é possível dispor de um prodigioso número de informes para as análises competentes, mas não dispensam o raciocínio e o zelo sobre os dados que devem ser repassados.

Não se justificam, também, determinados descuidos em uma época em que as memórias estão transferidas para fitas, discos, disquetes e armazenados eletrônicos de diversas naturezas e que se combinam com variáveis imensas, dentro de uma lógica apreciável. O profissional precisa cercar-se de todos os elementos para que possa desempenhar sua missão com os meios adequados e isto faz parte do zelo.

O zelo, todavia, em si, como virtude, não depende, necessariamente, só de meios de trabalho nem só de larga competência.

Pode ele limitar-se ao que o profissional tem condições de oferecer e continuará sendo zelo, mesmo sem os atributos sofisticados que facilitam o exercício das tarefas. Dentro de suas possibilidades, o profissional pode esgotá-las, todas, no cuidado para cumprir um trabalho e este pode ser o suficiente para a natureza daquele.

O contrário, também, como já exemplificamos, é verdadeiro, ou ainda pode ocorrer que profissionais de fama se tornem relapsos no cumprimento de suas obrigações para com os utentes dos serviços, mesmo possuindo todas as condições para o exercício de uma boa qualidade de tarefas.

Zelo não se confunde com competência superior, fama, cargo, poder nem com aparatos de luxuosas instalações. Conheço empresas profissionais ricamente instaladas e com processos na Justiça por falta de zelo; conheço profissionais limitados a um escritório doméstico, simples, e que nunca deixaram de ser zelosos naquilo que fizeram. O interesse pelo trabalho, pelo cliente, envolve a participação pessoal integral e por isto, também, a importante manifestação do *entusiasmo pelo que se faz*.

O zelo exige o entusiasmo pela tarefa e este o uso de todas as forças energéticas internas do ser, aplicadas no sentido de materializar, pelo trabalho, o amor que se tem por trabalhar.

Diante de um cliente, de um serviço, o zelo se manifesta pelo entusiasmo de realizar bem a incumbência que é trazida. Esse orgulho pelo que se faz leva a fazer-se bem feito.

Desejar fazer cuidadosamente, procurar ser perfeito, abranger todas as possibilidades que garantem a boa qualidade do que se faz, ser eficaz e cumprir tudo isto com amor e prazer caracteriza bem a virtude do zelo.

Quando o profissional se identifica com sua tarefa, pelas vias do amor a ela, só pode exercer o zelo, pois este depende de tal fator.

Cuidar de um trabalho de terceiros como se fosse o seu, admitir que o seu merece o autorrespeito, identificam os caminhos do desvelo.

O interesse é uma forma de valor e é ele quem sustenta o zelo, quando não se confina ao material, mas dimana do ideal de ser útil. A utilidade deve, profissionalmente, ser praticada dentro de todos os limites do possível e a melhor forma. Utilidade, segundo Hobbes,[5] é o que satisfaz a necessidade; similarmente, em minha teoria conceituo como Eficácia o que através da utilização de meios se consegue, no sentido de anular-se a necessidade.

Quem busca a utilidade, profissionalmente, pratica o zelo e quem pratica o zelo produz a utilidade.

Finalmente, cumpre acrescentar que também tem-se empregado, como sinônimo de zelo, a *"diligência"*. Em verdade, há uma ligeira sutileza conceptual que tem sido aplicada na distinção dessas expressões.

A diligência é uma forma de zelo, especial, pois caracteriza-se pela presteza e constância com a qual o cuidado pela tarefa vem a ser exercida. Não basta que se tenha desvelo, é necessário que ele se processe sempre e de forma tempestiva. Trata-se de um aspecto sob o qual podemos observar o zelo, embora não me pareça, isoladamente, uma virtude. A expressão provém, etimologicamente, do latim *diligentia*, empregada para expressar *cuidado, zelo*.[6]

---

[5] Thomas Hobbes, filósofo inglês, autor de *Leviatã*, materialista, viveu no período de 1588 a 1679.
[6] Assim a utilizou Marco Túlio Cícero em seus trabalhos.

A disposição para tornar o zelo um hábito, em toda e qualquer ocasião, é a diligência e esta representa a atividade do zelo, ou seja, o desempenho contumaz e oportuno do interesse e cuidado no desempenho do trabalho.

Honestidade, virtude magna no campo profissional

Se algo é confiado a alguém, seja o que for, passa a requerer a fiel guarda, a lealdade, a sinceridade e um propósito firme de intransigente probidade. Tudo isto se consubstancia no respeito para com o que é de terceiros, como tributo à confiança que é depositada; tais atos, quando praticados no campo da virtude, caracterizam a *honestidade*.

Trata-se de uma responsabilidade perante o bem e a felicidade de terceiros e, embora os conceitos de bem e de felicidade tenham sido objeto de tantas controvérsias e interpretações, o fato é que a essência deles se encontra, sempre, na satisfação da necessidade de alguém.

Não desejamos negar os aspectos metafísicos de tais valores, enfocados para seus caracteres absolutos, como o fizeram eminentes pensadores,[7] mas, simplesmente, admitir que no campo concreto, profissional, da vida corrente, entre prestadores de serviços e utentes, a utilidade e o bem-estar são determinantes.

Sob esse aspecto a *honestidade situa-se como uma compatível prática do bem com a confiança depositada por terceiros em alguém.*

A desonestidade, por sua vez, é exatamente a transgressão ao direito de terceiros, derivada de: abuso de confiança, indução maliciosa, arbitrariedade, pressão ou outro fator que venha a *trair* ou a *subtrair* algo que tenha sido confiado.

A vida em comum exige, pois, a probidade; nesse sentido é imprescindível que cada um tenha conhecimento dos limites de seus espaços e posses, em relação àqueles de seu semelhante.

É necessário ser honesto, parecer honesto e ter o ânimo de sê-lo, para que exista a prática do respeito ao direito de nosso semelhante.

A traição a uma confiança depositada é sempre uma deslealdade e tende a ser uma desonestidade, independentemente da expressão quantitativa. A subtração indevida, do direito de terceiros, é uma lesão ao que é honesto. Tais deslealdades, quando lesões à virtude, são atos viciosos e indignos que caracterizam a desonestidade,

---

[7] Platão, Aristóteles, Leibniz, Melebranche.

porque representam a quebra de uma linha de confiança, esta dimanada de atos lícitos e virtuosos.

Se um advogado, incumbido de realizar um inventário, lesa os herdeiros, subtraindo, a seu favor, bens que deveriam ser partilhados ou subavaliando-os para beneficiar a si mesmo em transações triangulares, pratica desonestidade.

Se um psicanalista, abusando de sua função, induz uma paciente ao adultério, pratica ato desonesto. Se um contabilista utiliza em seu favor o dinheiro a ele entregue pelo cliente, para pagar impostos deste, fere a ética profissional, pelo rompimento da honestidade. Se o mesmo profissional, para auferir um aumento de honorários, retém os livros do comerciante, igualmente, lesa a ética.

Em suma, muitos são os atos que ferindo aos interesses patrimoniais, morais, de imagem etc. podem ser praticados em lesão à confiança que alguém deposita em uma pessoa. Por isto a amplitude conceptual de honestidade é grande e em muitos aspectos se mescla com a de honra.

Não se pode, entretanto, confundir a intransigência com a honestidade, nem com os atos de um puritanismo imbecil e que vê o mal em tudo; o ato desonesto tem que ser lesão à confiança e à virtude e atingir notoriamente a terceiros, para que assim seja considerado.

Um dos fatores que mais têm caracterizado a desonestidade é a fascinação pelos lucros, privilégios e benefícios fáceis, pelo enriquecimento e desfrute ilícito em cargos que outorgam autoridade e depositam a confiança coletiva em alguém, para através dela ensejar a prática de atos tirânicos ou egoístas.

Esse mal alcança fortemente os que disputam o poder para praticar abusos e apropriações diretas ou indiretas do patrimônio público ou coletivo.

Dirigentes de grandes empresas, políticos, juízes, ministros, presidentes, dirigentes de classe etc. têm-se envolvido em sérias práticas de corrupção, conforme a imprensa tem noticiado e vasta literatura tem circulado a respeito.

Sabemos o quanto é censurável o suborno, o comissionamento sobre obras e compras, o uso das máquinas burocráticas e do patrimônio de entidades para campanhas políticas ou conquista de privilégios etc.; sentimos o quanto tudo isto é abominável; conhecemos, também, o pior e que é a impunidade sobre todas essas transgressões à ética.

Escândalos sucessivos são levados às páginas dos jornais, todos tomamos conhecimento dessas imensas mazelas, mas pouco se tem notícia das punições dos envolvidos.

Essas imagens são tristes exemplos estimuladores da desonestidade, um mal que hoje assola muitas sociedades.

Tão amplo é o problema que em obra recente sobre a matéria, Klit-gaard escreve: "*Às vezes a corrupção atravessa as fronteiras nacionais. Firmas estrangeiras subornam funcionários locais, ou são extorquidas por eles, ou ambas as coisas. Um próprio governo utiliza-se de ardis ilícitos para obter a docilidade de outro. Tal fato fez com que o cientista político Hans Morganthau caracterizasse as ajudas externas como nada mais que suborno transnacional*".[8]

A voracidade com que os grupos mais fortes lançam-se ao dinheiro facilita a conivência criminosa, nacional e internacional com o Estado e instituições.

Esse panorama de franca desonestidade, consolidado como se acha, é dos mais tristes exemplos. Tal clima dá suporte para que muitos raciocinem de acordo com tais paradigmas, ou seja, tendem a aceitar como natural o enriquecimento e o favorecimento ilícitos.

Casos escabrosos de corrupção existem em todas as partes e especialmente em países ditos de primeiro mundo. O caso Eddy Chang, por exemplo, citado por Klitgaard é escabroso.

O referido Eddy era comerciante honesto e ofereceu ao Governo dos Estados Unidos o fornecimento de materiais por metade do preço que o Exército estava pagando na Coreia. Foi-lhe cedido o contrato, mas, logo depois, Chang foi acusado de comércio ilegal, foi sequestrado e, quando reapareceu, pouco depois se suicidou.

A força da corrupção chega a esses extremos, de intimidação, pressão, ciladas, difamações, calúnias, lesões à imagem do profissional, arbitrariedades e até assassinatos, conforme se entende pelas conclusões do autor da obra referida.

Não menores são as desonestidades que a imprensa tem acusado, com envolvimento de políticos e elementos ligados ao Governo, no âmbito federal e de diversos Estados (Minas Gerais, São Paulo, Rio de Janeiro etc.) e municípios do país.

As complicações que culminaram com a saída forçada e antecipada do presidente Collor de Mello, o caso do Banco Econômico, o dos "Anões do Congresso", os da "Previdência Social", o dos "Guarda-chuvas e Bicicletas no Ministério da Saúde", e muitos outros já apagados da memória do povo, e tantos demais, ainda em manchetes, mas sem resultados de punições compatíveis, escandalizaram e continuam a abalar a fé nas instituições e nos homens do poder em todo o país.

---

[8] KLITGAARD, Robert. *Controlando la corrupción*. La Paz: Quipus, 1990. p. 142. Edição Fundação Hans Seidel.

As fornecedoras do Governo chegaram a ser acusadas de conluio com os dirigentes, mas também se noticiou (e isto se confirma na obra referida) que os elementos do poder extorquiam tais empresas.

Nesse mar de lama, empobrecida a honra das nações, pelo necrosamento moral dos que gerem o Estado e as instituições, não podemos negar que se *estremeceu, também, o ambiente ético-social*. Profissionalmente, todavia, não podemos encontrar justificativas nessa desordem social para consagrar atos desonestos. Um erro, outro não justifica. Assim, por exemplo, porque a empresa paga comissões a um comprador do Governo, para poder sobreviver no mercado, agindo, pois, fora da lei, não significa que seu contador, advogado e administrador também encontrem razões para lesá-la.

Se a empresa mantém um caixa paralelo para sustentar o comissionamento dos corruptos, nada justifica que ao conhecer desse fato os profissionais que a servem passem a subtrair valores da mesma ou a ameaçá-la de denúncia.

A empresa, sozinha, não pode mudar o esquema dos que furtam do Estado e das instituições. Se somente se consegue vender e receber serviços e materiais após pagar aos elementos que detêm o poder suas propinas e desonestas comissões, não podemos, de forma alguma, imputar culpa exclusiva às empresas, desesperadas por se manterem vivas, por entrarem nesse jogo fatídico moralmente.

Não devemos defender essa prática, mas, também, não é possível negar sua força; trata-se de um jogo sujo socialmente, mas, praticamente, na atualidade, habitual e até considerado como consagrado.

Por consagrar-se não deixa de ser desonesto, pois seria sofisma aceitar como moral a norma e o costume que lesa o interesse de maiorias, em favor de poucas pessoas e grupos.

Tive conhecimento de casos, por intermédio de clientes, de faturamentos feitos a determinadas repartições e cujos pagamentos só se liberavam mediante um percentual que beneficiava dirigentes.

Duplas eram as comissões: para conseguir vencer a concorrência (muitas vezes atos de simulações e de cartas marcadas, como a imprensa tem noticiado e na prática tenho assistido) e para receber o serviço prestado.

Como informa a literatura sobre a corrupção,[9] o que comprova todos esses fatos é o enriquecimento rápido e vultoso de certas pessoas que passam pelos cargos públicos e de grandes empresas e instituições.

Os valores monetários ou de bens, furtados do povo, das classes, das empresas, são quase sempre desviados para paraísos fiscais ou sujeitam-se a outras formas de lavagem

---

[9] KLITGAARD, Robert. *Op. cit.*

do dinheiro, inclusive a de aquisições de bens por valores irrisórios, criação de cadeias de firmas, financiamento de campanhas políticas milionárias[10] etc. Um profissional, dentro de sua ação ética, precisa manter-se à parte de todas essas mazelas morais, mesmo as conhecendo.[11]

O posicionamento de um profissional precisa ser probo, seja qual for o comportamento de seu cliente e cujo mérito não compete ser discutido.

Um profissional comprometido com a Ética não se deixa corromper em nenhum ambiente, ainda que seja obrigado a viver e conviver com ele.

Todos sabemos da podridão que tem ocorrido em muitas áreas do poder e vivemos nessa mesma sociedade onde os marginais da moral vivem, mas pouco podemos fazer para mudar no regime político que se tem empregado.[12]

Por convivermos com essa má qualidade de homens, isto não deve significar, jamais, que estejamos de acordo com eles nem que pratiquemos atos indignos e viciosos, semelhantes. Nada justifica a improbidade.

A honestidade é um princípio que não admite relatividade, ou seja, o indivíduo é ou não é honesto; não existe o relativamente honesto nem o aproximadamente honesto, tão como não existe uma honestidade adaptável a cada comportamento perante terceiros.

A tolerância não entra nas cogitações nem na fixação de um limite de honestidade.

Não existe, também, menor ou maior desonestidade, mas simplesmente – desonestidade.

Não há também desonestidade temporária ou circunstancial, mas unicamente – desonestidade.

Pode-se converter, todavia, um desonesto em honesto, através de educação e tratamento específico, mas nada disto anulará o ato que praticou e que em sua época veio a prejudicar terceiros. Não se trata de uma inflexibilidade de julgamento, mas de uma realidade em face de um fenômeno.

---

[10] A prática tem provado que o uso das instituições para fins particulares políticos tem sido habitual, desonesta e tão indigna quanto o roubo para acumulação de riqueza.
[11] Buda pregou que o homem virtuoso convive entre ladrões sem ser ladrão, entre assassinos, sem matar, em suma, participa do meio, mas não se deixa contaminar por ele.
[12] As estruturas políticas da atualidade, em geral, afastam o poder de intervenção de cada cidadão nas decisões e nas práticas ilícitas do poder, segundo a literatura que se tem escrito sobre a questão.

A própria sociedade termina por ter sempre reservas contra aquele que praticou um ato desleal, desonesto, por abalo de confiança em suas atitudes e só muito esforço e o tempo podem reverter tal quadro. Esta a posição ética da questão (já que nossa análise não enfoca, senão, os ângulos científicos deste conhecimento).

Tal como a confiança, com a qual se relaciona diretamente, *a honestidade é algo absoluto, notadamente no caso da ética profissional.*

Não se trata de um costume, apenas, de um comportamento, mas de uma conduta que obriga ao respeito e à lealdade para com o bem de terceiros, em face de algo que, sendo entregue, criou uma expectativa de zelo por parte do depositante.

Também não podemos considerar a probidade como decorrência exclusiva de uma prática religiosa (embora Durkheim[13] tenha considerado a origem da moral no berço das religiões). A formação para a honestidade independe de cultos e religiões, embora não possamos negar a influência que muitas modalidades de fé exercem sobre a conduta humana.

O profissional tem dever ético de ser honesto integralmente. Não existe meia-confiança, como não existe meia-honestidade; ou confiamos, ou desconfiamos; o ser é honesto ou é desonesto.

A traição a uma confiança dificilmente admite recuperação de conceito; escreveu Renato Kehel que ela se assemelha a um caroço de manga; se cai no chão, por mais que se limpe, terá, sempre, um sabor de terra.[14] Essa comparação, muito brasileira, dá uma ideia concreta dos efeitos da quebra de confiança e de sua irrevogabilidade. Os atos desonestos geram-se na transgressão à confiança e terminam por anulá-la, ou seja, perdida, pelo prejudicado, dificilmente pode ser reencontrada.

O profissional, todavia, ao transgredir os princípios da honestidade, não prejudica só seu cliente, mas pode, conforme o conceito que já havia firmado, prejudicar, também, aquele de sua classe, tão como influir negativamente sobre a sociedade em geral. Ao praticar atos de probidade, os elementos de uma categoria só fazem valorizá-la.

Opostamente, ao praticar atos desonestos, desleais, só fazem desvalorizar uma comunidade e isto está na razão direta da frequência de tais acontecimentos e da importância de quem os pratica.

---

[13] Emílio Durkheim, sociólogo francês que submete os fatos morais aos sociais. Precursor da escola francesa de Sociologia. Viveu no período 1858-1917. Uma de suas obras relevantes é *O Homem e o Estado*.
[14] Renato Kehel, filósofo brasileiro do início do século XX, editou diversas obras de grande valor no campo da personalidade.

Esta é uma das fortes razões pelas quais um Código de Ética precisa ser energicamente cumprido e por que os Conselhos de classe necessitam exercer severa fiscalização e seus dirigentes serem modelos de dignidade e altruísmo.

Finalmente, é preciso considerar a *intenção honesta*. No sentido ético, a intenção significa *"tender para"*, no sentido de uma *"finalidade moral"*.

Quando ocorre o inverso, ou seja, a *"intenção desonesta"*, é preciso avaliar, também, sua dimensão. *Ainda que não se efetue o ato, o* animus *para o ato desonesto já é, por si só, uma transgressão ética.*

Quem tem intenção de fraudar, de corromper, de lesar, seja que desonestidade for, já se coloca em posição de transgressão. O mesmo ocorre com relação àqueles que não praticando a desonestidade, todavia, abrem caminho para que ela se efetive, praticando a conivência ativa ou passiva.

É óbvio que estas situações não têm o mesmo grau de gravidade, mas não deixam de ser desonestas nem de merecer reprovação.

O profissional honesto não tem intenção de prejudicar quem quer que seja, assim como não entra em conluio que possa gerar lesão a terceiros. Não pratica, também, a lealdade com o vicioso.

Opostamente, sua tendência é sempre para o bem e só não intencionalmente pode cometer equívocos morais. A intenção é mensurável e permite relatividades.

No pensamento filosófico antigo, a obra ou fato prevalece sobre a intenção; no pensamento moderno, a partir de Kant, a intenção prevalece sobre o fato.

Entendo, particularmente, que, no campo profissional, as intenções são relevantes, como determinantes da natureza do fato. Em muitos casos, a diferença entre a intenção e a prática desonesta está apenas na coragem e na oportunidade dos indivíduos. Desejar fazer algo já é produção de energia que pode influir na decisão de terceiros e fazer com que o mentor não pratique, mas seja o responsável pela prática.

No caso positivo, todavia, *perante a honestidade, não basta a intenção de desejar praticá-la*. Obviamente, *não é suficiente querer ser honesto – é preciso sê-lo*.

Também, atos isolados podem ser praticados com a intenção correta e os resultados nem sempre serem da mesma natureza. Tal ocorrência, entretanto, fica por conta do eventual. O profissional honesto torna-se digno de confiança e cresce em conceito, valorizando e respeitando sua categoria.

Outrossim, tudo o que até aqui foi objeto de referência, quanto à lealdade, merece, nesse parágrafo, uma consideração final.

Isto porque *não se pode dizer honesto aquele que falta com a lealdade*, pois esta exige uma disposição específica da alma e que se caracteriza por um conjunto de disposições que evidenciam *solidariedade, fidelidade, sinceridade, cumplicidade, adesão incondicional à causa de um semelhante,* como se própria fosse.

Conceitualmente, lealdade tem sido empregada como sinônimo de probidade e esta como sinônimo de honestidade. A deslealdade implica desonestidade e esta deslealdade, sendo difícil demarcar territórios de razões que limitam tais conceitos, mas entendo também que não se podem confundir. O honesto exige que se seja leal e o leal consagra a honestidade, mas em sentido apenas relativo.

O termo, quando nasceu, em Roma, visava a significar "o que está de acordo com a lei", ou o "que age de acordo com as normas legais", por extensão aplicando-se a toda a conduta que fosse correta, logo, honesta.

Filosoficamente, podemos admitir a lealdade como essa correção de atitudes perante outro ser ou perante um conjunto de seres, mas dentro da normalidade virtuosa. Estribado nessa acepção de respeito ao que a terceiros pertence ou inspira confiança, não é demasiado atribuirmos sinonímia entre lealdade e honestidade, mas condicionando tudo a atos lícitos e virtuosos.

Entendo, que, embora a lealdade seja condição essencial para a prática honesta e até possa ser tomada como sinônimo de honestidade, esta representa um conceito de maior amplitude, que envolve outros deveres, como já foi dissertado neste parágrafo. Um ser pode ser leal com um ladrão; será honesto perante o ladrão, mas desonesto em relação a terceiros, pela conivência ativa ou passiva no ato vicioso.

Portanto, a lealdade à qual nos referimos em todo o texto deste parágrafo refere-se àquela que ocorre em atos éticos, jamais àquela que simplesmente deflui de uma fidelidade e cumplicidade com atos viciosos.

Virtude do sigilo

Revelar o que se sabe, quando a respeito do conhecido, quem o confiou, pediu reserva, é quebra de sigilo.

O respeito aos segredos das pessoas, dos negócios, das instituições, é protegido legalmente, pois trata-se de algo muito importante; eticamente, o sigilo assume o papel de algo que é confiado e cuja preservação de silêncio é obrigatória.

Nem tudo é objeto de sigilo, mas preferível será sempre que o profissional se reserve quanto a tudo o que sabe e que lhe é revelado pelo cliente ou que ele veio a saber por força da execução do trabalho.

Pode ocorrer que o segredo não tenha sido pedido, por parecer óbvio a quem confiou uma confidência, e, ao ser difundido, enfraqueça o valor do profissional e seja entendido como violação de confiança pelo prejudicado. O ideal, pois, é a completa reserva sobre tudo o que se toma conhecimento na prática da profissão.

Revelar detalhes ou mesmo frívolas ocorrências dos locais de trabalho, em geral, nada interessa a terceiros, mas pode ocorrer que o inverso ocorra e que programas ainda não colocados em prática, mas importantes para a vida da empresa, possam ser copiados e colocados no mercado antes que a empresa os lance, por indiscrição de quem irresponsavelmente os revelou.

Nos casos de documentações, hábitos pessoais, registros contábeis, pesquisas científicas, em suma, de fatos que, por natureza, devem ser mantidos em sigilo, a revelação deles pode representar sérios problemas para a empresa ou pessoa cliente do profissional.

Casos muito mais graves que os ocorridos involuntariamente são os que se processam com a intenção de tirar proveito próprio. O rompimento de sigilos nas áreas tributária, societária, de pesquisas em curso etc. são criminosos e, embora possam render proventos pecuniários, maculam a honra de quem rompe o compromisso do silêncio. A infração ética, nesses casos, é notória.

Entendo que, ainda em casos de natureza judiciária, o profissional deve negar-se a depor contra seu cliente ou testemunhar, revelando segredos de que tomou conhecimento, a menos que requerido por quem o confiou. O mesmo entendo perante o poder fiscal, ou seja, jamais o contabilista ou o advogado devem, por exemplo, denunciar seu cliente, seja em que circunstância for.

A finalidade moral deve sobrepor-se ao fato fiscal e até judiciário e o sigilo deve ser guardado como um compromisso de honra.[15] Não procedendo assim, o profissional arrisca-se a perder seu conceito e também sua posição de dignidade, quer perante os utentes, quer perante seus colegas de profissão.

Existe na História de Roma, narrada por Tito Lívio,[16] o episódio de Mucio Scevola, que se tornou famoso e valeu à sua cidade a adesão dos etruscos que a sitiavam. Esse

---

[15] A própria lei civil brasileira protege o sigilo profissional, não sendo ilegalidade a reserva de conhecimento de fato que sob sigilo foi confiado.
[16] Tito Lívio, famoso historiador romano, autor de *Décadas*, nascido em 59 antes de Cristo e falecido em 19 da era cristã.

jovem, para não revelar o segredo de sua participação, deixou queimar sua própria mão no braseiro, antes que lá fosse colocada por Porsena, o imperador inimigo. Esse exemplo do valor ao sigilo, pela pátria, atravessou milênios e continua vivo como um símbolo de dignidade cívica e valor ético.

Muitos outros poderiam ser referidos de seres que se deixaram torturar para não revelar segredos, dando provas de imensa qualidade de espírito superior, até mesmo, ao sacrifício carnal. Por conseguinte, os traidores da confiança, através da quebra de um silêncio que deveriam manter, são seres que se desqualificam, por mais relevante que pudesse parecer sua atitude.

Existe, ainda, a quebra de sigilo por interesse de vingança. Conheço casos de denúncias realizadas para satisfazer a instintos baixos de desforra ou de vaidades pessoais. Outros, de forma ainda mais vil, apelam para as cartas anônimas, prova de incapacidade moral total, de covardia e desonestidade.

Tais atos são de tal forma indignos que custa crer possam ser praticados por profissionais, mas, em verdade, conheço casos práticos, relativos a essa violação ética, praticada por elementos que são escórias em suas classes.

A personalidade dessas pessoas a psicologia se incumbe de definir, mas, eticamente, não há dúvida, são infratores de muito baixa qualificação.

Virtude da competência

Competência, sob o aspecto potencial, é o conhecimento acumulado por um indivíduo, suficiente para o desempenho eficaz de uma tarefa.

Do ponto de vista funcional, competência é o exercício do conhecimento de forma adequada e pertinente a um trabalho.

Tais visões são de uma só coisa, mas sob os aspectos das naturezas estática (potencial) e dinâmica (funcional); trata-se da capacidade outorgada ao profissional defluente do conhecimento e experiência, pertinentes a uma especialidade.

Esta a razão pela qual através da qualidade dos trabalhos produzidos podemos aferir a qualidade da competência de quem os elaborou.

O conhecimento da ciência, da tecnologia, das técnicas e práticas profissionais é condição essencial para a prestação de um serviço de boa qualidade. Eticamente, é preciso que se tenha consciência de que se instruir é o caminho para bem servir e que se desejamos evitar danos a terceiros, na prestação de serviços, é preciso que nos habilitemos a prestá-los. Os males que a incompetência têm causado à humanidade são muito grandes.

O erro, na conduta, não está em não ter conhecimento, mas em ter consciência de que dele não se dispõe e mesmo assim aceitar uma tarefa.

Nem sempre é possível acumular todo o conhecimento que uma tarefa requer, mas é preciso que se tenha a postura ética de recusar o serviço que se sabe não poder realizar dentro dos limites da capacidade que o profissional possui.

Pacientes que ficam aleijados por incompetência médica, causas certas que se perdem por incompetência do advogado, multas fiscais apreciáveis que são atribuídas por falta de conhecimento do contabilista, certificados de regularidade de peças contábeis que são dados por auditores e nos quais se comprovam fraudes elevadas das administrações contra o público, prédios que caem por incapacidade no cálculo de resistência de materiais etc. são males que, lamentavelmente, podem ocorrer, quase sempre motivados por deficiências de conhecimento.

Os erros técnicos são graves deficiências que se cometem contra os utentes e que depositaram suas confianças nos profissionais.

Tais lesões são infrações à Ética, conscientemente praticadas. Um profissional precisa saber reconhecer suas limitações. A evolução vertiginosa pela qual passam todos os conhecimentos requer ainda uma permanente reciclagem, uma constante atualização. Conforme o ramo profissional, as técnicas comportam evoluções em apenas poucos meses.

Como os recursos que são empregados para o exercício dos serviços vêm, cada vez mais, aumentando gradativamente, em todas as áreas, estão a requerer permanentes modificações de condutas. No campo contábil, por exemplo, percebe-se a imensa e rápida mudança, a partir do auxílio que os computadores trouxeram, permitindo não só o aumento de análises, como também a rapidez delas.

Progressos sensíveis estão sendo realizados, quer na área científica, quer na das doutrinas, quanto naquela das muitíssimas aplicações no campo dos custos, da auditoria, das perícias, dos orçamentos, das medidas de eficácia etc. O mesmo está ocorrendo com a cirurgia, com a física, em suma, em diversos setores do conhecimento humano. Manter-se atualizado é uma questão de sobrevivência para o profissional, pois os mercados de trabalho também se tornam cada vez mais competitivos.

O importante, eticamente, todavia, é que a tarefa seja executada dentro do que há de mais evoluído e em favor do utente, de modo a proporcionar-lhe menores custos e maior capacidade de aproveitamento do trabalho.

As análises clínicas, por exemplo, tiveram sensíveis progressos que eliminaram exames antes penosos, incertos e demorados; não se justifica, pois, exigir dos utentes sacrifícios que os recursos modernos eliminaram e nem preços que já não mais se justificam.

Igualmente, as análises contábeis, por exemplo, saíram do campo do isolamento de quocientes ou relações limitadas para o sentido holístico e sistemático, oferecendo maior amplitude sobre a ideia do comportamento da riqueza das células sociais; deixar de oferecer ao cliente um trabalho mais qualificado, por deficiências de conhecimento, é atitude que contraria a ética.

O profissional precisa ter humildade suficiente para admitir que não é o dono da verdade e que a inteligência e o bom senso, embora mal distribuídos na Terra, como afirmou Voltaire,[17] são ainda possuídos por expressivo número de pessoas.

O conservadorismo é prejudicial à competência quando gera menor qualidade de trabalho e maiores custos aos utentes dos serviços.

Ideias novas, realmente (algumas se apresentam apenas como tal, sem o ser), devem ser analisadas, experimentadas e aplicadas. Reagir a elas, simplesmente por acomodação, é prejudicar a si e a terceiros. Podemos recusá-las, sem desrespeito ao avanço do conhecimento, se depois de analisadas comprovarmos sua ineficácia no campo da razão, mas não podemos excluir a apreciação criteriosa antes de optarmos pela aceitação ou não.

Imaginar que só aquilo que conhecemos é o limite do conhecimento é ser irracional perante o progresso das ciências, assim como deixar de ser ético perante o benefício que se deve prestar aos utentes, pela qualidade do trabalho. A cada minuto que se passa, algo se acrescenta ao conhecimento humano, nessa marcha irreversível da evolução cósmica. Se não acompanhamos o ritmo acelerado evolutivo, desajustamo-nos e com isto pioramos nossas condições perante a utilidade de nossa participação.

O convencimento de que se esgotou o limite do conhecimento é próprio dos que, se sentindo superiores, a cada dia se tornam um pouco inferiores em relação aos que se atualizam e aperfeiçoam normas de trabalho.

Sobre essa questão, Morita faz duras críticas aos norte-americanos e escreve: "*acho que os americanos deveriam aprender a fazer concessões e a ouvir mais os outros*".[18] Não existe, no campo da conquista do conhecimento, privilégio de raça nem de nacionalidade,

---

[17] Pensador, poeta e escritor francês que viveu de 1694 a 1778, sendo um dos mais influentes de sua época.
[18] Akio Morita, um dos mais poderosos e valorosos industriais de nosso século, criador da SONY, em sua obra *Made in Japan*. São Paulo: Cultura, 1986. p. 278.

mas, simplesmente, a vitória da razão sobre a ignorância e isto não é decorrência lógica de espaços.

O conhecimento não se constrói, também, apenas nas universidades e nas leituras, mas muito pela experiência e reflexão, bem como pela pesquisa e convivência com homens de inteligência, inconformados com a limitação do saber. Não é o saber privilégio de nenhuma pessoa e de nenhum povo.

Dizer que um método profissional é melhor e o mais atualizado, porque é norte-americano ou inglês, é falta de conhecimento sobre a história do próprio conhecimento.

Todas as profissões, igualmente, requerem o conhecimento de seu passado, da atualidade e o atrever-se em pensar sobre o futuro, vivendo-a, pois, em todos os tempos. Imprescindível, também, é o comparar as diversas culturas, das diversas correntes de pensamento, buscando, pelo julgamento próprio e pelo diálogo com os mais experientes e bem dotados, o que de melhor existe.

Nada tão nocivo à qualidade do conhecimento como a monocultura, congelada no fanatismo de uma só linha de pensamento.

Isto se pode julgar pelas bibliografias citadas nas obras e pelo emprego de termos da língua estrangeira preferida, em lugar daqueles nacionais, adotando-se um pedantismo inútil a terceiros e que só demonstra como o pensador está condicionado a conceitos do idioma predilecionado.

Para realizar comparações, é necessário que o profissional se faça presente a todas as formas de manifestações culturais que lhe for possível alcançar. Isto exige a frequência em congressos, seminários, cursos, palestras, a correspondência ativa com os que estão no campo da pesquisa, preocupados com o progresso do conhecimento, bem como a leitura de revistas, boletins, informativos e obras especializadas e de boa qualidade.

O conhecimento é algo que se deve exercer com imenso amor e abrangência. Um bom profissional precisa dominar a história de seu ramo, a doutrina científica, a filosofia e toda a tecnologia pertinente às tarefas que executa, atualizando-se sempre em todos esses aspectos.

No que tange ao uso do conhecimento, pode, também, ser ele empregado indevidamente, ou, ainda, para o mal. Haverá sempre o mau emprego do conhecimento quando este prejudicar qualquer pessoa, sob qualquer circunstância, em qualquer tempo e em qualquer lugar, ocorrendo premeditadamente.

Eticamente, no sentido próprio, a competência, como domínio de conhecimento, deve ser aplicada para o bem, não devendo ser sonegada a ninguém.

O bem a que me refiro é aquele no sentido objetivo e virtuoso e que exige do profissional o propósito firme em não defender o vício, sob nenhum pretexto, colocando-se ao lado de seu cliente prioritariamente, mas sem a intenção de lesar a quem quer que seja.

A competência estará em encontrar um caminho que possa ser o do bom senso e da maior utilidade em face do serviço que é requerido e dos interesses gerais, sempre que possível. Tal sabedoria se adquire pela conquista da educação permanente e pelos dotes da experimentação inteligente e deve ser abrangentemente suficiente para não faltar diante das plenas necessidades dos utentes. Tanto é contra a ética a aceitação de tarefa sem conhecimento, como aquela com plenitude deste, mas aplicada para lesar o interesse de terceiros.

Assim, por exemplo, o emprego de conhecimentos da lei e do direito, para ludibriar terceiros, através de cláusulas contratuais aparentemente inofensivas, mas que levam pessoas a seríssimas dificuldades e perdas, é uso indevido do conhecimento.

Da mesma forma o é um registro contábil realizado maliciosamente para esconder verdades que deveriam estar evidentes, prejudicando o interesse de terceiros. O mesmo ocorre em muitas outras profissões quando o objetivo exclusivo é o de ganhar dinheiro, através do inescrupuloso uso do conhecimento.

Torna-se tão lesivo à Ética a ausência de competência, quanto o mau uso desta, na aceitação de tarefas, assim como a omissão completa esse trinômio de infrações.

A ausência de conhecimento caracteriza a incompetência, o mau uso, a desonestidade, e a omissão, o relaxamento ou negligência. O profissional incompetente, para realizar uma tarefa, tende a cometer erros que prejudicam seus clientes. Aquele que utiliza maldosamente sua competência visa beneficiar alguém e prejudicar terceiros. O omisso pode causar danos irreparáveis e também acaba por ser prejudicial, quer o faça por intenção ou não. Em todos os casos há sempre lesão ao bem de terceiros e à obra realizada, em virtude de infrações contra o dever ético de competência.

Não saber, usar mal ou deixar de usar o conhecimento são todos aspectos de um mesmo ato de transgressão aos compromissos éticos do profissional perante o utente.

Quem exerce a competência aplicando a cultura, mantendo aguçada a observação, fazendo-se presente onde estiver o progresso do conhecimento, tende a uma evolução constante no caminho do êxito.

Virtudes complementares profissionais

Além das virtudes básicas ou imprescindíveis a uma conduta eficaz fundamental, diversas outras, também, se fazem necessárias para que se alcance uma posição integral, no campo da convivência profissional.

Existem, pois, ampliações das virtudes básicas, como derivações delas e outras adicionais que completam ou complementam o fundamental.

Portanto, são complementares as virtudes que completam o valor da ação do profissional e ampliam as virtudes básicas, sendo, a transgressão delas, infração e perda da qualidade ética. Elas não são dispensáveis sob nenhum pretexto e só se classificam como complementares porque representam uma derivação importante na dilatação das virtudes básicas, notadamente daquelas do zelo e da honestidade.

Cuidaremos de algumas, genéricas, importantíssimas aos ramos profissionais liberais. Não abrangeremos a todas, pois demandariam uma prolixidade que não se enquadra dentro dos objetivos da presente obra. Todavia, as tratadas neste capítulo, por si só, conseguirão oferecer uma noção válida sobre a importância que representam.

O valor ético das virtudes para com clientes, colegas, instituições e objetivos da classe, em suma, para com o ambiente no qual o profissional exerce a sua missão, é tão importante que mereceu de nossa parte a dedicação particular, no presente capítulo.

Orientação e assistência ao cliente – generalidades

Ao tratar das virtudes básicas, afirmamos que *uma tarefa não se limita à sua simples execução, nem só ao momento e forma como é solicitada e iniciada*. A responsabilidade sobre o trabalho perdura, ainda que concluído.

Como nem sempre o cliente tem alcance para entender tudo o que lhe é oferecido pelo profissional e em que limites poderá utilizar-se do que recebeu ou pretende receber, um cuidado permanente é exigível para a proteção ao utente.

A orientação ao cliente compreende, pois, dar a ele a plenitude da utilidade sobre o serviço que lhe é prestado, em todos os tempos: na preliminar, durante e após a prestação do trabalho.

Assim, por exemplo, a um contador não basta oferecer a seu cliente a informação sobre o movimento de sua empresa. É necessário explicar o que os dados significam e como interpretá-los. O dever não cessa com a entrega de um balanço e seus anexos, mas amplia-se até a evidência dos riscos que corre a empresa com as ineficácias de medidas que foram ou ainda deverão ser tomadas.

O trabalho de orientação inicia-se com as preliminares do que é necessário ao bom desempenho da tarefa e deve prolongar-se até que toda a utilidade seja oferecida, até o ponto em que não mais seja preciso a opinião e o cuidado do profissional.

Pode a orientação ser requerida ou espontaneamente fornecida pelo profissional, diante de evidências, mas, seja qual for o caso, precisa ser inequívoca, abrangente e eficaz.

Um médico, ao prescrever um regime, deve dar a seu cliente todos os recursos para que o execute, explicando as razões, por exemplo, no caso de ter o paciente dose elevada de colesterol, porque não pode utilizar-se de carnes vermelhas e de açúcares. Isto requer exames preliminares, observação acurada, cuidadoso estudo da saúde do paciente e de sua conduta psíquica, para que possa com segurança prescrever o regime e orientar sobre a execução do mesmo, mas não exclui o acompanhamento.

O cliente orientado sobre o que fazer compreende a gravidade de males que podem advir e que benefícios pode ter, melhor se condicionando ao tratamento dedicado, como se sente protegido pelo acompanhamento médico.

O profissional tem o dever ético de guiar seu cliente e de conduzi-lo ao limite máximo de aproveitamento da tarefa, com segurança, serenidade e teor humano, durante todo o tempo que necessário for à eficácia da prestação de serviços.

Tal dever exige a formação de um estado de consciência do utente sobre tudo o que se relaciona ao uso adequado do serviço que do profissional requerer.

Orientar é oferecer um guia detalhado sobre o uso competente de um trabalho, suprindo o utente de todos os meios possíveis para um máximo aproveitamento do mesmo, dentro de condições de satisfação plena do cliente e máxima qualidade da tarefa.

Assistir é continuar a orientar, defendendo a eficácia perene do serviço.

A assistência ao cliente compreende a responsabilidade sem limites pela qualidade do trabalho, mediante presença efetiva de orientações e disponibilidade plena destas, até que toda a necessidade do utente esteja esgotada.

O utente pode ter dúvidas, assim como nem sempre pode recordar-se de tudo o que lhe foi explicado. Isto exige do profissional um acompanhamento, em relação às orientações oferecidas e ao serviço prestado. A um advogado, por exemplo, não basta esclarecer o cliente sobre a modificação de uma lei; é necessário continuar a observar, se o utente de seu trabalho seguiu o caminho certo sobre o que lhe foi informado e se o fez de forma satisfatória.

A orientação, conceitualmente muito ligada, praticamente, à assistência, todavia, com esta não se confunde.

Orientação é emissão de opinião no sentido de guiar para o certo e assistência é acompanhamento ou permanência do estado de orientação.

Uma das grandes funções, por exemplo, na área contábil, da auditoria interna, é a de assistir à empresa no sentido da segurança de seus controles internos, mas deixa de ter sua grande valia se não acompanhar o que se executa, em relação ao patrimônio, em caráter permanente.

Para tanto, são feitos testes, fluxogramas, entrevistas, análises, em suma, uma série de tarefas, com a preocupação de oferecer uma assistência rigorosa na redução dos riscos. Não basta levantar uma rotina ou fluxo de trabalho; é necessário testar como realmente funciona. Da mesma forma, a um médico, não basta realizar uma operação cirúrgica, é necessário que ele acompanhe seu paciente até seu completo restabelecimento.

O mesmo ocorre em relação a um advogado e ao cuidado que deve ter com um processo, atendendo a todos os prazos e oferecendo ao cliente permanente informação e determinando quais as cautelas que devem ser tomadas.

Seja que profissão for, tem ela a exigência da prática dessas virtudes da orientação e assistência competentes, eficazes, honestas, humanas, serenas, tudo dentro de um sentido de rigorosa oportunidade.

Oportunidade, porque *não basta orientar, nem assistir, apenas, é necessário que isto se faça no tempo adequado, na hora certa, de forma segura, tempestiva, ampla e eficaz.*

Um profissional que venha a advertir seu cliente para que faça ou deixe de fazer algo imprescindível, mas quando o prazo já se esgotou, por omissão de um aviso tempestivo, comete infração ética, por deficiência e má orientação e assistência. É omisso e relapso aquele que, podendo e sabendo ser necessário tomar-se tal ou qual providência, deixa de avisar tempestiva e competentemente a seu cliente sobre o que fazer e como agir.

A omissão é algo imperdoável, conforme a gravidade da questão, mas sempre condenável, tenha que limites possa ter um trabalho.[1]

Gravíssimos são os erros que na prática ocorrem, por falta de uma assistência tempestiva. Esta a razão pela qual também se faz necessária a presença do profissional, em certas circunstâncias, com maior habitualidade, mais em determinadas épocas que em outras.

Um médico deve intensificar sua visita ao cliente na primeira semana da operação, como um contabilista precisa estar mais próximo de seu cliente nas épocas dos balanços e das declarações e visitas fiscais.

A frequência das orientações e das assistências deve ser proporcional à necessidade de cada momento e estes são variáveis, de acordo com as circunstâncias e as características de cada trabalho.

O tempo e a qualidade da assistência dependem da natureza e da responsabilidade que envolve cada etapa de uma tarefa. Um profissional que tenha diversos clientes deve distribuir seu tempo, proporcionalmente à necessidade de cada um, em cada época.

Se muitos ou todos os utentes tiverem as mesmas necessidades, ao mesmo tempo, deve ele dimensionar a quantidade de tarefas que pode aceitar, para que nenhum fique sem assistência. Assim, por exemplo, um escritório de Contabilidade com muitos clientes, nas épocas de balanços e declarações fiscais, todos, ao mesmo tempo, tendem a necessitar de maior assistência. Nesse caso, consideradas as dimensões das empresas, suas peculiaridades, deve ele distribuir sua atenção de modo que ela não falte a nenhuma, de forma suficiente. Pode distribuir tarefas com profissionais competentes que o ajudem a empregar profissionais de qualidade, mas não pode deixar de supervisionar e tomar conhecimento de tudo o que se passa, com todos seus clientes. Tal cognição envolve a plenitude de toda a necessidade do utente.

Um profissional consegue delegar funções, mas, jamais, conseguirá delegar sua pessoal responsabilidade, ou seja, será sempre o responsável por tudo o que ocorrer, pois é a ele quem o cliente recorre.

---

[1] Escreveu Platão, referindo-se a palavras de Sócrates, que os deuses aos homens tudo perdoam – menos a omissão.

É preciso, também, conhecer o utente, ou seja, saber sobre sua possibilidade em absorver orientações; a qualidade da assistência depende da qualidade do cliente (como veremos adiante no próximo parágrafo).

Os níveis de cultura, de formação de caráter, de inteligência, são variáveis de pessoa para pessoa. Esta a razão pela qual determinados serviços não comportam orientações nem assistências padronizadas. Ou seja – *tanto a orientação quanto a assistência têm que ser compatíveis com a capacidade do utente em recebê-las.*

Os níveis de compreensão, de percepção, variam de acordo com as estruturas mentais e espirituais das pessoas e isto exige do profissional um posicionamento ético próprio, ou seja, precisa adaptar seus trabalhos não só aos objetivos dele, mas também aos aspectos subjetivos do utente.

É possível entregar um prospecto padrão de regime alimentar a diversos clientes e até à maioria, mas nem sempre isto é eficaz se a cultura do paciente for tão baixa que não consiga distinguir os comportamentos.

Uma tabela, impressa, sobre alimentos permitidos, tolerados e proibidos facilita ao profissional, mas pode dificultar ao paciente se o grau de entendimento deste é deveras muito pequeno. Ainda que tais utentes sejam raridades, isto não justifica a exclusão do conhecimento do médico a respeito dessa sua dificuldade, nem ampla explicação sobre os padrões alimentícios que oferece. O mesmo ocorre em relação a orientações técnicas contábeis e que são ministradas a empresários para ser seguidas.

Cada administrador precisa ser conhecido pelo seu contabilista, de modo que este possa medir a natureza da explicação que àquele dará, de modo a mensurar quantas vezes precisará repeti-la, como cobrar a execução das orientações e que probabilidades de riscos podem ocorrer.

Existem vários tipos de clientes, comportando diferentemente, em face das orientações e da assistência. É conveniente na análise da matéria, observar como cada tipo humano se comporta e que conduta deve ser adotada para que se evitem as lesões à Ética e à qualidade do trabalho.

Ética na orientação e assistência: tipos humanos de clientes – erros do profissional perante utentes

O profissional, na prática, enfrenta problemas humanos relevantes, no que tange à orientação e assistência, em razão dos diversos tipos humanos de utentes, como já foi ressaltado. Cada caso merece um tratamento e a conduta é variável, sempre com o objetivo de evitar o problema ético profissional nessa tão delicada missão do exercício das tarefas.

Diante de um cliente rebelde, de má formação moral, pode o profissional complicar-se, sendo, às vezes, a este imputada uma culpa que não tem e que se derivaria da acusação, do próprio utente.[2]

Erros técnicos graves, defluentes da rebeldia do utente em não seguir o orientado, podem dar margem a processos de ética, que nos Conselhos Profissionais, quer na Justiça. Ao sentir que o cliente não segue as orientações e que as consequências podem atingi-lo, o profissional deve tomar providências no sentido de acautelar-se contra acusações infundadas. Não são raros os casos em que utente e profissional se desentendem.

Outro tipo humano de cliente que também preocupa é aquele que contrata os serviços de orientação e assistência e não realiza perguntas, ou seja, apenas contrata os serviços e aguarda, passivamente, a ação do profissional.

Mesmo sendo as orientações necessárias, ele mantém-se omisso e por razões psíquicas de comodismo ou acanhamento e certas vezes até por negligência, acaba por ir realizando atitudes e tomando decisões, sem ouvir o profissional. Nesse caso e conforme a circunstância, é preciso estimular o cliente à pergunta e redobrar a fiscalização sobre seus atos.

Diferentemente do caso anterior, em que o cliente tem a informação, mas obstina-se em não segui-la (cliente rebelde), neste, o cliente não tem a informação, porque não a busca e o profissional pode desconhecer qual sua necessidade.

A conduta do prestador de serviços deve ser pertinaz, no sentido de acompanhar tudo o que ocorre, especialmente com clientes de tal natureza. Ter o cuidado de perguntar ao cliente sobre como está procedendo e verificar se ele disse a verdade é um cuidado que compete ao profissional, para o resguardo do utente e de seu próprio nome. Tudo isto se aplica, também, ao cliente desinteressado e omisso e que, por inacreditável que pareça, também existe.

Mesmo procurando um contador, um médico, um advogado etc. para de tais profissionais receber orientações, existem clientes que se colocam em regime de desinteresse ou passividade, perante a eficácia do trabalho. Alguns utentes imaginam que, entregue a tarefa, nada mais é preciso fazer para o sucesso dela, ou seja, tudo fica nas

---

[2] Conhecemos casos práticos, encaminhados ao Tribunal de Ética Profissional, do Conselho Regional de Contabilidade, de Minas Gerais, com acusações de clientes a profissionais, imputando a contabilistas erros técnicos de orientação, quando, na realidade, tais transgressões éticas não ocorreram.

mãos do profissional, sem que seja necessário oferecer quaisquer subsídios maiores ou adicionais.[3]

O caso oposto também ocorre, ou seja, o cliente que pergunta excessivamente, quer por insegurança, quer por outros motivos. Tal tipo humano pode parecer importuno, mas ao profissional não cabe cercear-lhe o direito de perguntar, tendo paciência, ou utilizando de critérios disciplinares como o de estabelecer horários e tempo de consulta, conforme o caso, e quando ocorrer tumulto ou prejuízo para a tarefa (o que pode ser feito com máxima habilidade, sempre respeitando o feitio psíquico do utente).

Por mais simples e até inútil que possa parecer uma pergunta, eticamente, o prestador de serviços deve responder a ela com atenção e com a eficácia contumaz, ainda quando repetitiva.

Quando o utente toma mais tempo que aquele compatível com a remuneração que dá pelos serviços, outro dois caminhos podem ser seguidos: (1) aumentar o valor dos honorários ou (2) alegar a impossibilidade de continuar a prestar o serviço,[4] mas jamais, de forma alguma, deixar de atender às necessidades do cliente.

Nada justifica a omissão de assistência e orientação, por mais incômodo que possa parecer um relacionamento entre as partes, em um regime de prestação de serviços.

Em semelhante situação, também, encontra-se o utente prolixo e que toma demasiadamente o tempo do profissional para explicar suas dúvidas ou para tornar factível uma orientação recebida. Existem seres humanos que desconhecem a utilidade do tempo e para expor coisas simples só conhecem o caminho de uma longa e cansativa exposição.

Como o custo de manutenção de escritórios, consultórios, balcões de atendimentos, deslocamentos, seja o que for, são hoje altos, o preço de hora-trabalho é também cada vez mais elevado; nessas circunstâncias, a falta de objetividade do utente acaba, muitas vezes, por se transformar em altos custos para o profissional.

Habilidosamente, o assunto pode contornar-se com: (1) o uso da franqueza ao cliente, sobre a limitação do tempo, (2) a transferência do atendimento de pergunta

---

[3] Nem sempre o profissional pode ser eficaz sem a cooperação do cliente, no sentido de suprimento de informes, tão como no do cumprimento integral de suas orientações.
[4] Determinados serviços não podem, todavia, ser revertidos ou interrompidos e nesse caso deixa de ser válida a sugestão aqui evocada. Entre tais serviços incluem-se aqueles cuja interrupção prejudica a tarefa, o cliente e o próprio nome do profissional.

a um funcionário assistente, incumbido de gravar ou anotar as dúvidas do cliente,[5] ou, ainda, (3) o desestímulo à prolixidade, com respostas objetivas e insinuando-se o término da conversa, ou, finalmente, (4) com o rompimento do contrato de trabalho.

De forma alguma, deve-se deixar de atender o cliente, mesmo que ele seja prolixo.

A falta de objetividade é um defeito de estrutura da mente que não compete, senão a um especialista, corrigir; jamais um advogado, contador, médico, engenheiro, seja que profissional for, deve deixar de dar a assistência e de orientar o utente, porque este não é objetivo. Deve, sim, contornar os problemas e realizar com eficácia o atendimento.

Um tipo humano, também delicado, é o cliente que de tudo reclama e que se manifesta sempre irritadiço. Aparentemente, nenhuma solução lhe é interessante, logo de início, ainda que saiba que é a melhor e que termine por adotá-la. É de sua índole reagir ou reclamar diante de todo tipo de sugestão, embora a procure.

A experiência mostra que nos casos de reclamações injustas, de forma delicada, também o profissional deve apresentar suas reclamações, ainda que tenha que habilidosamente criá-las; trata-se do princípio de "o semelhante com o semelhante se cura".

Nos casos de reclamações justas, adotando-se critério cuidadoso, o profissional não deve dar toda a ênfase ao percebido, para não estimular e dilatar o espírito de reclamação de seu cliente, mas, com habilidade, precisa atender o que foi objetado. Tal critério produz bons resultados, pois as relações, em ambientes de tal natureza, tendem a não ser boas e até ásperas.

Ninguém gosta, por princípio, de ser molestado com reclamações injustas, mas, na vida profissional, é preciso manter o exercício da *tolerância* e *perseverança*, embora com a habilidade necessária para que não se percam a personalidade e a autoridade de exercício de função e que nunca devem ser cedidas, para que seja garantida a eficácia.

Alguns dos tipos humanos que se habituam a reclamar, criticando, o fazem para conquistar uma imagem perfeccionista que eles mesmo sabem que não possuem; imaginam que a autoridade deles depende desse comportamento e que o próximo se intimida diante da crítica, levando o reclamante, então, a vantagem de uma suposta superioridade.

Um antídoto muito bom para esse caso é o de só receber ordens por escrito, evitando-se que as reclamações se operem com maior frequência em razão de infundadas alegações de que o melhor seria que se tivesse feito desta ou daquela forma.

---

[5] Tal medida nem sempre é de bom resultado, em razão de falta de fidelidade de comunicação ou de perguntas adicionais com pedidos de esclarecimento e que poderiam ter sido feitas e já não mais se tornaram tempestivas.

Com o pedido de tarefa feito expressamente e literalmente, ficam limitados o objeto e a forma do trabalho, e as reclamações diminuem, ou, pelo menos, podem ser contestadas com os próprios argumentos do utente.

Opostamente existem, também, os clientes que cooperam, têm espírito de iniciativa no sentido de ajudar o profissional em seu desempenho, dialogam honestamente e se empenham em cumprir todas as orientações, preocupados, objetiva e voluntariosamente, com o melhor serviço.

A esses compete estimular, motivando, ressaltando suas virtudes, de modo que sintam estar sendo percebidos em suas condutas. Normalmente, nada é tão importante para o ser humano do que ele mesmo.

O estímulo a um comportamento adequado deve ser uma norma e para aqueles utentes que possuem a virtude da cooperação com o profissional deve-se reforçar seu *ego* e dar a entender que se está satisfeito com a forma de ser do relacionamento e que isto está beneficiando a qualidade do trabalho.

O estímulo é a melhor forma não só de educar-se, mas de ampliarem-se as virtudes em nossos semelhantes, sendo seu uso um fator de sucesso para a harmonia nas relações de trabalho.

Dois tipos humanos parecidos, mas também existentes, são aqueles que desejam aparentar que "sabem de tudo" ou que são "demasiadamente importantes".

Essas manifestações de *vaidade*, nem sempre justificadas, são capazes, entretanto, de perturbar os relacionamentos.

Ao profissional compete não se importar com a forma de ser dessas pessoas, agindo como se tais defeitos não existissem, mas evitando a bajulação ou a forma de inflar tais falhas da mente dos utentes.

O caso dos que se julgam conhecedores de tudo e que gostam de exibir conhecimentos que às vezes não possuem sugere ouvir, pacientemente, depois respondendo ou orientando com a segurança necessária, advertindo, polidamente, que o ponto de vista oferecido é imprescindível ao bom desempenho da tarefa.

Não se deve frontalmente contrariar, contestar nem secionar as dissertações do utente, em suas exibições de conhecimentos, mas simplesmente dar a entender, com habilidade, que se não for cumprido o que técnica e cientificamente convém, como solução, haverá fracasso no desempenho das tarefas.

Em certos casos, a orientação deve vir posteriormente, por escrito, evitando-se na hora, o *confronto de ideias* e que pode gerar polêmicas estéreis e até desentendimentos.

Sob certas circunstâncias é até conveniente conduzir o relacionamento com tal habilidade que o cliente possa ser induzido, através de uma orientada conversação, a pensar que nossas ideias são as dele e que ele é o gerador da solução (nem sempre isto produz efeitos desejados e favoráveis, mas, muitas vezes, é aconselhável).

Encaminhar uma conversa para concluir afirmando o que se quer, mas dizendo que é exatamente o que o utente sugeriu, é uma habilidade especial do profissional, nos casos de lidar com presunçosos e supostos *entes superiores*.[6]

A consciência do saber do prestador de serviços não deve desgastar-se em estéreis confrontos nem em subserviência, mas unicamente em observar o cumprimento de um dever de atendimento, dentro de um padrão de qualidade.

Tudo isto que descrevemos relativo à conduta do profissional e àquela do utente é uma prodigiosa extensão do zelo e da competência, virtudes básicas que já foram objeto de nossa análise do capítulo pertinente. Os problemas, todavia, não são apenas os motivados pela conduta do cliente perante o profissional no campo da orientação.

Existem as gravíssimas lesões à ética, praticada pelos profissionais que orientam mal, criando, por exemplo, pânico ao cliente, emitindo diagnósticos alarmantes, antes de concluírem seus estudos profundos sobre a questão.

Presenciei, em minha vida, várias opiniões de médicos sobre doenças graves, alegando que "pode ser câncer", "pode ser aids" etc. antes que tivessem certeza sobre o que afirmavam; após os exames, nenhuma das supostas doenças se confirmou, mas essa posição irresponsável, medíocre e desumana do profissional muita aflição causou aos pacientes.

O mesmo pode ocorrer com um advogado, por hipótese, que afirma a seu cliente que o caso é perdido, antes de ter convicção sobre as possibilidades de defesa. Também o contador que afirma ao cliente que seu estado é falimentar, sem estudar as razões da falta de liquidez e as possibilidades de revertê-las, comete infração ética.

A posição do profissional, na orientação, deve ser sincera, mas não pode ser alarmista, e **a opinião sobre o mais grave só deve ocorrer depois que se tenha absoluta certeza,** *ou seja, quando todos os recursos são usados para a formação de um parecer correto.*

Opinar antes de estar-se convicto é irresponsabilidade, é conduta que lesa à ética profissional.

---

[6] No caso, o importante é o objetivo a ser alcançado; tal prática jamais, todavia, deve conduzir a uma despersonalização do profissional, requerendo, portanto, muita habilidade.

Função básica do prestador de serviços, em certas áreas, como as da saúde, empresariais, educacionais, é buscar a tranquilidade e a segurança para o utente, jamais valendo-se de posições de intranquilidade do cliente para criar um clima de excesso de valorização de sua atuação.

Existem os que, para ressaltarem o valor do que fazem e tirarem maior proveito de remuneração, traçam o pior de todos os quadros a seu cliente.

Um médico, um advogado, um contador, um psicólogo, um administrador, em suma, os profissionais em quase todas as áreas, devem ter consciência absoluta de que o cliente, ao procurar seus serviços, busca o bem-estar, uma proteção própria.

Desejam os utentes, nos casos referidos, reconquistar a tranquilidade perdida ou assegurar que não a perderão (essa a maioria dos casos). A opinião, quando ética, prima não só pela sinceridade, mas também pela segurança, pela serenidade.

A má expectativa criada no utente, para dar um clima de valorização do trabalho ou para extorquir o cliente, é um ato indigno, uma conduta incompetente, desonesta ou pelo menos leviana, portanto, lesiva a muitas das virtudes exigíveis de um profissional, sendo, por consequência, uma lesão à ética.

A precipitação da opinião é um ato condenável e, quando pessimista, tem a agravante de ser desleal, podendo causar lesões sérias ao utente, quer materiais, quer psíquicas.

Se o profissional, antes de estar seguro de que foram esgotados todos os meios para uma opinião eficaz, já cria um clima de pessimismo e de derrotismo, não só comete um ato desonesto, como também colabora para criar uma atmosfera energética negativa.

Está hoje, cientificamente comprovado, o poder das ondas mentais,[7] sendo prejuízo, para o próprio profissional, a criação de um clima de pessimismo, pois a atmosfera negativa milita contra a solução eficaz.

Em minha longa carreira profissional, já de meio século, sempre tive por princípio oferecer segurança e paz de espírito ao cliente, ainda que diante das situações adversas e com tal atitude consegui solucionar alguns casos aparentemente impossíveis. Sou testemunho, pois, do quanto pode ajudar a cooperação mental entre cliente e prestador de serviços, ambos, positivamente, somando para a solução eficaz.

As orientações, as assistências, devem-se produzir em clima de positivismo mental e nunca de opiniões precipitadas e negativas quanto às probabilidades de sucesso.

---

[7] Em experiências exibidas publicamente pelas televisões, comprovou-se que sob certas condições as ondas mentais podem acionar até computadores. É matéria pacífica, em nossos dias, na ciência, o poder das forças mentais.

É óbvio que nem todos os casos podem ser solucionados apenas por adotar essa via sem agir e colocar em evolução recursos competentes de todos os gêneros, mas é inequívoco que esse caminho facilita a obtenção do sucesso.

Nada justifica opinar sem segurança, nem é honesta tal posição, especialmente, quando o clima que se estabelece já é o negativo.

É inequívoca prova de incompetência e de falta de ética o antecipar-se a opinião do fracasso, antes de empregarem-se todas as tentativas para o sucesso.

Ética do coleguismo

Virtude essencial na vida dos seres é atribuir a seus semelhantes o mesmo amor que a si se atribui. Há, todavia, no campo do trabalho, uma identificação maior ainda que aquela existente entre os demais seres.

Os que elegem uma mesma função na sociedade, um mesmo meio de vida, solidarizam-se, por natureza, no desempenho da aplicação de um mesmo conhecimento.

O colega de profissão, pois, é aquela pessoa conosco identificada pela prática de um mesmo conhecimento, sujeita aos mesmos problemas e às mesmas alegrias, decorrentes do êxito, da eficácia no mesmo desempenho.

É lícito falar de uma fraternidade profissional, tendo-se por progenitores a ciência e o trabalho.

Eticamente faz-se necessário exercer a virtude do coleguismo e que se fundamenta na fraternidade profissional, com absoluta solidariedade, desde, também, que esta se exerça dentro dos preceitos da moral e do direito.

Isto exige que nos interessemos pelos problemas dos colegas como se nossos fossem e que tenhamos, para com eles, atitudes de lealdade, sinceridade, honestidade, cooperação, compreensão, tolerância, cordialidade, em suma, tudo que o amor fraterno verdadeiro pode produzir dentro de práticas virtuosas.

Se observarmos desta forma, evitaremos ver, em nosso colega, um adversário, um concorrente, como é possível algumas vezes observar, infelizmente, quando ocorre desrespeito à Ética.

Se observarmos que tira maior proveito aquele que pensa em construir sua vida do que aquele que se dedica a destruir a dos outros, entenderemos que a compreensão para com aqueles que praticam o mesmo trabalho deve excluir em nós a preocupação de perdermos tempo com ações negativas contra colegas.

Como o tempo de que dispomos é um só, *tudo o que contra alguém fizermos será sempre subtração do que a nosso favor poderíamos fazer.*

A prática virtuosa do coleguismo guia-se, pois, pela dedicação aos companheiros de profissão, fundamentada no respeito, na identidade de propósitos. Sabemos, todavia, que mesmo nas comunidades pequenas existem os que discrepam de um conjunto e os exemplos disto são exuberantes.[8]

Não se deve, entretanto, pela minoria viciosa, padronizar uma conduta de restrições com relação à maioria e que não pode sofrer em razão do mau comportamento de uns poucos. Posso afirmar, tomando por base a minha intensa e tradicional participação profissional, que a maioria de meus colegas sempre me inspirou um sentimento de cordialidade e que só uma inexpressiva minoria trouxe-me dissabores e desapontamentos, em matéria de relacionamento.

O que a cada um sucede, todavia, é sempre decorrência de sua própria conduta, de seus próprios pensamentos.

É natural receber em retribuição, aquilo que doamos;[9] o que pratica o bem tende a recebê-lo como remuneração e o que pratica o mal, igualmente, este tende a receber como retorno de suas ações.

Pode ocorrer que nem sempre se receba, imediatamente, na mesma intensidade, na mesma época, todo o bem ou mal que se pratica, mas, como tudo o que é natural e que depende de um ciclo, oportunamente receber-se-á, sempre, de volta, aquilo que se deu.

Nessa questão, da relação bem/mal, o efeito tende a ser da natureza da causa. O insucesso, pois, não se deve atribuir, senão, aos atos do próprio ser.

Se nossa atitude é ética, a tendência é de que terceiros também adotem para conosco o mesmo procedimento, embora não se possam evitar algumas adversidades.

Parece-me inalcançável a maioria absoluta de convivência ética ideal quanto a colegas, mas também posso afirmar, com segurança, estar a maioria deles sempre predisposta a um cordial e eficaz tratamento.

---

[8] Caio Júlio César encontrou personalidades distintas no grupo que o cercava e teve até a traição de seu considerado filho dileto; em um pequeno grupo de senadores, foi vítima de invejas e interesses maliciosos; Cristo encontrou, em seu reduzido grupo, personalidades diferentes e até um traidor e delator; o mesmo ocorreu a Tiradentes, na conspiração de Vila Rica; a história está repleta de homens ilustres vitimados pela imperfeição de seus colegas e companheiros de ideais e trabalhos.
[9] Sábia é a máxima de Francisco de Assis, "é dando que se recebe". Esse santo homem, italiano, viveu no período 1182-1226 de nossa era.

A tendência é a de inspirar em nossos colegas, como recíproca, o tratamento que aos mesmos atribuímos. Isso quer dizer que, se, voluntariamente, somos afáveis, honestos e leais, tais sentimentos são os que tendemos a receber em troca, embora, repito, não se possa, de todo, excluir os que se oponham a nós e nos causem problemas.

As lesões à Ética, como vícios praticados contra colegas, são os que usualmente ocorrem em relação também a outras pessoas, como as da inveja, difamação, calúnia, traição, deslealdade, desonestidade etc., mas agravados pelo objetivo de atingir a um companheiro de trabalho, ou seja, a um irmão de profissão.

Existem seres que desejam projeção própria, através de ofuscar aqueles que possuem fama consagrada,[10] como também os que para obter sucesso procuram ocupar o espaço sonegado a um colega, impedindo que ele progrida.

Alguns chegam a conseguir relativo e transitório êxito por esses caminhos tortuosos, mas não foram poucos os que vi, ao longo de minha carreira, desaparecerem e se ofuscarem, em razão de terem erguido suas edificações sobre a areia movediça.

O legítimo sucesso não se turva apenas com ilegítimas acusações, nem com traições levianas e muito menos com críticas destrutivas. O procedimento ético deve estar presente em todas as relações, sejam elas diretas, pessoais, seja diante de um trabalho que represente um colega. Assim, se um profissional assume o serviço que era de outro, é seu dever evitar comentários depreciativos ao antecessor.

Para demonstrarmos o valor próprio, não necessitamos reduzir o de terceiros.

Ninguém é competente, em sentido absoluto, para condenar, *a priori e diretamente*, atos ou trabalhos de terceiros e mesmo quando municiado de todos os elementos que conduzem a um apoio à crítica, deve-se evitar tal atitude quando se relacionar com a execução de tarefas de um colega.

Podemos e até é construtivo ter ideias divergentes de nossos semelhantes, mas não possuímos o direito de defendê-las à custa de dilapidar o nome de terceiros.

O respeito exige que nos conservemos sóbrios e ponderados, parcimoniosos nos comentários e até omissos quanto ao que possa atingir o nome profissional de um colega que deixou um serviço e ao qual sucedemos. Se alguém macula a honra de um semelhante, teve o poder de fazê-lo, mas não terá o de isentar-se do retorno do mal praticado.

---

[10] Imaginam, os detratores, que ao se utilizarem de um nome famoso e contra o mesmo se posicionarem, adquirem notoriedade com isto, ou, então, esperam uma resposta do atingido e que lhes daria a importância que desejam adquirir e que de fato ainda não possuem.

Eticamente, tudo o que se investe contra um colega e que possa prejudicar seu conceito, seu trabalho, é susceptível de apreciação pelos tribunais competentes dos Conselhos Profissionais e, conforme o caso, até pela Justiça comum.

Em defesa de seu nome, um profissional pode apelar para as ações judiciais de "direito de imagem", como nessa obra já foi referido, mas esse é um caminho extremo, depois de esgotadas todas as possibilidades de uma reparação amistosa ou pelas vias dos órgãos de fiscalização do exercício profissional.

É tão importante não praticar atos contra colegas como defender-se dos que contra nós são praticados, pois a complacência para com o mal gera sempre outros males, além de estimular a ação viciosa.

Não se trata da apologia de uma lei do "olho por olho, dente por dente", mas da aplicação de uma filosofia que *defende a remuneração do bem pela aplicação da justiça contra o mal*.[11]

A impunidade contra o vício gera o estímulo da ação viciosa.

É óbvio que cada caso merece sua consideração e que devemos sempre procurar, repito, pelo diálogo, a solução doméstica, antes que tomemos medidas mais fortes, mas *a omissão diante do mal é tão prejudicial quanto o vício.*

A atitude para com um colega não se deve assemelhar, pois, à que teríamos com qualquer outra pessoa, merecendo um destaque especial, como se membro de nossa família fosse.

O bem que desejamos a um companheiro de profissão, todavia, não implica a conivência viciosa nem a omissão perante os atos que por ele praticados possam ferir a Ética.

Esta a razão pela qual falamos de uma legítima fraternidade, ou seja, a que requer um tratamento especial, além daquele que usualmente aplicamos a outros seres, pouco conhecidos ou desconhecidos.

É importante, ainda, observar, no que tange a orientação e assistência aos colegas, sobre o nosso dever de ajudá-los, notadamente, os que sem experiência buscam, em nós, um ponto de apoio para progredir no campo do conhecimento.

---

[11] Tal forma de pensar coincide com as das filosofias orientais do budismo e confucionismo, assim como de clássicos gregos e filósofos modernos.

Virtude exigível quanto às oportunidades que devemos oferecer aos colegas é a de ensinar-lhes na consecução de tarefas, com lealdade, respondendo às consultas que nos são dirigidas, encaminhando-os na direção do sucesso em suas carreiras, sugerindo-lhes modelos de virtude.

Tão importante como suprir de conhecimentos os companheiros de profissão é ensejar-lhes o progresso, através de nossas referências positivas tão como da indicação do nome deles, quando oportuno, para ocuparem cargos e funções melhores que as que ocupam, nos quais possam desenvolver suas capacidades e ascender na vida. Não basta, pois, evitar as referências prejudiciais; é necessário promover aquelas favoráveis.

Não é só com ações passivas em relação aos colegas que conseguiremos defendê-los; é necessário que positiva e ativamente, interessemo-nos pelo progresso deles.

Também, diante de circunstâncias especiais, é preciso apoiar um companheiro de profissão que abandonou um trabalho por entender que era lesivo a terceiros ou que pela sua prática estava-se utilizando do conhecimento para a prática do mal.

É sempre conveniente conhecer por que um trabalho foi abandonado e o profissional substituído. Se as circunstâncias prevalecem, ou seja, se o que o utente deseja é encontrar alguém que com ele esteja conivente na prática de vício ou delito, é ato de coleguismo sadio o não aceitar a tarefa abandonada.

A aceitação só poderá ocorrer se alterado o rumo das coisas, em relação à situação que motivou o afastamento do colega. Não se trata apenas de solidariedade, no caso, mas especialmente de respeito a uma atitude ética que foi praticada e que merece prestígio.

O referido ato de respeito implica não aceitar o abandonado como também não apropriar-se do produzido; por isto, outra lesão à ética refere-se à apropriação de ideias ou trabalhos de colegas e à apresentação dos mesmos como se fossem próprios. Tal prática é indigna, desonesta e fere, por esta razão, os preceitos da ética.

Apropriar-se de trabalhos e ideias alheias, para atribuir a elas a autoria própria, é um ato ilícito como qualquer furto ou roubo comum, portanto, por delituoso, condenável.

Diante da necessidade do uso de uma produção intelectual de colega, seja relatório, método de apuração de dados, cálculo, artigo, livro, seja de que natureza for a tarefa, o profissional deve sempre solicitar autorização[12] ao autor para o uso.

---

[12] Em caso de livros, artigos e matéria publicada, geralmente basta a citação da fonte, a menos que expressamente esteja proibida pelo autor a reprodução de qualquer texto, caso, então, que se faz necessário o pedido de autorização.

Também, nunca se devem utilizar dados e tarefas sem que se faça a citação da fonte ou nome do autor, pois esta é a posição digna e ética.

Ética classista

Objetivamente, perante sua comunidade, o profissional tem deveres diversos, mas basicamente o de sustentar a estrutura de organização da comunidade à qual se vincula, protegendo o conceito desta e o mantendo sempre elevado e protegido.

Isto exige uma posição de espírito e atividade classista e que devem refletir-se em algo participativo, e não apenas comodamente passivo.

Entre as mais destacadas formas de atuação, encontra-se aquela que resulta das contribuições morais, intelectuais e sociais, oferecidas à coletividade profissional.

Prática virtuosa é, por excelência, contribuir para o progresso e difusão honrosa do conhecimento e para o reconhecimento do mesmo como de alta dignidade.[13]

Nisto se incluem as atuações do profissional em funções de pesquisa, literatura, magistério, funções elevadas no setor público e privado etc.

A manutenção de um padrão superior nos escritos, de seriedade, de altivez racional, faz situar um conhecimento e os que o praticam em posição elevada. Opostamente, artigos e livros em estilos panfletários vulgarizam o conhecimento e reduzem sua qualidade.

A responsabilidade ética exige que o cuidado para com apresentação de trabalhos de uma categoria profissional se faça com alta dignidade, condizente com os melhores níveis, notadamente quando se refere a matéria de natureza universitária.

O mesmo se passa com relação a palestras, conferências, onde o linguajar, ainda que simples, deve ser digno e colocado em nível respeitável. É comum ver autores, professores, conferencistas, confundirem simplicidade com vulgaridade.

A austeridade é necessária ao respeito, como a simplicidade o é para o entendimento, mas ambas não se conflitam quando a intenção é tratar com seriedade um assunto.

Uma classe, notadamente a de profissionais que se diplomam para serem habilitados e o fizeram nas universidades, deve manter toda a altivez que se exige para representar um nível superior no campo do conhecimento humano.

---

[13] Não entendo como contribuição à classe artigos e livros que visem reduzir o valor intelectual do conhecimento profissional da área, nem aqueles que, produzindo críticas, não apresentem soluções para os males. A crítica unilateral, sem a contribuição de soluções, é destrutiva e por isto mesmo nociva, considerável, portanto, como lesão à ética.

Altivez não se mescla com pedantismo, como austeridade não representa intransigência nem distância dos colegas e muito menos ostentação de superioridade, quando o objetivo é manter linhas de dignidade e respeitabilidade, ambas imprescindíveis à imagem de uma categoria profissional.

Cada profissional deve, pois, prestar seu concurso ativo para que se preserve uma atmosfera de respeitabilidade de sua comunidade perante o todo social.

De relevante expressão é, também, a preservação e eficácia das entidades representativas das categorias profissionais. Isto implica exigir como condutas, a serem desempenhadas, a da cooperação ativa, respeito, zelo pela imagem e fortalecimento da união geral dos colegas e das instituições representativas, disciplina, contribuições intelectual e material, assim como sincera participação em todas as causas que venham a proteger, reivindicar e ampliar os direitos e posições da comunidade.

Obviamente, isto não significa que cada profissional deva abdicar totalmente de seu interesse pessoal e dedicar todo seu tempo às entidades ou a causas classistas; todos necessitam de meios para viver e progredir na profissão e isto demanda o cuidado para com os interesses individuais para que estes, fortalecidos, possam, inclusive, reforçar os coletivos.

Ninguém se habilita para qualquer luta, enfraquecendo-se – seria paradoxal admitir tal raciocínio como sadio. A contribuição às entidades, às causas, deve-se processar dentro dos limites da reciprocidade, ou seja, aqueles que determinam o fortalecimento do total, sem o enfraquecimento da unidade.

As filosofias populista, marxista, de há muito se têm manifestado débeis, em razão dessa superimagem de um abstrato coletivo, sem dar ao individual a força necessária nem a autonomia digna para que seja legítimo o esforço pelo geral.

Igual defeito tem-se percebido na prática das democracias capitalistas, nas quais, sob o pretexto de participação e defesa do coletivo, não se tem feito, senão, concentrar a renda e aumentar as desigualdades de oportunidades e de bem-estar das pessoas. A mim me parece ilógico que se possa defender a ideia de um total vigoroso, sem que todas as parcelas também o sejam.

O que se tem notado, repito, resulta do entendimento distorcido e demagógico sobre o que é deveras o coletivo, produzindo privilégios dos grupos dominantes, cada vez mais fortes, contra as restrições, cada vez também mais fortes, à felicidade da maioria.

Nas classes, também, tem-se verificado, muitas vezes, o domínio de entidades por grupos de poder e a manobra destas em favor do interesse particular das pessoas dominantes. Tais posições, por paradoxal que pareça, são às vezes assumidas por aqueles que tendo por incumbência fiscalizar e executar as normas éticas não fazem, senão, transgredi-las.

É digno que muitos profissionais ascendam na carreira e tenham seus nomes difundidos e respeitados, mas é indigno que o façam através do abuso do poder nos cargos de entidades classistas, nos quais se perpetuam.

As entidades devem ensejar a valorização dos profissionais, mas como fator natural e com oportunidades iguais para todos. O empenho pelo coletivo é tão importante quanto o é aquele do coletivo pelo individual. Só em uma interação de interesses repousa a harmonia, como ocorre nas leis da natureza em relação a todos os sistemas, desde o micro até o macrocosmos.

Cada um deve, ao todo, sua parcela de apoio e até de sacrifícios, mas tudo isto exige a moderação.

É preciso aceitar as responsabilidades de participação nos órgãos de classe, mas, sem imaginar, repito, favorecimentos pessoais e de pessoas ligadas, nem perpetuidades e o uso de tais fatores em benefício de interesses particulares (o que tem sido, muitas vezes, comum).

Na disputa pelo poder, em tais cargos ocorre, algumas vezes, também, uma luta que se transforma em algo pessoal. O desejo de mudanças pode acirrar ânimos e aí pode ocorrer que ao denegrir dirigentes, para realizar campanhas eleitorais de disputas a cargos classistas, termine-se por atingir o conceito de toda uma classe.

Denegrir líderes, dirigentes, de forma pública, entendo, é infração ética de reflexo coletivo, portanto, de alto grau vicioso, já que sendo nomes representativos, dificilmente deles se segmenta o conceito da própria classe.

Os jornais têm estampado pronunciamentos de candidatos a cargos em entidades de classe, buscando macular a atuação dos que se acham investidos ainda em suas funções, tudo para conseguir comover a opinião pública dos colegas.

Tais atitudes prejudicam a classe, pois a sociedade, em geral, não sabe distinguir o que ocorre nos bastidores das instituições nem o jogo de paixões que se desencadeia.

Para o homem comum está sempre havendo uma guerra que mostra a má qualidade de médicos, contabilistas, advogados, qualquer que seja a classe, envolvida por imoralidades. Tais práticas são lesivas ao bom nome de toda uma coletividade, embora representando, apenas, discordância de uns poucos ou prática de puritanismo gravoso à comunidade.

A imagem da classe deve preservar-se a todo custo, evitando-se, sob todas as formas, as referências desabonadoras. Isto vale para todo tipo de ação do profissional, quer perante clientes, quer perante o Governo, quer perante o público etc.

Um médico que escrevesse um artigo intitulado "A decadência da medicina", ou um advogado que, entrevistado, alegasse sobre a "Corrupção no Judiciário", ou um contador que escrevesse sobre o "Declínio da auditoria contábil", sem detalhar os objetivos e sem mostrar que sua crítica se referia a aspectos isolados e que estão sendo motivos de corretivos, correria o risco de praticar um ato lesivo à sua comunidade. Isto não exclui a crítica honesta nem a difusão de atos desonestos que envergonham uma categoria e que não são os praticados pela maioria, mas por grupos mercenários ou corruptos (ou ambos).

Quando, todavia, a matéria permite interpretação duvidosa, maliciosa, além de falsa, não há dúvida de que se comete uma infração perante a ética.

É dever de todos a vigilância da regularidade nas administrações das instituições, mas as providências contra as irregularidades devem emergir de atitudes tomadas perante órgãos competentes de fiscalizá-las.

A via publicitária, pela imprensa, por meio de circular em que os objetivos são, quase sempre, os de promoção pessoal do denunciante, tende a causar mais danos que benefícios.

Não se pode negar que alguns profissionais que chegam às direções de entidades de classe utilizam-se destas em benefício particular. Nesse caso, as providências são tomadas, repito, pelas vias previstas em lei e nos regulamentos das entidades, sendo dever do profissional fazê-lo. Isto não implica denegrir a classe, mas, ao contrário, em fiscalizar a regularidade dos desempenhos das lideranças.

Tais fiscalizações são tão amplas em suas necessidades que também devem se ampliar a todos os fatos que possam ser lesivos à comunidade, desde que inequivocamente detectados e isentos de subjetivismo ou puritanismo nocivos.

O regime de denúncias, quando consagrado, traz a inquietude generalizada e se transforma em lesões à história das comunidades.[14] Vigilância não deve ser confundida com perseguição, nem deve dar asas à inveja mesquinha.

---

[14] Basta recordar o ocorrido após a revolução francesa, o sistema implantado por alguns Doges de Veneza, a Inquisição etc., todos processos que escreveram páginas negras na vida das coletividades.

As classes que se deixam dominar pelas vaidades de grupos ou pelo espírito de contradição contumaz de reacionários sofrem consequências gravosas que por muitos anos não se consegue debelar.

Quando o regime de denúncias se consagra como hábito, desordens se instalam, nomes impolutos são arranhados, retrocessos notórios ocorrem com a perda de tempo em improdutividade decorrentes de acusações e defesas estéreis, tudo atingindo negativamente o bem comum.

Aqueles que se valem de argumentos falsos ou de pequenas e irrelevantes discrepâncias de uma administração[15] para enlamearem o nome de dirigentes de instituições de classe, são elementos nocivos às comunidades, ainda que em nome do bem destas apresente seus ataques. Pode ocorrer que em vez de servir a comunidade com suas cooperações, os detratores terminem por atingi-la.

As delações levianas são condenáveis acusações que muitas vezes não passam de evasões, por vias públicas, de vaidades ou caprichos particulares.

Assuntos domésticos das classes devem ter soluções também domésticas, se a intenção é, de fato, a de cooperação honesta, em favor da comunidade. Tudo o que vem a público tem oportunidade de receber interpretações variadas, inclusive adversas.

Quando uma classe se divide, enfraquece-se e tende a perder espaços, inclusive no mercado de trabalho. Lutas de grupos políticos, de profissionais, quando eivadas de ódios e ressentimentos inferiores, facilitam a debilidade das instituições e em decorrência, também, a defesa dos interesses das comunidades.

Líderes classistas não devem consumir seu tempo em ataques pessoais e em ambições de poder, mas em servir sua categoria. Por sua vez, a categoria deve cultuar seus líderes e garantir-lhes meios de conservarem um nome do qual toda a comunidade termina por se beneficiar.

As imagens de qualidade ética que os vultos profissionais projetam devem ser preservadas como símbolos inspiradores das novas gerações e orgulho das presentes.

Não é sem razão que os advogados cultuam Rui Barbosa, Clóvis Bevilacqua, Milton Campos, os médicos a Miguel Couto, Oswaldo Cruz, Vital Brasil, os contadores a

---

[15] Entendo, pela experiência cinquentenária de exercício profissional, no campo da administração e da contabilidade, ser muito difícil encontrar uma gestão infalível; nem mesmo a nossa casa, onde tudo ocorre em ambiente fechado, é invulnerável a erros em sua administração. Isto não justifica erros grosseiros e maiores, mas é cruel o julgar uma vultuosa movimentação de valores por erros de centavos.

Francisco D'Auria, João Lyra, Frederico Herrmann Junior etc., apenas para referirmo-nos a pouquíssimos exemplos.

Esses grandes valores do passado, todavia, não devem ser os exclusivos, pois os que no presente já se firmaram, como exemplos contemporâneos, atuais que são, merecem igual reverência e respeito. A lesão ao nome de tais símbolos é grave lesão não só à Ética, mas também aos interesses da comunidade e de seu *status social*.

A homenagem aos vultos profissionais vivos representa um duplo respeito – pela obra e pela presença, remunerando, em vida, os que se dedicaram ao engrandecimento da categoria e do conhecimento.

Ética e remuneração

A retribuição monetária do utente, ao serviço do profissional, é a remuneração deste.

Honorários precisam, para a garantia de boas relações de trabalho, ser tratados de forma clara, ostensiva, positiva, justa e prévia.

As classes costumam fixar tabelas nas quais se busca uma parametria para a retribuição do utente ao prestador de serviços. Eventualmente, tais tabelas podem deixar de servir de base absoluta a algumas contratações, pois diversos são os casos que se apresentam e que merecem tratamento especial.

Entendo que o problema, em tal questão, pode-se resolver pela compreensão de que *toda remuneração deve ter em conta utilidade, qualidade, quantidade, temporalidade, espacialidade e ambientalidade do serviço, assim como as possibilidades das partes.*

Não podemos entender que se remunere uma análise interna de situação contábil de um banco importante, da mesma forma que a de uma pequena indústria de móveis.

A complexidade, a dimensão, a responsabilidade da opinião, a urgência do trabalho são alguns dos fatores importantes que envolvem a matéria. A utilidade da análise é uma só, mas os meios para as conclusões são diferentes, exigindo esforços também diferentes.

Considerados os fatores que envolvem a caracterização da tarefa, as partes devem ajustar a remuneração, previamente, evitando desgastes posteriores.

Contratos escritos (sobre os quais já tratamos) fazem-se aconselháveis, em um razoável número de casos, notadamente naqueles de maior prazo de execução, vulto e complexidade executiva. Devem ainda ser considerados os níveis de cultura exigíveis e a cobertura que um nome profissional, pelo crédito que possui, possa oferecer ao trabalho perante terceiros.

Conceito pessoal e competência são fatores importantes que podem decidir opiniões de juízes, autoridades empresariais etc. e por isto são ponderáveis na fixação dos honorários.

A ética exige que a concorrência, no mercado de trabalho, deva respeitar a dignidade dos honorários, evitando o profissional todas as formas possíveis de aviltamento, tais como a propaganda panfletária ou vulgar, o suborno ou comissionamento ilícito de serviços, a oferta a preços vis e aquém da normalidade considerada pelas tabelas de honorários[16] etc.

A proteção contra o aviltamento de preços deve ser empreendida como proteção e defesa de uma comunidade que vive do trabalho. Necessário se faz entender por aviltamento, todavia, a *transgressão habitual* e aquela *ostensivamente lesiva* ao conceito de uma categoria.

A habitualidade da oferta indiscriminada de trabalhos por preço muito inferior ao custo e prestígio que devem ser prestados tem sido a mais comum das transgressões, praticada quase sempre com o prejuízo do zelo, da assistência e da qualidade dos serviços.

Casos eventuais, todavia, não se incluem nos campos da concorrência desleal, pois, necessário se faz, muitas vezes, socorrer a um cliente em condições especiais, em razão de suas aflições financeiras.[17] Entretanto, tornar a profissão um ato rigorosamente mercantil é contrariar os preceitos éticos que tanto defendem a dignidade nesse setor.

Honestidade e lealdade são fatores imprescindíveis perante clientes e colegas e tais virtudes exigem que a concorrência de honorários não se transforme em guerra de preços, assim como é condenável, igualmente, o oposto, ou seja, a exploração do cliente.

Exigir do cliente o que é desnecessário, orçar com margens maiores de ganhos, aproveitar-se da ocasião para vantagens paralelas,[18] para ampliar receitas, é desonestidade.

Simular tarefas, ou seja, não fazê-las e cobrá-las, como aumentar horas de trabalho que nada rendem de utilidade,[19] para justificar preços, também são atos desonestos.

---

[16] O desrespeito às tabelas, como foi visto, pode ocorrer em casos especiais, mas não deve ser habitual, em todos os casos, pois seria infração ao que as entidades representativas entendem como justo.
[17] É comum, por exemplo, a um médico, atender até a um desconhecido que se encontra à morte, como a um contador assistir um caso falimentar, sem que tais tarefas envolvam remunerações.
[18] É, por exemplo, uma vantagem paralela a de receber comissões de um fornecedor da empresa por valer-se de autoridade dada pelo cliente na compra de equipamentos.
[19] São exemplos os casos de cobrança por horas de trabalho, por quilômetros de estrada construído, por metro quadrado edificado etc.

Podem ocorrer, por exemplo, casos de médicos[20] que venham a exigir exames clínicos, medicamentos ou internamentos desnecessários, porque tais profissionais participam de favorecimentos de hospitais e laboratórios; o mesmo pode ocorrer, quanto a comissionamentos e interesses diversos, em relação a outras profissões, geralmente quando ocorrem interligações empresariais.

A complementação de remuneração, à custa de sacrifícios inúteis do utente dos serviços, é ato desleal, desonesto e, como consequência, lesão à ética profissional.

Não podemos desconhecer, todavia, a pressão que o profissional pode vir a sofrer, em razão do ambiente corrupto que se instalou em muitas nações, notadamente no que se refere aos serviços prestados na área pública.

Tem sido habitual a exigência de comissões sobre valores de obras, por exemplo, para que se dê serviços a esta ou aquela empresa, através de artifícios praticados nas concorrências.

Em certa época, no Brasil, jornais importantes chegaram a publicar matéria paga que denunciava quem iria ganhar esta ou aquela concorrência pública, mesmo antes que os julgamentos formais, legais e oficiais fossem feitos.

O que se veiculou, pela imprensa, sobre a corrupção no setor das empreiteiras foi bastante significativo para entender o clima de desonestidade que impera na área pública.

Confirma essa questão o enriquecimento ilícito de muitos homens públicos, ostensivo, sem qualquer punição aos mesmos, em razão das formalizações praticadas por especialistas em burla.

Nessas práticas existem os problemas clássicos de mercado, ou seja, o prestador de serviços não tem alternativas: ou pratica o ato desonesto de comissionar homens públicos e autoridades ou perde os serviços.

É deveras delicada esta questão perante a ética quando observamos que a impunidade e a imoralidade acabam por ser consagradas como normais em certas sociedades, através da direta conivência dos que detêm o poder no Estado.

Algumas vítimas escolhidas são eleitas para dar um suposto clima de honestidade, mas não passam de vítimas de um processo, pois grandes corruptos não sofrem as mesmas consequências, protegidos que se acham pelo sistema político.

---

[20] Tal matéria é aqui referida apenas como uma hipótese, embora existam sérias denúncias contra a ética gravada em literatura.

Imaginar que possa existir uma ética da corrupção, entendo, seria desrespeitar os princípios que aceitamos como sadios, mas também supor que se possa usufruir de serviços, sem comissionar os corruptos, é aceitar uma irrealidade.

Entre o real e o ético, nessa questão, entre a consciência honesta e aquela comercial, existem linhas difíceis de definir, quando a filosofia é a do lucro e quando tal filosofia é a que sustenta regimes políticos.

Comissionar ou não os serviços pretendidos, disputados, é uma luta entre a moral e o lucro e nem sempre o lucro se opera pelas vias morais.

O nome profissional, o homem profissional, entretanto, não pode entrar nesse jogo de contrastes, pela posição equivocada, ou seja, como Cícero definia magistralmente a respeito de "*homens sem dinheiro*" e "*dinheiro sem homens*".[21]

O homem público, todavia, que Cícero modelou, na mesma obra em que fez as referências que transcrevo, era um respeitador dos direitos individuais.[22]

A questão, repito, situa-se entre o homem público da atualidade, muitos dos quais se envolvem em corrupções notórias e a necessidade de sobrevivência dos prestadores de serviços.

Sabemos que o objetivo das empresas de serviços profissionais, como de quaisquer empresas, é o lucro, mas também sabemos que no trabalho, o homem, com a riqueza material não se pode confundir.

Reconhecemos que sem a riqueza as empresas não vivem, mas também aceitamos que a consciência nos leva a limites de respeito próprio e de terceiros que não se coadunam com a corrupção.

Por uma questão subjetiva entendo que o profissional precisa decidir-se entre ser um empresário obstinado ou um ser útil à sociedade, pelo trabalho e que se utiliza apenas da forma empresarial para fazê-lo. Trata-se de uma opção e de acordo com ela a conduta vai ser definida.

Admito, também subjetivamente, por convicção própria, pessoal, que a vida é um exercício de energia inteligente, cuja finalidade maior desconheço, mas sinto, por intuição, que ela segue um curso, no qual o amor e a sabedoria são asas que nos conduzem

---

[21] Marco Túlio Cícero viveu no período 106-43, antes de Cristo. As expressões referidas no texto se acham em sua obra *Dos deveres*, Livro II, XX e em latim leciona: *Ego vero, inquit, malo virum, qui pecunia egeat, quam pecuniam quae viro* (prefiro um homem sem dinheiro a dinheiro sem um homem), completando: *Sed corrupti mores depravatique sunt admiratione divitiarum*", ou seja, "Todavia, a desmedida admiração pela riqueza profundamente corrompeu os costumes" (isto já era dito há mais de 2.000 anos).

[22] Marco Túlio Cícero, *Dos Deveres*, Livro II, XXI – O homem de Estado, benfeitor do universal.

em tal trajeto; não me parece sábio alimentar a corrupção e o vício nem ato de amor a conivência com as práticas que prejudicam a maioria e só beneficiam alguns.

Ética da resposta

Muitos dos homens que se notabilizaram pela inteligência, pela influência que exerceram sobre a cultura, preocuparam-se com o dever ético da resposta.

Mesmo quando era difícil a comunicação, ainda assim as celebridades não se eximiram de contribuir com suas opiniões.

Milhares são as cartas famosas de Plínio, o jovem (no tempo da Roma imperial), Machiavelli, Descartes, Galileu, Voltaire, Rousseau, Napoleão etc., todas demonstrando uma atenção muito especial em "responder".

Por mais frívolos que fossem os motivos, por mais insensatas as perguntas, por débeis que pudessem parecer, sempre, mesmo aos grandes, as respostas assemelharam-se a um dever (como o comprovam os arquivos de bibliotecas e museus).

Em nossos dias, aceleraram-se as perguntas, porque fácil e ágil é o meio de comunicar-se, e os nossos deveres parecem prodigiosamente multiplicados.

Assim, por exemplo, entre milhares de consultas que me chegam, um exemplo é possível relevar, com relação a um agradecimento chegado.

Pela Internet, recebi mensagem que dizia: "da pergunta que formulei a muitas pessoas, só do senhor obtive resposta".

Tratava-se de uma consulta sobre pedido de orientação a respeito do que deveria ser lido, para que se desenvolvesse determinado tema, ou seja, um pedido de bibliografia orientadora.

Quando alguém pergunta algo, é porque necessita de uma resposta.

A ética profissional exige que se entenda que a necessidade de nosso colega pode ser também a nossa, dentro dos limites de capacidade que possamos ter para seu atendimento.

Em sentido geral, somos responsáveis por nós e por nossos semelhantes, como pregam muitas religiões e também como afirmam os filósofos existencialistas (especialmente Sartre).

A questão, todavia, é especialmente ética e os códigos para as profissões sempre destacam o dever de solidariedade de classe.

Quando a questão é profissional, relevante é a responsabilidade da resposta.

O respeito pela pergunta deve ser coerente com sua responsabilidade.

Satisfazendo ou não ao interlocutor, seja em que circunstância for, em que forma for, há um dever ético em responder.

Se a conveniência for a de não informar (em razão de segredo), pelo menos expressões vagas devem representar uma resposta.

É aética a posição do silêncio, diante de uma inquirição qualquer, e todo ser humano merece ser respondido, ainda que não se trate de contestar, afirmar, esclarecer ou negar.

O responder, todavia, pode limitar-se diante de circunstâncias imperiosas ou de força maior.

É dever ético, diante de uma pergunta sobre coisa sigilosa, a sinceridade ou a aplicação de uma estratégia de resposta que proteja o segredo que deve ser guardado; nesse caso, muitas vezes são adequadas as respostas por meio de expressões como: "não me lembro", "não tenho autorização para revelar", "vou estudar a questão", "preciso realizar consultas a respeito", "não me passa pela memória..." ou outras equivalentes.

Seja qual for a resposta, todavia, ela deve existir sempre.

Contabilistas, advogados, médicos, psicólogos, por exemplo, são profissionais que lidam com muitos segredos de pessoas, empresas, instituições e é lógico que sobre esses não devem, em circunstância nenhuma, efetuar comentários ou revelações que possam comprometer seus clientes ou terceiros a estes ligados.

Só se pode informar o que o cliente autorizar, sob pena de se trair uma confiança e, neste caso, romper-se outro dever ético.

A preservação de uma obrigação ética nunca deve implicar a quebra de outra.

Assim como o silêncio diante de uma pergunta é uma desconsideração ao interlocutor, também a revelação de uma confidência é traição perante quem depositou fé em alguém.

As respostas podem ser lacônicas, evasivas quando justificável for esta atitude, mas fazem parte de um comportamento virtuoso, representando uma atitude responsável.

Ética e evolução do conhecimento

A evolução do conhecimento de uma disciplina tem aspectos benéficos de diversas naturezas.

Tal progresso, todavia, depende de pesquisa, e esta, na atualidade, impõe-se como um dever próprio da sociedade.

O valor das nações em um mundo competitivo como o de nossos dias depende do poder que elas acumulam e este, da capacidade cultural e do desenvolvimento pertinente.

O terceiro milênio sinaliza mudanças cada vez mais evolutivas no comportamento humano, em decorrência dos avanços científicos e tecnológicos.

Embora o mundo político, aquele dos governantes do Estado, não esteja acompanhando tal evolução, embora algumas crenças não sejam coerentes com a época atual, o fato é que a ciência continua sendo a responsável pelas maiores conquistas, e bastaria citar a do mundo eletrônico para se ter um exemplo expressivo.

Uma nova etapa da civilização é inegavelmente percebível e basta uma simples comparação de como vivíamos apenas há 50 anos para que se tenha a noção de quão diferente é o comportamento humano em nossos dias.

A pesquisa é a grande responsável por tudo isso, como vem sendo há séculos, tendo sido apenas modificado o aspecto de ânsia pelo saber, que hoje envolve o utilitarismo e a perseguição do lucro como objetivos maiores que os próprios de humanidade.

Pesquisa requer investimento financeiro, e este só o pode fazer quem acumula riqueza; já não há um altruísmo como o dos Médici no Renascimento, pois objetiva-se o retorno lucrativo da aplicação em termos sempre de maiores fortunas, hoje as maiores concentradas em um número pequeno de poderosos (algumas estatísticas acusam que estes não chegam a 500).

Se existe ainda algum altruísmo na pesquisa que se desenvolve com visões de benefício para todos, é bem verdade que a maioria das pesquisas está ligada a interesses empresariais.

O Estado, de há muito, deixou de atender aos anseios de evolução real da cultura (o país que se diz o mais forte do mundo, os Estados Unidos, tem dezenas de milhões de analfabetos, ainda, e lá se praticam quase 100.000 erros médicos a cada ano), e as entidades que ainda se dedicam a assuntos culturais são insuficientes para atender aos verdadeiros interesses da humanidade.

Se a civilização viveu sua primeira fase ligada à terra, a segunda ligada ao trabalho humano na produção, a terceira, sem dúvida, está sendo a era da energia, e esta vai requerendo cada vez mais conhecimento.

Profissionalmente, pois, nas diversas áreas, os estudos essenciais da energia vão sendo requeridos.

Há, entretanto, nos segmentos culturais uma acentuada competição, especialmente ligada à inveja profissional.

Atitudes as mais aéticas percebem-se na luta pela supremacia.

Conheço professores que proíbem seus alunos de citar autores que eles invejam, impedindo o estudo verdadeiramente universitário que é o de conhecer todas as tendências.

Os referidos professores cometem crime contra a cultura e procedem aeticamente.

O espírito de pesquisa, aquele do campo da cultura e do conhecimento, por índole, deve ser o de cooperação, seja em que área for.

Os objetivos do conhecimento devem ser os maiores, superando os subjetivos, de vaidades pessoais e interesses de grupos.

A evolução do conhecimento é um dever ético que tanto deve orientar subjetivamente cada profissional, como, objetivamente, toda uma sociedade.

O mundo que hoje conhecemos é diferente daquele conhecido por nossos antepassados remotos, como o de amanhã não nos é ainda revelado.

Podemos supor o que poderá acontecer, como Leonardo Da Vinci e Júlio Verne conseguiram fazer, mas sem a precisão com que as coisas deveras sucederão.

Uma nova sociedade poderá defluir de uma nova cultura, com o auxílio de uma associação plena entre a razão e o sentimento.

Uma virtude futura poderá até ser aquela mesma lecionada por Marco Túlio Cícero (e a deste sábio romano foi, em parte, plasmada na grega clássica), mas poderá ter também outros graus de aperfeiçoamento que superem, ainda, tudo que até agora imaginamos como sendo o bem.

No curso da civilização, o futuro sempre foi diferente de cada presente.

A intensa responsabilidade cultural de toda a sociedade, aquela de todas as forças institucionais (especialmente a do Estado) e a pesquisa pertinaz, parecem ser os caminhos adequados.

Como o progresso do todo depende de cada um, a conduta profissional dos pesquisadores só será ética, em qualquer tempo, se for a da cooperação e a da ausência de uma vaidade, que possa ofuscar ou deformar a verdade.

A má influência da mídia eletrônica que vende suas opiniões, prejudicando a sociedade, a concentração nociva de capitais que desconhece os interesses da maioria, a corrupção na política, as guerras impiedosas para suprir interesses financeiros, a deturpação da informação ou a má orientação desta, tudo isso dificulta o progresso da cultura, mas, por outro lado, também oferece desafio para mudanças.

O desenvolvimento faz-se com mudanças, e essas, com conquistas transformadoras; quando o desenvolvimento é cultural, todavia, exige, além de pensamentos inovadores, um encontro com novos aspectos, com verdades que se mantiveram ainda desconhecidas em sua essência.

Os profissionais são homens práticos, mas isso não os exclui da necessidade da inovação e nem os descompromete perante o progresso do conhecimento.

Ética e revide

Ao comportamento profissional não convêm revides ou vinganças em relação a atos que possam ser considerados como lesivos.

É natural, no regime de competição entre prestadores de serviços, no mercado de trabalho, que alguns problemas ocorram e que vícios do espírito, como os derivados da inveja, vaidade, orgulho, ambição, narcisismo, possam criar obstáculos.

Como atos emocionais e instintivos, os de vingança ou revides, como desforras, que provocam até oposições sistemáticas ou atitudes similares, tendem a ser prejudiciais tanto a vítimas como a agressores.

Os referidos comportamentos, por natureza, são os de um tipo de justiça que se procura fazer com as próprias mãos, sujeitos às falhas de julgamento.

Escreveu o marquês de Maricá (1773-1848) que *"Ordinariamente o desejo, o plano e execução da vingança incomodam e abalam mais os nossos espíritos do que as injúrias e ofensas recebidas"*.

Milhares de anos, todavia, evidenciam todo um curso de império desse sentimento (em mais de 3.000 anos de história, há comprovação do aforismo "olho por olho e dente por dente").

No tempo de Homero (século IX a. C.), tinha-se a vingança como um direito do cidadão, ampliável ao do clã e ao da família.

Ésquilo (525-456 a. C.), o criador da tragédia grega, em seu escrito "Queóforos", espelha bem a alma de seu povo naquele tempo, escrevendo: *"O sangue é bebido pela terra fecunda, mas o homicídio subsiste inapagável e pede vingança"*.

Muitos consideram o autor referido como um grande gênio da humanidade, tendo o mesmo exercido influência sobre os pensamentos de sua época, ainda hoje respeitados.

Não é sem razão que autores modernos continuam a considerar o revide, a vingança como uma forma de justiça respeitável.

Assim, por exemplo, em suas "Notas de Álbum" o notável pensador francês Henry Becque (1837-1899) leciona que *"Envelhecendo, percebemos que a vingança é ainda a forma mais segura da justiça".*

Existem os que aplaudem e os que repudiam o ato de se vingar, mas, seja como for, todos desejam que uma justiça se faça.

Há cerca de 2.500 anos, Buda pregava, em sua doutrina, que *"o bem se paga com o bem e o mal com a justiça porque senão não haveria uma forma de remunerar-se o bem".*

Ocorre que a Justiça dos homens, quer a subjetiva, quer a que dimana do poder (e que se intitula objetiva), tem merecido muitas restrições, e nem sempre tem-se aplicado de acordo com os princípios de uma ética científica e nem mesmo com uma perfeição desejável.

Se virmos uma ladra quase livre depois de lesar expressivamente os cofres públicos, em virtual liberdade irresponsáveis que queimaram um mendigo que dormia na calçada, sem punição os corruptos denunciados pela imprensa, é natural descrer na Justiça dos homens.

Os gregos antigos acreditavam no julgamento da própria vítima e aceitavam o revide como forma justa de comportamento.

A vingança do sangue, por exemplo, era um dever absoluto e não uma obrigação social ou dos poderes.

No caso de homicídio de um membro da família, respondia-se com um outro que lesasse o agressor.

Tal prática ainda se vê em quase todas as partes, como em certos países da Europa, Oriente Médio, Ásia, Américas, mesmo neste século XXI.

O mal moderno provém do que se arrasta há milênios.

Os gregos da época de Homero acreditavam que o morto continuava ligado aos vivos e que aquele exigia destes uma reparação pelo mal recebido.

A alma dos defuntos, segundo preceitos religiosos e até tolerâncias jurídicas, clamava por reparação em face de injustiças cometidas ligadas a quaisquer perdas irreparáveis.

Aceitar, todavia, uma justiça emocional e crer que esta seja a adequada; assimilar um dogma religioso sem indagar o que, em essência, representa como guia de comportamento, pode provocar ou desencadear problemas.

O mal praticado tende mais a atingir quem o faz que mesmo aquele que o recebe, mas nem todos pensam assim.

A desforra, forma comum de vingança, continua, todavia, sendo uma constante.

Basta analisar o próprio relacionamento entre determinados políticos, entre determinados professores, contadores, médicos, advogados etc., para perceber como procuram um obstruir a obra do outro, sem pensar na responsabilidade social deles exigível.

Em política de classe, nas profissões, são também comuns a rivalidade, a perseguição, a traição, a difamação, a calúnia, como formas de ajuste.

A desforra ocorre até mesmo quando as ações entre poucas pessoas atingem perniciosamente um grande número de outras.

Com o objetivo de se vingar, pratica-se o revide, pisando-se sobre todas e quaisquer normas éticas.

A necessidade de desagravo maligno é algo que denuncia a imperfeição do espírito, mas tem-se mantido ao longo dos tempos.

A violência tem deixado oportunidades para muitas desforras, gerando sempre mais violência.

Esse aglomerado de insatisfações parece ter reflexos sociais negativos e não se apresenta como uma solução adequada.

Luta-se, em várias partes do mundo, para cobrar desafetos; busca-se a desforra e a vingança como forma de justiça.

A uma morte outra se faz suceder e a esta mais outra, e assim, indefinidamente, se acumulam as práticas lesivas a humanidade.

A uma traição, outra se faz defluir; a um ato de inveja, outro se procura corresponder.

Tal forma de agir, entretanto, não se tem manifestado, na prática, como um caminho para a paz individual e nem para ensejar a social (a história assim o comprova na maioria dos casos, ao longo dos tempos).

Uma passividade servil, a omissa posição diante da injustiça sofrida, todavia, também não se justificam; um plano estratégico para fazer cessar os males sofridos pode ser o mais benéfico caminho, mas, sem fundamentar-se na violência, esta que, por si só, não consegue reparar os efeitos dos vícios, mas, apenas, abrir as portas para outros.

Revides não parecem ser as melhores soluções, como a violência não é o melhor antídoto contra a própria violência.

O amor, a vigilância como protetores da virtude, estes, sim, são os grandes modelos éticos competentes para sanar males e corrigir as mazelas sociais.

Um profissional não prospera com a prática de criar problemas a terceiros e nem pode aspirar a ser um líder, se está constantemente a criticar seus companheiros, a formular denúncias sem fundamentos ou movimentar oposições baseadas em calúnias e difamações.

A opção que melhor convém diante de um dever ético é a de equilíbrio, de serenidade, sem, todavia, essas coisas se caracterizarem pelo aviltamento e nem pela passividade do ser atingido.

O melhor comportamento será o de não imitar o agressor, paralelamente ampliando a capacidade própria de defesa para que o mal não se repita.

O juízo preferencial diante de situações adversas é o que seleciona a opção pela virtude, e esta dificilmente se encontra na vingança, no revide, na ação maldosa com o efeito de afastar tudo que se supõe como inimigo (e que nem sempre o é de fato).

Se o que leva a se fazer alguma coisa inspira-se em ato não virtuoso, é natural que o efeito também não o seja.

O valor de cada atitude tem a natureza do impulso que produziu a intenção de realizá-la.

As vinganças, as desforras são atos que quase sempre possuem a intenção de representar um mal equivalente ao que se sofreu, ou seja, representam a imitação intencionada de uma atitude não virtuosa.

Se a uma difamação injuriosa de "incompetência" se pratica, em contraposição, atos ostensivamente competentes, sem a intenção de prejudicar quem quer que seja, a tendência será a de anular a lesão sofrida ou, pelo menos, reduzir o efeito do dano suportado.

Lamentavelmente, todavia, nem todas as civilizações, nem todas as classes, nem todos os profissionais, em todos os tempos, mantiveram ou mantêm tais formas de compreender o dever ético da prática do bem (este considerado como algo ideal por si mesmo).

Como *a um mal imposto a terceiros um outro se tende a receber*, a experiência mostra-nos que os melhores de todos os caminhos não são os que consistem em revidar, mas, sim aqueles que visam a proteger-nos, aumentando as condições de nosso valor próprio.

Ética da comunicação

É da natureza do exercício das profissões o convívio com terceiros.

Essa é a razão que determina a exigência de dar a outrem o tratamento que deste desejaríamos receber.

Nada agrada tanto ao nosso semelhante quanto falar sobre o assunto da preferência dele, procurando uma "identidade".

Facilita a comunicação deixar o interlocutor à vontade e isto requer uma descontração, conseguida com formas semelhantes de pensar e agir.

Na prestação de serviços, o tempo precisa ser aproveitado ao máximo, para que exista eficiência, mas seja qual for a duração do convívio, ele estará sempre sujeito a um relacionamento humano.

Mesmo quando breve é o contato, ele deve deixar uma impressão positiva.

Nem todos os diálogos, nas diversas profissões, são prolongados, mas em algumas são deveras exigíveis.

Quando existe a exigência de conversas preliminares como introdução à execução do trabalho, é preciso habilidade e poder de comunicação.

Ao tratar com as pessoas, seja em que condição for, é sempre interessante estimular que elas ouçam sobre o que mais lhes agrada.

Isso requer que falemos sobre o que os outros gostam de ouvir, evitando o desagradável.

Essa a razão pela qual devemos preocupar-nos em possuir uma cultura humanística e nos interessar pelo que é momentoso e, de preferência, geral.

"O homem de uma só conversa costuma ser cansativo", escreveu há quase 400 anos o famoso jesuíta espanhol Baltasar Gracián, em sua obra *A arte da prudência*.

A tendência é a de ser bem aceito e recebido se em vez de falar muito se tiver paciência para ouvir, mostrando-se atento.

Descobrir o que agrada a quem é habitual em nossa convivência e expor o que se pensa com clareza e respeito é facilitar as comunicações.

Falar sobre o que desagrada não interessa ou passa a contrariar o interlocutor; é conduzir mal um colóquio, ferindo os preceitos éticos.

Quando, todavia, alguém precisa de nosso aconselhamento, procurando nossa opinião, é preciso que além de sinceros e verdadeiros, sejamos hábeis em tratar do assunto, de modo a não depreciar nem a inquietar a quem nos ouve.

Os profissionais que exercem consultoria se enquadram nesse gênero.

Ao assumir o comando de um diálogo, é preciso que se respeite o nível e a necessidade de quem nos ouve.

Isso ajuda, em muito, a comunicação.

Prudência, firmeza, era o que sugeria Demócrito de Abdera, há mais de dois mil anos, ele que foi um pensador de alta qualidade e criador de uma teoria do comportamento.

É deveras motivo de reflexão imaginar como o pensador referido, em uma época em que não existiam recursos tecnológicos como os de hoje, pudesse ter enunciado a lei da conservação da matéria.

Que inspiração teria levado tal pensador a admitir que nada se cria e nada se perde, mas, apenas, se transforma?

Como chegou ele a admitir a existência do átomo como a parte indivisível da matéria?

Quem teve tal conexão com a Inteligência Superior que rege o universo merece, pois, sim, muito crédito para recomendar "prudência" e "firmeza" em nossa forma de participar de diálogos e opinar sobre eles.

Se em conversa descontraída ou em aconselhamentos pensarmos mais em ser agradáveis e úteis a quem nos ouve, medindo as palavras, filtrando-as na razão, seremos, sem dúvida, "prudentes" e "firmes" e, naturalmente, éticos em nossas comunicações.

Nem todos os que nos ouvirem, todavia, estarão sempre de acordo conosco e nossa prudência estará em evitar atritos.

É conveniente não insistir em assuntos que criam polêmicas e ressentimentos. Quando percebemos que estamos a contrariar, especialmente aos que são fanáticos e dogmáticos, devemos reconquistar o bom sentido do relacionamento mudando de assunto, reavendo a amenidade em que devem ser desenvolvidos os diálogos.

Tal ótica sempre valeu e valerá em todos os tempos.

No século XII, por exemplo, Pedro Abelardo contrariou seriamente a muitos clérigos, simplesmente por tratar de assuntos relativos à dialética, fazendo oposição aos dogmáticos; revelou em seus escritos que tal forma de se conduzir custou-lhe muito caro, em razão de calúnias e achaques que sofreu.

Apesar de ser considerado o pai da lógica moderna, o referido pensador não escapou das críticas e perseguições; o mesmo destino teve quem completou os alicerces da mesma disciplina, Descartes, cerca de 400 anos depois.

Tais seres revolucionaram o pensamento humano, mas sofreram as consequências pelas ousadas formas de pensar; embora firmes no dizer, pelo que narra a história, pelo que comprovam documentações, descuidaram-se, de certa forma, da "prudência".

A ética da comunicação requer responsabilidade no sentido de que o nosso próximo tenha satisfação em estar conosco.

Não basta, pois, que um profissional tenha desempenho científico e técnico competente.

É imprescindível saber relacionar-se com os clientes e demais pessoas.

Isso exige, a um só tempo, expressões e atitudes objetivas em relação ao trabalho e subjetivas de cavalheirismo e dignidade.

A comunicação requer aptidão e não se resume apenas em aproximar e falar, mas em realizar tais coisas de modo a ser entendido e útil, solícito e agradável.

Ética da mentira

A "mentira" é uma falsidade, uma afirmação consciente contrária a uma realidade, ou seja, uma negação da verdade conhecida, e, consequentemente, uma lesão à virtude, ao bem de cada um e ao de terceiros.

Pode parecer paradoxal, pois, que no campo científico, em que o verdadeiro é o objetivo que se persegue, possa ser aceita uma "Ética da Mentira", como matéria de indagação.

Crer que o "aético" possa ser parte do que se estuda como "Ética", por aparentemente paradoxal, é algo que justificaria um questionamento, não fosse o interesse que existe em todos os ramos do saber em se indagar, também, sobre as anomalias.

Por isso é o que pensadores, antigos e modernos, deixaram marcas expressivas de suas passagens pelo mundo da filosofia, analisando a "lesão à verdade", refletindo sobre os limites desta, relativos a gênese, desenvolvimento, consequência, qualidade, quantidade, duração, consagração e tolerância.

Como a patologia estuda as anomalias do corpo, como a auditoria depende do estudo de fraudes e o direito envolve a matéria de delitos, também a ética analisa a "mentira", como objeto de conhecimento.

Os males que vitimaram a vida dos homens, ao longo do tempo, exigiram a pesquisa sobre as condutas do homem perante a realidade e como consequência natural também aquela das normas de comportamento dos seres em relação à verdade.

Grandes intelectuais clássicos, como Marco Túlio Cícero (106-43 a. C.), elaboraram proposições sobre uma lógica da mentira, como um dos graves males, mas, só nos tempos modernos, o assunto desenvolveu-se de maneira mais profunda, compreendendo que o irreal nas normas de conduta gerava anormalidades de efeitos, perante o bem-estar dos seres.

A crítica dos valores morais, que ensejou a ótica que deveria alimentar um novo alicerce no exame da questão, parece-me ter, principalmente, conseguido suas razões mais fortes nas reflexões de Voltaire (1694-1778), Rousseau (1712-1778), Schopenhauer (1788-1860), Friedrich Nietzsche (1844-1900) e de alguns outros seguidores desses, também notáveis, entre os quais sempre nutri admiração pelo não tão famoso, mas admirável, Max Nordau (principalmente pelo que escreveu em sua obra *As mentiras convencionais da nossa civilização*).

Parece-me ter sido Nietzsche, entre os pensadores referidos, todavia, o que mais severamente rebelou-se contra as falsidades, razão que o levou a críticas duras e à perseguição de um novo paradigma humano, nisso se aplicando com particular obsessão.

Admito que ao preocupar-se por encontrar um modelo excelso para o homem, baseado em uma vontade associada à liberdade, tenha o filósofo referido inventariado o que julgou falso, e, então assim, admitiu ter construído um padrão singular de virtude.

Isso porque questionou, pesadamente, sobre o que tinha sido imposto como comportamento à humanidade, como se fosse a virtude.

Admitiu que o tomado como virtuoso não passava de posicionamentos inferiores em matéria de dignidade.

Entendeu aquele filósofo que a força interna do homem havia esbarrado nas barreiras erguidas pelos que sempre tiveram interesse por dominar os semelhantes, mais que com eles conviver honestamente.

Reconheceu como mentiras muitas normas morais consagradas, admitindo-as mais como tradições equivocadas de modelos de conduta que mesmo como realidades virtuosas.

Rebelou-se e questionou imposições de falsas moralidades, enunciados como autênticos dogmas e docilmente aceitas pela maioria dos povos como padrões de vida.

Dentre algumas normas de moral consagradas, pois, Nietzsche identificou imoralidades, ou seja, considerou-as mais como prática de uma Ética de mentiras que de virtudes autênticas.

Reconheceu que a falsidade tinha substituído o que realmente se deve acolher como base da moral, da ética, e que isso, ao longo da história, se havia exercido de forma consensual.

Ou ainda, concluiu que *a humanidade se havia preocupado mais em seguir o que se modelara para ela, como se fosse uma verdade ética defensável, do que mesmo pensara e buscara uma ética que defensável fosse, como verdade.*

Nietzsche proclamou uma relatividade do valor humano, uma forte vontade ética, mais como interpretação real do modo de vida, que como um molde inflexível de conduta a ser seguido sem questionamentos.

Embora se tenha considerado um seguidor de Schopenhauer, na realidade o entendo superior a este, assim como o considero muito mais vizinho, sob vários aspectos, a Machiavelli.

Nietzsche foi de rara firmeza e coerência em sua doutrina e não teve indulgência com a mentira, embora muito de seu pessimismo, assim considerado, não passasse de uma cruel realidade que muitos preferiram não encarar.

O espírito escravocrata, que combateu, atacando as doutrinas que aceitaram essa visão do mundo, incomodou a muitos poderes religiosos e políticos.

Evidenciou ele uma realidade que ainda hoje, e cada vez mais, enfrentamos e que é a relativa a ambição de grupos de poder (cuja filosofia tem sido a da Ética da Mentira) que desconhecem as necessidades da humanidade e só defedem os interesses especulativos.

Todavia, volto a afirmar que se elegi, aqui, Nietzsche, como referência, dentro da sequência de nomes notáveis que criticaram os valores morais, foi mais pela convicção e lógica que tal filósofo impiedosamente demonstrou em suas exposições relativas às mentiras, do que por um demérito aos demais pensadores que pudesse reduzir-lhes a expressão que tiveram e continuam a ter.

Aspectos de uma lógica da mentira

A mentira, para que seja objeto de um estudo, no campo da Ética, necessita ser entendida com base nas relações lógicas que podem produzi-la. Ou ainda, é preciso identificar as razões que motivam alguém a mentir, o que de fato produz a falsidade, buscando os fatores que levam a conhecer a matéria em sua essência.

As dimensões da falsidade, de causa, efeito, qualidade, quantidade, espaço e tempo complementam outra parte importante do raciocínio.

As circunstâncias ou entornos que motivam a mentira, finalmente, oferecem o conjunto das relações lógicas: essenciais, dimensionais e ambientais, que motivam esse fenômeno a ser estudado cientificamente no campo da Ética, justificando conceitos, axiomas, teoremas e teorias.

Tais ligações lógicas conduzem-nos, de forma automática, não apenas ao objetivo, mas também ao agente, ou seja, ao subjetivo ou o ser que se torna ou se faz "mentiroso".

Seja por índole, conveniência, defeito educacional, condicionamento mental, fator emocional, seja por qual motivo for, a mentira estriba-se em razões íntimas, subjetivas, diante de situações diversas, mas exterioriza-se nas evidências e nas realidades objetivas, derivadas desse complexo.

Há uma necessidade de mentir e uma de evitar a mentira, e essa luta pode ocorrer intimamente no ser ou partir de outros seres que se comprometem nessa contenda.

As disposições íntimas que geram a falsidade, quando externadas, todavia, realizam-se na mentira.

Há, também, uma finalidade em mentir, utilizam-se meios para exercer a mentira e exercitam-se funções para que esta se consubstancie, e, embora possam ser eficazes ou não, nunca deixarão de ser sonegações de verdades.

Existe a mentira como simulação da verdade e a verdade simulada pela mentira.

Há quem afirme dizer a verdade por meio da mentira, mentindo duas vezes: pela verdade que não disse e por dizer-se verdadeiro, sem que o seja.

É clássico, igualmente, no estudo lógico, o entender-se que "diz a verdade quem diz estar mentindo" e "mentindo quem diz a verdade e afirma estar mentindo".

Nisso se fundamenta o paradoxo de Ferrater Mora e Leblanc, referido por Antônio C. K. Soares (artigo "Sobre o mentiroso no conceito de uma lógica da mentira", em *Da habilidade humana em perscrutar o ente*, Caxias do Sul: UCS, 1998, p. 121, cujo texto é:

"X diz 'Minto'. A consequência disto é:

1 – Se X mente quando diz que mente, X diz a verdade.

2 – Se X diz a verdade quando diz que mente, X mente.

Portanto, *X diz a verdade se e só se X mente*, o que é uma contradição palmar."

Tais construções de raciocínios levam à consciência da relatividade do conceito de mentira e exemplificam aspectos que merecem estudos e análises do ponto de vista lógico.

Proposições lógicas sobre os aspectos qualitativos da mentira

Diversos são os aspectos da mentira, e ela pode emergir de uma falsidade total, de uma meia falsidade, de uma simulação e até de uma ocultação parcial ou total de verdade.

É, também, possível mentir admitindo-se que se veicula uma verdade, porque assim se foi induzido a crer, e, nesse caso, a mentira não deixa de ser uma coisa falsa em si, mas, não faz mentiroso quem a propaga.

Se nos forçam a crer que a água é um explosivo, sem explicar que os explosivos são apenas seus componentes, sob determinadas condições, e, se divulgamos o que nos foi imposto como dogma, estaremos veiculando o que nos fizeram crer; estaremos difundindo algo falso, em realidade, sem, contudo, sermos mentirosos essencialmente.

Poucas não foram as críticas sociais que muitos pensadores fizeram e que Nordau confirmou e ampliou, atacando os defeitos de imposições de ideias por efeitos de má educação, de política, de crenças, de notícia manipulada, errada ou distorcida.

Vivemos em uma época em que o uso rápido e intenso da informação tem sido um meio de conduzir pensamentos de massas, muitas vezes quando ao sabor das classes dominantes (que controlam a imprensa), com farto uso de falsidades para atender a interesses especulativos e de dominação.

Quantas mentiras são ditas diariamente por políticos e grupos de poder, muitas pagas por eles a veículos de difusão, com a intenção ambiciosa do poder, para que o povo as aceite como verdadeiras?

Quantos dados falsos são manipulados por instituições, até oficiais, e servem de base a estudos e conclusões, alimentando coisas mentirosas e criando fatores multiplicadores de falsidades?

Até com números que aparentemente deveriam só expressar quantitativamente a realidade, quando de interesse social, tem-se empregado manipulações e imposto critérios que logicamente são discutíveis.

Até a média estatística, por exemplo, por ser aceita como medida verdadeira de certos fatos, tem-se usado como um instrumento de mentira, pois ela, de fato, a isso se presta por resultar de uma série de números desiguais, onde não é nenhum deles.

Além disso, os próprios números podem, em alguns casos, ser eleitos ao sabor de arbítrios, prestando-se a manipulações para enganar a terceiros ou beneficiar especuladores (como foram aquelas que se adotaram no Brasil para a correção monetária).

A "probabilidade", igualmente, tem produzido mentiras que se consagraram, e ainda se consagram, em vários ramos de conhecimento, porque nada mais é do que o resultado de um cálculo que sinaliza algo que "poderá ser uma verdade" e que não resolve, definitivamente, os problemas da "incerteza".

As probabilidades e as médias têm sido, todavia, toleradas e até consagradas em critérios que recebem a denominação de científicos, além de receberem consensos intelectuais egressos de manifestações de muitos estudiosos que defendem e afirmam que a ciência não mais se estriba em tantos rigores.

Mesmo nos campos onde a verdade foi defendida intransigentemente, abrem-se, pois, brechas para uma relatividade que se avizinha e até se confunde, em algumas circunstâncias, com a mentira (a Economia, a Administração, a Contabilidade, a Sociologia, para exemplificar apenas estas, são ciências que muito têm sido vitimadas pela adoção de modelos não verdadeiros, adotados, todavia, como se fossem científicos).

Não são poucas, igualmente, as mentiras veiculadas e encobertas por palavras que o povo não entende e nem, às vezes, muitos especialistas as conhecem, mas que são usadas por aqueles que, se apresentado como "sumidades", estão a serviço de grupos de ambição e especulação (no campo da economia, em que muito se tem ludibriado o povo brasileiro, esse abuso deu origem à expressão pejorativa *economês*).

Usar o conhecimento para fazer desconhecidas certas coisas é um crime.

A falsidade manipulada, premeditada, planejada, apoiada em premissas falsas ou ambíguas não é só uma forma de depredar a realidade, mas, especialmente, um delito contra terceiros, porque lesa a virtude e tende a assumir proporções gravosas, relativamente à intensidade da difusão que as sustenta.

Essa relação entre a mentira como um objeto e o mentiroso como um sujeito enseja, pois, algumas consideráveis proposições lógicas (como as que se seguem e que se destacam no texto).

Muita coisa, aceita como verdadeira, mas sendo, de fato, mentira, pode não fazer de quem a difunde um mentiroso, em sentido absoluto.

Deixará de ser mentiroso quem, admitindo que não mente, divulga o que lhe foi imposto como dogma, mas, nem por isso deixará de veicular a mentira, se o referido dogma for baseado em falsidade.

No caso evocado, pois, não deixará de existir a mentira e nem todos os seus efeitos, mas isso não autoriza a acusar-se o sujeito do ato senão de incompetente, fanático ou inconsciente. Há, portanto, uma relação lógica que associa a mentira, esta no sentido absoluto, ao mentiroso, este no sentido relativo.

Quando, todavia, se mente, consciente de que se está veiculando o que é falso, nesse caso, sim, alguém se torna um mentiroso autêntico e absoluto, porque este se identifica com a mentira.

Tudo repousa na identidade entre o sujeito e o objeto, em face da mentira.

Se alguém, consciente de que mente, induz outrem de boa-fé ao erro, duplamente pratica a vilania: primeiro, porque teve a intenção de difundir algo errado, e segundo, porque induziu um terceiro a crer como verdadeiro o que já o sabia falso.

Não são poucos os informes que a cada dia assistimos, ouvimos e lemos e que foram, sob certas circunstâncias, produzidos para que tivéssemos como certo o que, por natureza, estava errado; notícias sobre o mundo financeiro, manipulações nas bolsas de valores e mercadorias, falas políticas, propagandas enganosas são alguns exemplos de falsidades que muitas vezes nos são repassadas.

Mentir por hábito, ambição, especulação foram, e ainda são, algumas das formas consagradas de enganar.

Diversos pensadores entendem que a civilização atual degrada-se na especulação de uns poucos e na miséria de muitos, à custa de mentiras políticas e de sistemas de políticas econômicas mentirosas (Max Nordau, na obra já referida, discorreu vastamente sobre o assunto nos capítulos "A mentira política" e "A mentira econômica").

Os aspectos, portanto, da fuga à verdade são muitos e formam preocupação de análises específicas.

Há, todavia, um tipo de mentira que se tem chamado de "piedosa", e também aquela que visa à "defesa de uma virtude maior", que se faz tolerável.

Muitas mentiras desse gênero ficaram na história, e uma delas faz parte da vida de um dos mais famosos gênios da Física, mas praticada pela mulher dele.

O fim, no evento, foi maior que os meios, e a humanidade muito ficou a dever a tais mentiras, à inteligente forma de habilidosamente modificar uma situação que seria adversa para a História.

Quando a esposa de Ampère adoeceu, para morrer, o cientista desesperou-se porque o casal vivia em muita harmonia e amor.

Decidiu, então, o grande físico também, pôr término a sua vida, se de fato sua amada viesse a falecer, e isso a ela prometeu, como se fosse um pacto.

Sentindo, entretanto, que se despedia da vida, conhecendo a intenção de seu esposo, a genial mulher fez com que Ampère jurasse que só praticaria o suicídio uma semana após o sepultamento dela.

Uma semana depois do enterro da mulher, quando vencia o prazo, o físico foi surpreendido com uma carta que a esposa deixara em mãos de um grande amigo da família, para ser entregue no sétimo dia.

A carta pedia ao cientista que esperasse mais 30 dias, e quando vencidos, então, poderia praticar o suicídio.

No 29º dia, outra carta da iluminada mulher chegou-lhe, por intermédio de um outro amigo, escrita, também, antes da morte da esposa de Ampère, pedindo que este esperasse mais seis meses, porque assim o espírito dela estaria mais tranquilo e então poderia receber o dele, após o gesto trágico.

Findo o prazo, o grande cientista, mais conformado, recebeu a última carta, por mãos de outro amigo, e nessa a esposa pedia que ele não se suicidasse, dada a importância de sua vida para a pátria e para a humanidade.

Entendeu, finalmente, o grande gênio da Física que mesmo depois de morta sua companheira falecida ainda continuava a guiar sua vida e a fazer com que ele prosseguisse em sua marcha vitoriosa de sucessos científicos.

Embora tivesse aplicado uma série de mentiras para obter o fim, que era manter a vida do famoso marido, construídas pacientemente, elaboradas para vencer os efeitos emocionais, tudo se justificou perante a história da ciência, por haver preservado um gênio que tanta contribuição trouxe ao saber.

Essa grande lição, verdadeira, plena de sabedoria, sugere que os ânimos sejam detidos para que a razão prevaleça, ou seja, mostra que a "a inteligência emocional" é uma importante arma em prol do sucesso, e, também, que *algumas mentiras podem ser válidas, ainda que conscientemente praticadas, quando os efeitos das mesmas se materializam em uma finalidade virtuosa de qualificada expressão.*

Proposições lógicas sobre os aspectos quantitativos da mentira

O que, quantitativamente, a mentira pode produzir como efeito, é algo de interesse de exame, seja sob a ótica profissional, seja sob qualquer outra.

A um professor, por exemplo, é imperdoável o uso da mentira, como o é a um radialista, apresentador de televisão, jornalista, auditor, conferencista, porque tudo o que dizem esses profissionais tem repercussão em um número maior de pessoas.

Os formadores de opinião possuem muito mais responsabilidade social e humana perante a verdade que quaisquer outras pessoas.

Quando a falsidade alcança o coletivo, a tendência é a de operar o crescimento do efeito daninho da mesma.

Uma coisa é um advogado mentir para seu cliente, no ambiente fechado de seu escritório, e outra é um professor mentir para seus alunos, em suas classes, pois os efeitos são "quantitativamente" diferentes.

Essas relações, dentro de tais conceitos, justificam proposições lógicas diversas (como as que se seguem e que se destacam no texto).

A falsidade tende a ser tanto mais perniciosa quanto maior é o número de pessoas que ela alcança e quanto mais expressivos são a imagem e o conceito daquele que a propaga.

Há, portanto, um aspecto quantitativo da mentira que, associado ao qualitativo do mentiroso, amplia os efeitos gravosos de tal lesão à virtude.

A quantidade de pessoas, a qualidade do mentiroso, a qualidade do informe, a quantidade do informe são, pois, fatores que influem sobre os efeitos quantitativos da falsidade da informação.

Da qualidade do que se informa e da quantidade de pessoas a quem se informa decorrem a qualidade e a quantidade do dano causado pela mentira.

Se existem milhões de investidores, na bolsa de valores, em ações de uma indústria, e se o auditor desta não é sincero em afirmar sobre as contas da empresa, ocultando verdades ou deformando o parecer sobre as demonstrações contábeis, tal fato abrange uma quantidade apreciável de pessoas que, acreditando na qualidade do profissional, tendem a cometer enganos em suas aplicações.

Se um Presidente da República promete aumentar as oportunidades de emprego a milhões de desempregados e se apenas a alguns mil de fato aumenta, engana grande quantidade de pessoas que acreditaram naquele que, por índole e teoricamente, deveria ser um homem sincero e honesto.

Muito grave é, também, a mentira que lesa o valor de uma evocação considerada como código de honra, tal como um juramento, especialmente em condições de alcance de difusão ampla.

Mentir, deliberada e calculadamente, apenas para garantir um benefício próprio, quando se é instado a dizer publicamente a verdade, sob juramento, e quando se tem a responsabilidade de uma relevante função pública, é cometer um tríplice delito: o primeiro, porque se oculta a verdade; o segundo, porque se desrespeita a evocação de um símbolo de honra; e o terceiro, porque enseja o risco da corrupção de costumes.

Assim sucedeu nos últimos anos do século XX, com um presidente de uma das nações mais fortes da Terra, que mentiu publicamente, inclusive sob juramento, para atender a seus interesses próprios, sem medir qualquer consequência de seu ato, no que pudesse corromper conceitos de virtude.

Havendo cometido o referido político um delito contra a moral, por concupiscência (em uma nação onde se puniam até crianças por questão mais ingênua sobre matéria sexual), para garantir seu cargo e safar-se de uma consequência maior, ao mentir, cometeu os três graves crimes mencionados: (1) o da ocultação da verdade; (2) o do desrespeito a um juramento público; e (3) o de produzir, com o mau exemplo, um ato lesivo a conceitos consagrados de comportamento humano.

Quando a distorção da moral alastra-se nas esferas superiores da sociedade, a vocação desta é a de também se corromper, em face de tal situação, inclusive, até consagrando como costume os maus exemplos partidos daqueles que teriam por dever ético a defesa da virtude.

Enganar a opinião pública é um ato vergonhoso e indigno, desclassificando moral e eticamente quem o pratica, potencializando-se tal lesão quando emanada dos que devem, por outorga de um povo, proteger o bem e evitar o mal.

Embora a consciência pública tenda a anestesiar-se e até a habituar-se a ouvir falsidades, não deixa de ocorrer, mesmo assim, em tal evento, o efeito quantitativo da mentira e o necrosamento de alguns conceitos de virtude.

Quando tais fatos acontecem, quase sempre sucedem, também, outros males maiores, que são o da descrença e o da devassidão, e estes, em ocorrendo, tendem a paulatinamente enfraquecer um povo, provocando o desestímulo e a deformação de costumes.

Fraca é a nação onde fraca é a esperança de seu povo.

"Um fraco rei faz fraca a forte gente", já o escrevia com sabedoria o genial Camões, há séculos, evidenciando o poder do mal que um dirigente público pode causar com seu mau caráter.

Embora cada mentira, dita pessoalmente por um homem público, ou paga por ele para ser difundida por terceiros, possa ser recebida de forma céptica, reduzindo a expressão quantitativa dos efeitos, não deixa, todavia, de produzir, pela incredulidade, o mal que esta, qualitativamente, sempre faz à sociedade.

As funções, as profissões, as atuações de seres humanos, quando praticadas fora da realidade, valendo-se da mentira como instrumento, conforme a qualidade e a quantidade desta, podem levar à desmoralização toda uma classe e até mesmo o conceito de uma nação.

O efeito multiplicador do mal de mentir é, às vezes, tão grande, atingindo tal quantidade de pessoas, que se pode transformar em catástrofe. Essa a razão pela qual as organizações profissionais tendem a exigir o comportamento ético, em face da verdade, com maior rigor, e em assim fazendo, muito contribuem para cada um de seus componentes, em particular e para o todo, em geral.

A falta da preservação, por exemplo, da honra, no que tange à exatidão e sinceridade na emissão de um laudo pericial, por parte de um engenheiro, de um médico legista, de um contador, de um químico, é um ato vergonhoso e se isso se torna habitual, por parte de diversos profissionais, pode terminar até por corromper o conceito da classe à qual cada um pertence.

O perito, em geral, escolhe-se pela qualidade do serviço que presta, mas a quantidade de pessoas à qual seu laudo vai servir implicará também na quantidade dos efeitos que o mesmo possa produzir.

Ou seja: se uma opinião é mentirosa, emitida por um profissional de qualidade notória, o efeito gravoso da falsidade tende a provocar males vultosos, porque maior será a quantidade de pessoas dispostas a crer no que foi objeto de parecer. Essa a razão por que os romanos antigos costumavam dizer que "sempre se procura um nome honesto para encobrir atividades desonestas", ou seja, não têm sido poucos os empreendimentos que se basearam em coisas erradas, mas que possuíram, em seus Conselhos, Presidências Honorárias, nomes altamente acreditados.

Quanto maior é o conceito de uma pessoa, tanto maior deve ser o zelo em expor-se, em razão de sua também maior responsabilidade para com a verdade.

Ainda que em relação a determinadas funções possa ocorrer uma tolerância com relação à mentira, isto não anula a consideração do aspecto aético que esta representa e nem justifica que se a prossiga tolerando.

Ou seja: *a tolerância para com mentira não anula e nem exclui efeitos colaterais gravosos.*

É natural que se entenda que a dimensão do mal depende dos efeitos que o mesmo provoca e do alcance que tem, mas, de forma alguma, por menor que seja, deixará de ser um mal.

O fato de muitos serem complacentes com a falsidade não implica, de forma nenhuma, a consagração dessa como uma conduta ética.

Dever ético, classes profissionais e mentira

Ao aceitarmos a virtude como um "dever ético", implicitamente, reconhecemos que ser verdadeiro é, compulsoriamente, um relevante compromisso, o que implica, logicamente, a obrigação de recusar a mentir.

Enquanto a moral pode ser variável, como a reconheceu Aristóteles, a Ética não se subordina ao subjetivo, mas ao objetivo, em face de nosso comportamento exigível em relação a terceiros.

Em um sistema, cada componente é responsável por si e por seu conjunto, com este necessitando conviver em interação eficaz, coordenadamente com a finalidade global, e assim deve ser a sociedade dos homens.

Faltar à verdade ao semelhante é, por natureza, aético e antessistemático perante o social, e só pode haver tolerância no rompimento dessa relação obrigatória quando um bem muito maior possa ocorrer em favor de terceiros ou do sistema.

A moral individual pode variar, mas o dever ético não o pode.

Só diante de fatos excepcionais, raras exceções são aceitáveis para a Ética, e assim mesmo, quando o bem, como um fim muito maior, comporte o uso de meios menores e que aparentemente apenas são um mal.

Isso porque, sob o prisma ético, a grandeza do fim pode dissolver a pequenez de um meio.

Nossa responsabilidade para com todas as pessoas, todavia, coloca-nos em uma posição muito mais expressiva do que aquela de um "homem cidadão", este, apenas, parcela de uma nação.

O ser humano é muito mais que um singelo participante de um Estado, pois ele é uma inteligência sensível, cumprindo uma função perante sistemas cósmicos que exigem solidariedade e compromissos com finalidades infinitamente maiores.

Sob a ótica sistemática, pois, as classes não são apenas aglomerações de pessoas que cumprem funções semelhantes, mas complexos que organizada e definidamente executam intrincadas obrigações sociais.

Por isso, *em face da complexidade, da dinâmica das sociedades, embora seja o grupo profissional que produza seu Código de Ética, por si só, não significa que este não possa conter matéria aética.*

Tal fato decorre em razão de uma coisa ser a Ética, em si, como uma ciência, e outra, a aplicação que dela possam fazer seus utentes, individual ou coletivamente.

As grandes classes, em geral, como são as dos administradores, advogados, arquitetos, contadores, engenheiros, médicos, professores, tendem a possuir normas de conduta amadurecidas, mas essas, por si só, não se tornam infalíveis apenas porque se derivam da experiência de um maior número de profissionais e nem porque são tradicionais.

Muitos costumes estratificaram-se durante os anos, e mesmo sendo moralmente aceitos, podem deixar de qualificar-se como comportamento ético.

A mentira, todavia, mesmo diante de imperfeições que possam existir quanto a qualificá-las e quantificá-las, é, em geral, condenada pelas classes, por ser considerada aética, mas nem sempre os Códigos bem as detalham e se preocupam em estabelecer critérios de avaliação de suas extensões.

O mau exemplo, todavia, defluente da habitualidade em não se punir adequadamente a mentira, estimula a corrupção, a desmoralização e os demais vícios defluentes dessas anomalias, tendendo a alimentar e realimentar as transgressões nas comunidades.

O dever ético de combate à mentira é, também, pois, uma forma de exercer a proteção de um grupo, e isso tem tanto mais expressão quanto maior for o número de componentes de uma comunidade.

Classes fortes tendem a atitudes fortes, quando possuem lideranças legítimas; a natureza da punição à mentira tenderá, nesse caso, sempre, a ser tanto mais rigorosa quanto maior for a transgressão.

As classes bem organizadas, conscientes dos males da impunidade, procuram maior rigor em seus julgamentos de natureza ética, a fim de preservarem a verdade como um patrimônio.

A exigência da qualidade do trabalho, da probidade como fator de qualidade, já era feita desde as corporações romanas, na Antiguidade clássica, comprovando a História que de há muito se havia formado uma consciência a respeito desse assunto.

A defesa do consumidor, a verdade no relacionamento com o cliente, é milenar e na Idade Média já era exigida como cumprimento de um dever ético.

A defesa de um conceito de grupo, amparado por uma conduta sadia, perante terceiros, é algo, pois, de tradição, há milênios protegido pelas organizações classistas.

Como as entidades de classe tendem a estabelecer linhas éticas e como protegem ao todo e a si mesmas, nem sempre isso tem interessado ao mundo político, especialmente em ambientes fortemente capitalistas.

Essa a razão pela qual, na Roma antiga, a essas entidades referidas não era permitida a participação na política do Estado e porque atualmente existem fortes empresas que não admitem, como empregados, os que sejam sindicalizados ou estejam em liderança de classe.

Ajuda esse efeito restritivo o fato de a Constituição brasileira estabelecer que "ninguém é obrigado a associar-se e nem se manter associado".

Como nem sempre é o comportamento ético aquele que interessa aos que possuem como escopo precípuo a especulação, esta sem compromisso com os valores humanos, não foram poucas as vezes que as próprias leis elaboram-se ao sabor dos ambiciosos de maior poder financeiro (basta analisar o que no Brasil se tem feito, especialmente, privilegiando as instituições financeiras).

Ética profissional e mentira

Por índole, por natureza, o profissional deve ser um homem seriamente comprometido com a verdade.

No desempenho de seus serviços, não deve mentir, nem com seus clientes, nem com os funcionários, nem com quem quer que seja.

Esse compromisso com a verdade é um princípio a ser tomado como base fundamental para os que oferecem seu trabalho a terceiros.

Existem casos, entretanto, em que a verdade pode chegar a ser perniciosa se dita com toda a sua dureza, e também aqueles em que a proteção de uma virtude maior, como a do sigilo, por exemplo, exige a ocultação de realidades.

Recordo-me de um dos casos que tive em minha vida profissional no qual fui obrigado a não mostrar imediatamente a realidade, para não comprometer o resultado dos trabalhos.

A empresa que estava sob meus cuidados tinha perdido seu líder e fundador, e seu filho único, que era médico, alheio ao movimento empresarial, teve que assumir o comando.

O aludido empreendimento era um negócio tradicional no ramo alimentício e, embora lucrativo, tinha graves problemas financeiros decorrentes de falhas no trato com o capital de giro.

A situação era caótica, mas se eu tivesse dito isso, na atmosfera que envolvia o falecimento recente do progenitor do novo proprietário, o herdeiro não saberia o que fazer e poderia ter cometido outros enganos e precipitações.

Minha primeira tarefa foi dizer que a empresa precisava de algumas providências urgentes e que ele ficasse tranquilo, pois tudo haveria de resolver-se a contento.

Imediatamente, todas as medidas de recuperação foram sendo tomadas, sob nossa orientação, até que uma situação de equilíbrio fosse encontrada, quase seis meses depois.

Durante aquele período, tive a empresa sob minha intervenção com a ajuda de uma equipe profissional competente e que sempre me acompanhou.

Ocultei a meu cliente, todavia, durante os trabalhos, a gravidade da questão, e a ocultação desta, em termos absolutos, não deixou de ser um meio mentiroso, porque o é todo aquele que encobre ou nega a verdade, com o uso de outras alegações, ainda que estas, em si, não sejam mentirosas ou representem como se usa dizer "meias-verdades".

Só quando demonstrei ao empresário tudo o que havia ocorrido, em uma longa prestação de contas, foi a ele possível compreender que o nosso procedimento fora o adequado para o caso e me confessou que se tivesse sabido da verdade teria requerido sua própria falência ou procuraria vender a indústria.

Sempre entendi como um erro, portanto, dizer a um cliente que a situação é grave, se isso não contribui para resolver o assunto, como ocorreu no caso descrito; sempre evitei alarmar e, muito mais ainda, criar estados mentais incompatíveis com os necessários para a solução de problemas.

Por vezes, em outras oportunidades, cheguei até a dizer a empresários, por nós assistidos, que as coisas haveriam de bem se resolver, mesmo diante de situações de incerteza de solução, mas, buscando pensamentos positivos, competentes para ajudarem, energicamente, a solução de assuntos profissionais.

Em nada contribui o pensamento negativo, e muita coisa pode até mesmo se complicar quando a entendemos como grave, em vez de observar apenas que ela existe e que precisa ser resolvida.

Devemos enfrentar, mesmo o que nunca foi resolvido, com a disposição de que tudo pode solucionar-se e procurar fazer com que nossos semelhantes se conscientizem sobre o poder da força interna que todos possuímos e também de que esta é capaz de reverter as piores situações.

A atitude de incentivar é um dever ético na relação entre profissional e cliente, na maioria das profissões, e, para isso, até o uso de pequenas mentiras, sem efeitos gravosos, pode ajudar.

Não são poucas as pessoas que se deixam estimular por elogios e que chegam a alcançar coisas que não tinham, simplesmente porque já se imaginaram alcançando-as diante de uma expressão motivadora.

Antes das batalhas, os comandantes dos exércitos romanos usavam a "peroração", que era uma fala de estímulo para a vitória, inspirada no orgulho de combater pela pátria e na crença de que eram eles soldados imbatíveis.

A prática profissional provou-me, ao longo das décadas, ser uma atitude competente a de oferecer relativa tranquilidade ao cliente para ajudá-lo a enfrentar situações adversas.

Presenciei, também, em outras atividades, notáveis profissionais que induziam a coisas certas seus clientes tirando-lhes a preocupação sobre eventos temidos.

Isso ocorre, por exemplo, quando um médico, mesmo sabendo de um caso insolúvel relativo a seu paciente, diz a esse que vai melhorar, visando amenizar, de qualquer forma, parte do sofrimento e da ansiedade de quem está sob seus cuidados.

Exemplificando sobre a questão, Voltaire, em seu *Dicionário filosófico*, narra um conto de um discípulo de Confúcio, no qual em trecho específico evoca o engano que os médicos fazem às crianças, para o próprio bem delas, quando, ao dar-lhes ruibarbo, dizem estar oferecendo açúcar.

Com isso, o grande filósofo desejou deixar claro que conforme o alcance que cada um pode ter sobre a verdade, nem a todos esta pode ser dita.

Schopenhauer afirmou que a certas pessoas, mesmo queridas, devemos fazer entender que podemos viver sem elas, para assim, atá-las, ainda mais, a nossa pessoa (capítulo "Homem e a sociedade", em *Dores do mundo*) e também para que pensem ou imaginem sobre o quanto seria ruim romper-se a relação existente.

Sugeriu, dessa forma, uma mentira para alcançar um bem maior e que, no caso, seria o da preservação de uma amizade; embora não esteja totalmente de acordo com essa forma de obter o fim evocado, admito que o fato, diante de uma relação de "dependência", poderia até alcançar efeitos positivos.

Nesse caso, mente-se para manter uma relação proveitosa, e, embora se alcance um objetivo nobre, não se deixa de mentir; muitos chefes adotam essa política com subordinados, de modo que os mantenha sempre atentos para não perderem o lugar, zelando, assim, pela eficácia do trabalho, produzindo o efeito duplo de proteger a empresa e o próprio empregado.

A mentira no campo profissional, portanto, apresenta-se sob vários aspectos.

Se um dentista, por exemplo, informa a seu cliente que um tratamento vai causar dor, mesmo que não seja tão forte, só diante dessa informação, a pessoa pode já começar a sentir profundo desconforto, conforme seu grau de entendimento e comportamento perante a dor.

Portanto, ocultar a verdade, até mentir para beneficiar, em casos de menor importância, mas que podem causar fortes impressões, parece-me ser uma mentira defensável profissionalmente, desde que não tenha efeitos prejudiciais relevantes.

Cada pessoa tem uma forma de apreensão, um limite de observação e de raciocínio, e os profissionais não podem desconhecer essa particularidade.

Quando alguém procura um médico, é porque deposita nele sua confiança e, portanto, espera do mesmo uma solução e não um agravamento do problema que já traz.

A capacidade de conhecer, de receber a mentira ou a verdade pode ter diferentes reações, e explorando essa ótica foi que alguns importantes filósofos modernos ergueram suas doutrinas e fizeram evoluir seus pensamentos.

Há, pois, um limite de tolerância para a mentira no campo profissional, em face de conveniências benéficas, mas jamais isso pode justificar a negligência, a ausência de uma completa diligência na solução dos problemas de um cliente e, muito menos, algo que possa resultar na quebra de confiança.

Simulação e ocultação total da verdade perante a ética profissional

A ocultação da verdade pode gerar aparente mentira quando, obrigado a responder ou opinar, alguém necessita pronunciar-se ou proferir afirmações.

Inquirido sobre um assunto relativo a um cliente seu, um profissional poderia dizer que não se lembraria de como o fato aconteceu, embora pudesse ter gravado em sua memória o referido evento.

Estaria o depoente mentindo para garantir a ocultação de uma verdade, cumprindo um dever ético de manter sigilo, fazendo-se digno da confiança que nele foi depositada.

Utilizaria, no caso evocado, de um meio aparentemente errado (mentira), mas alcançaria um objetivo certo (sigilo sobre a verdade); praticaria uma ação errada por mentir, mas, em realidade, correta em relação à defesa da virtude, da proteção de um segredo confiado.

Sob o prisma da Ética, *algumas vezes o silêncio é maior que a palavra quando aquele defende a virtude e esta só pode comprometê-la.*

Sendo o meio menor que o fim, aquele se justificaria perante a grandeza deste.

Se um Contador, em juízo, fosse instado a responder se seu cliente adquirira tal ou qual tipo de mercadoria, e se não tivesse sido autorizado por aquele a revelar a aquisição, sua obrigação seria a de ocultar a verdade (o Código de Ética Profissional dos Contabilistas exige isso).

A própria lei, também, protege essa conduta, sobrepondo o valor da confiança a qualquer outro.

Diante de tal circunstância, se dissesse que não se lembrava, não teria dito sim e nem não, mas teria mentido em defesa de um princípio ético.

Pode parecer paradoxal que, ao mentir, tenha sido ético, se a conduta ética exige a verdade e se a lei, em tese, não deve consentir transgressões à verdade.

Em tal circunstância exemplificada, todavia, a mentira, por contraditório que pareça, é ética, e a lei ao defendê-la protege um preceito que é por natureza maior do que aquele de informar.

O mesmo caso ocorreria com um advogado que, para salvar um cliente, vítima de circunstâncias adversas, evocasse a forte emoção como o motivo de um delito ou até mesmo a demência, quando tais coisas, de fato, não tivessem ocorrido.

Estaria o profissional mentindo, mas cumpriria seu dever de defesa; não estaria ele a proteger o delito, mas a pessoa que o praticou e da qual recebeu a confiança e em favor da qual deveria usar de todos os meios a seu alcance para cancelar ou reduzir as penas pertinentes.

Nada justifica, entretanto, falsear a opinião, quando ela se destina a servir a muita gente, quando um interesse maior está em jogo, em questões relevantes e nem quando possa lesar a soberania e os interesses supremos de um Estado.

Utilizar-se da profissão, dos conhecimentos que ela oferece, ou de uma função outorgada, para enganar, ludibriar, falsear a verdade é aético e injustificável sob todos os títulos.

A virtude é a base da Ética; a mentira, em sentido absoluto, é aética, por ser uma lesão à virtude.

Só mesmo uma razão de ordem deveras pode tornar tolerável uma transgressão ligeira aos rigores da defesa intransigente da verdade.

Ainda que se possa contestar o conceito de algumas coisas consideradas como verdades, como o fizeram alguns pensadores em relação à Ética, o fato é que a virtude só se explica pelo exercício do bem, e este será, sempre, aquilo que não nos prejudica e nem prejudica a terceiros.

Considerações sobre a ética face aos modernos desafios científicos

Interdisciplinaridade e evolução científica

A ciência é um grande campo em que existem diversos sítios de indagações, cujas dilatações implicam mutações de limites e assimilação de enriquecimentos culturais.

Como bem asseverou Gusdorf (1988:255): "Cada ciência é, por sua vez, um aspecto da inteligência que se afirma num dado momento do tempo e numa certa região do espaço".

Como o próprio autor referido reforça em sua magna obra sobre a história das ciências, há uma epistemologia global que acaba por determinar evoluções diversas, influindo em associações de ideias, estas resultantes de uma interdisciplinaridade que promove transformações constantes.

A interdisciplinaridade é, pois, algo inquestionável e em alguns casos tão estreita é a ligação que acaba por dar origem a ramos específicos do conhecimento, derivados do somatório delas, como ocorreu, por exemplo, com a Biogenética (associando Biologia, Física e Química).

A segunda metade do século XX foi tão pródiga em transformações que novas óticas despertaram alterações de comportamentos e entendimentos sobre a conduta humana.

Conceitos, proposições e preceitos enunciados formalmente há milênios confirmaram-se verdadeiros em suas essências, sob óticas de maior amplitude quanto à justificativa dos mesmos, enquanto outros sofreram alterações, sendo alguns até abandonados.

O conhecimento de si mesmo, a vida consciente, em suma, fatores essenciais perante a Ética também foram tangidos por várias ciências, especialmente beneficiados pela Psicanálise, Psicologia, Neurociência, Biogenética e Parapsicologia, ramos cujo estudo se interrelacionam diretamente com a Ética.

Embora imprevisível seja o que possa ainda vir a ocorrer é, todavia, aceitável entender que a explicação sobre a essência do comportamento humano, no campo científico, está a ampliar sua visão sob o influxo da metodologia do "holismo".

Ou seja, o homem não pode mais ser analisado face às suas atitudes apenas tendo por centro a pessoa (antropocentrismo), como se algo isolado fosse, mas relacionado com todos os seus entornos (holismo).

Se impossível continua sendo abandonar o estudo do ser como núcleo, muito menos o é como parcela de um imensurável universo de natureza sistemática, onde em tudo a energia preside.

Cada vez mais se tem acentuado o entendimento sobre a necessidade de visões de maior amplitude na maioria dos ramos do conhecimento, mesmo quando o analisado refere-se a uma só parcela de um todo.

Realidade e ética

Desde o período pré-socrático, a inauguração de uma ciência física por Aristóteles, há mais de dois milênios, pensadores refletem sobre o micromundo e o movimento das coisas.

Todavia, segundo o eminente químico nuclear Carlos A. L. Filgueiras: "Foi Lavoisier quem definiu de forma bem clara o conceito moderno de elemento químico como a menor porção de matéria que não perde sua identidade numa reação química" (2002:17).

Expressiva foi a contribuição científica a partir de Heisenberg com o "princípio de indeterminação" enunciado em 1927, complementado pela expressiva participação de Max Planck, construindo a Física Quântica.

Com o advento dos estudos nucleares, concepções novas surgiram e se agigantaram quando as revoluções das Biociências começaram a encontrar explicações sobre os problemas da herança contida nas células.

As formas das coisas, admitidas clássica e comumente, aceitas como "realidades", a referida evolução científica acabou por mostrá-las não coincidentes com o que conseguimos ver.

A limitação física do homem em "perceber" através dos sentidos de que dispõe fez com que conceitos se construíssem ao feitio do estreito alcance daqueles, quer face ao micro, quer ao macromundo.

O comportamento humano, a Ética, pois, em relação a determinadas coisas, diante do avanço científico, teve que se adaptar a novos entendimentos, isso porque virtude implica verdade como essência.

As teorias modernas sobre a "energia" comprovaram que tudo o que vemos como "coisas" e "pessoas" em realidade são autênticos "universos" povoados por um expressivo número de minúsculos "sistemas".

Cada "sistema", por sua vez, é um conjunto de infinitésimos elementos havendo entre estes espaços vazios que são enormes distâncias em relação às proporções dos mesmos.

O considerado como cheio e "compacto", a ciência evidenciou que, em realidade, é um complexo de vazios onde circulam energias, estas, por sua vez, plenas de partículas.

Portanto, o aforismo "ver para crer", que guiou e ainda guia condutas humanas abala-se perante as conclusões da ciência moderna, face ao que hoje se indaga e constata existir no macro e micromundo.

Muitas coisas que não vemos realmente existem sem que consigamos sequer percebê-las.

Logo, a verdadeira "essência" sistemática do que nos cerca não está em nosso alcance abranger, assim como ainda muito há que pesquisar sobre o que se passa nos domínios energéticos.

Em nosso cérebro, todavia, circulam energias, estas que estão em todas as coisas.

Circuitos eletromagnéticos são constantemente efetivados em "neurônios" transmitindo mensagens, procriando células-tronco e precursores neurais, mesmo quando dormimos, sem a participação de comandos de nosso consciente.

Tal energia é suprida por força que se admite seja preexistente, de proveniência além do ser corporal, tal como a ciência vem investigando, acreditando alguns estudiosos seja a mesma que em tudo se encontra.

Ou seja, as teses mais avançadas como as de Charon, de inspiração científica, admitem que em essência tudo é igualmente energizado.

Sustenta o eminente intelectual que o organismo físico assemelha-se a um aparelho receptor de poderes, sendo forma compacta da própria energia.

Alega que a energia é a tudo atribuída, mesmo ao dito "inanimado", alterando-se apenas face às funções a serem exercidas pelo ente no curso da evolução cósmica.

O que diferencia cada ser é, portanto, a "forma" de utilizar a força que possui e que determina os atos que pratica.

Ou, ainda, de acordo com cada constituição, opera-se a ação da energia qualitativa e quantitativamente, mas dentro de uma programação universal.

O pensamento, pois, é considerado fruto da energia processada no cérebro, com qualidade e intensidade que a organização mental consente distribuir.

Cada ser é, portanto, "transformador" de energia, competente para dar a ela vibrações "positivas" ou "negativas", consoante a estrutura da "consciência".

Da mesma forma como é possível transmitir, também o é receptar outras vibrações energéticas que, dirigidas ao ser, por ele são captadas.

Assim, todo o nosso corpo recebe e pode dar energia a outros corpos e esta obedece à qualidade com a qual é laborada.

Influímos e recebemos influências e o ter conhecimento sobre isto muito influi sobre o comportamento das pessoas.

Possuímos em nossa composição física um grande agente de circulação de energia eletromagnética, o protóxido de hidrogênio (água).

Dois terços de nosso corpo são formados de "água", logo, amplo veículo de movimentação de forças.

Essa a razão por que ao conviver com os seres somos susceptíveis de fazer circular imediatamente por nossa constituição orgânica a energia que eles nos transmitem.

Ao nos relacionarmos com pessoas que emitem energias positivas, delas absorvemos vibrações que nos fortalecem.

De forma oposta, se convivemos com quem possui energia negativa, nos enfraquecemos.

Não se trata, pois, de fé, crença, misticismo ou suposição o reconhecimento de tal verdade, mas de uma realidade que hoje a Física Quântica atesta.

Mais uma vez a ciência fortalece a tese do latino René Descartes e abala a do anglo-saxão Bacon; há uma inequívoca prevalência do "eu interno" sobre o "percebido pelos sentidos".

Ou seja, menos a sensação e mais a natureza interna, a consciência de si mesmo, é o que nos aproxima das essências e nos conduz a evitar o mal ou a absorver o bem.

As conquistas da ciência moderna representam na atualidade novos ensejos de tratamento de temas na Ética, especialmente no que tange à formação da consciência e das transformações pertinentes.

Assim, por exemplo, os efeitos das transmissões de energias, comprovadas pela Física Quântica, sugerem que ao tratar com pessoas pessimistas nos comportemos com reservas suficientes para que delas não absorvamos as condições negativas.

Tal fato não se liga, pois, apenas à "virtude", mas a uma "conservação da vida", como sugeriu Carrel e que nos cobra proteção não só biológica, mas também mental e espiritual.

Portanto, as condições sob as quais se interligam as estruturas cerebrais e aquelas da formação da consciência estão, perante os estudos modernos, a transcender as concepções tradicionais oferecidas pelos costumes, fé e até as relativas aos conceitos sobre a virtude.

O que foi tido apenas como místico, ensinado há milênios pelos filósofos do Oriente, considerado apenas como "crença", comprova-se hoje em teorias e experiências no campo da ciência moderna (notadamente da Física Quântica e da Biogenética) em relação ao poder da ação da energia em nosso cérebro.

Valor ético do compromisso com a vida e a ciência moderna

Viver, estar empenhado com a vida, é um dever ético.

Ou seja, não basta sentir-se existindo, sendo necessário fazer da existência uma oportunidade de ser útil, contribuindo para a evolução do cosmos.

O holismo leva à reflexão sobre o imenso complexo do qual participamos e isto obriga a ser ativo, a contribuir para a evolução.

É interessante observar que mesmo um organismo de uma só célula, como a ameba, sente-se vivo e luta por sobreviver cumprindo a função que outorgada lhe foi.

A referida, sendo unicelular (embora um complexo), protege, todavia, seu organismo contra elementos que possam ameaçar a sua sobrevivência, absorvendo o que lhe interessa, refutando o que é adverso, defendendo, dentro do que lhe é possível, a manutenção do próprio equilíbrio.

Aumenta a interrogação sobre o sentido de tal viver o fato de o aludido ente não dispor de sistema nervoso, não possuindo, portanto, cérebro no sentido em que o compreendemos.

Tudo isso permite admitir que entre o complicado sistema mental e a ocorrência da vida existe uma área de penumbra ainda por pesquisar.

Parece espantoso o fato ocorrido, pois leva ao entendimento de que a inteligência preceda a própria existência do cérebro.

Isso significa que para existir ação inteligente não há necessidade da presença do cérebro, o que é deveras surpreendente perante os conceitos tradicionais.

Consoante ao tema, os cientistas da Biogenética concluíram ter ocorrido no princípio da Terra, quando da origem do "gene", a precedência do elemento químico RDA sobre o ADN (abreviatura de ácido desoxirribonucleico, em inglês, DNA), admitindo uma "energia inteligente" originária peculiar, proveniente provavelmente da essência cósmica.

Que se dizer, pois, diante de tudo isso, em relação aos seres humanos aos quais tantos poderes cerebrais foram outorgados?

Estudos modernos estão comprovando que o fato de limitarmos o conceito de vida ao da existência apenas do corpo prejudica o raciocínio reflexivo e holístico sobre o que deveras representamos, face à energia que precedeu a matéria como geratriz da força que a move, sem dependência à estrutura e forma da mesma.

O próprio estudo e concepção da energia parece ainda periférico, pois a essência real da mesma, ou seja, aquilo que de fato significa, não conseguimos definir.

Sabemos, por exemplo, que a mesma energia que entra em nossas casas, e que é uma só, produz várias manifestações como as de calor, frio, luz, som, imagem etc., oferecendo aspectos diversos conforme a utilidade requerida; não sabemos todavia o "porquê" de tudo isto quanto à "essência".

Prejudica, ainda, a concepção de uma "consciência ética" o imaginar um tempo sobre o qual mantemos um ilusório entendimento, como Einstein, quase às vésperas de sua morte escreveu.

Refiro-me à medida ilusória que se constrói em relação à duração do corpo e àquela da energia que sobre ele atua.

Tudo sinaliza, entretanto, mesmo no campo da análise da célula, em consonância com as conquistas da Biogenética, para uma continuidade de existência, ou seja, uma não interrupção do curso inteligente da vida.

A hereditariedade contida no gene não se manifesta apenas como material, mas também relativa a um estado de consciência.

As teses de Jean E. Charon sobre uma teoria científica do espírito vêm-se confirmando na análise das complexas estruturas do ADN (abreviatura de ácido desoxirribonucleico, em inglês, DNA), cujo mapeamento ainda parece embrionário, mas competente já para mostrar que o fluxo da existência é evolutivo e sequencial.

Embora existam os que ainda insistem em limitar o prazo da energia que dá a vida (que é o espírito) àquela do corpo que é a matéria, as convicções a respeito de tal posicionamento muito se têm abalado diante das conquistas contemporâneas havidas nas áreas científicas, como acenou o referido Charon com argumentos lógicos.

Consciência e matéria apresentam ainda sérias dúvidas, quer quanto às origens, quer quanto à realidade de suas naturezas, face ao que possam representar perante a essência cósmica.

Em todo esse complexo de interrogações a filosofia do comportamento humano prossegue firme em seus postulados, mas receptiva à conquista científica.

O compromisso com a vida é, portanto, sem dúvida, nesse contexto, um fundamento, não apenas um argumento perante a doutrina da Ética.

Equivocam-se, pois, os indivíduos que imaginam ser a existência algo apenas transitório esgotável no curto prazo do que imaginamos ser toda uma história.

Tudo indica que o Universo não é formado de "perdas", mas de "transformações".

A questão está no conceito errôneo que se empresta ao limite da existência e que influi sobre os aspectos de uma consciência formada para modelar comportamentos.

Dever ético do conhecimento de si mesmo

O ser humano tem deveres para consigo mesmo no sentido da promoção do bem-estar e da felicidade própria em harmonia com os deveres éticos.

Quem não consegue estar bem consigo mesmo dificilmente transmitirá energias positivas que possam contribuir para o sucesso próprio e de terceiros.

A conquista de tal estado, todavia, carece de profundo conhecimento próprio, competente para habilitar a mente a exercer toda a força que o espírito tem condições de oferecer.

Há milênios a Filosofia evocou no Oriente a necessidade do ser em interiorizar-se para que melhor pudesse compreender-se.

Os filósofos em geral se preocuparam sempre com a origem e a interpretação dos fatos e das coisas, buscando aprimorar o conhecimento, quer face às inquietações íntimas, quer quanto às ocorrências fora do ser.

Se nem sempre as diversas doutrinas estiveram de acordo, todavia, a questão do conhecimento de si mesmo jamais foi evocada no sentido de ensimesmar-se.

O dever elementar de entender o que deveras existe dentro de cada um não foi estímulo à misantropia, nem a uma postura eremítica, mas preparação para um comportamento que não só deveria facilitar a vida do ser, como também aquela de seus semelhantes.

Conversar com o íntimo, buscando desvendar planícies e muralhas ocultas no espaço da imaginação, não só foi sugerido pelos pensadores clássicos, mas especialmente o é hoje pelos mais ilustres intelectuais da Neurociência.

Sem os rigores de cada um culpar-se ou absolver-se, o aceito cientificamente na perquirição sobre o "eu" deve processar-se analiticamente envolvido por um sentimento de serenidade que possa ensejar uma crítica das razões que guiam os comportamentos.

No armazenado na mente, construído pelo ser, encontra-se grande número de informações acumuladas egressas de outras fontes, estas que desde a infância edificam o mundo dos pensamentos, algumas falsas, outras verdadeiras, mas todas capazes de influenciar atitudes.

Desde os tempos passados, todavia, exemplos de mentes iluminadas contribuíram para o enriquecimento anímico, sugerindo procedimentos peculiares que merecem ser considerados em razão do "eu".

Assim, vale lembrar o que narrou Platão sobre o episódio que precedeu a execução de Sócrates, condenado que fora ao envenenamento pela cicuta.

Pouco antes do momento fatal, consta que um discípulo influente facilitou a fuga ao mestre sentenciado.

O sábio, todavia, negou-se a evadir do ergástulo em que se achava.

Alertado de que dentro em pouco iriam matá-lo, simplesmente afirmou que ninguém conseguiria fazê-lo, mas, apenas, consumir-lhe a matéria.

Alegou que a sua alma não se destruiria jamais, mas apenas o corpo em que esta se hospedara.

Essa forma de pensar que presidiu tão forte a mente do filósofo fez com que inclusive ele pouco se importasse com o destino de seus restos mortais, ao qual atribuiu valor diminuto.

Provou que alcançara a plenitude da consciência, aquela na qual não reside o medo e que se identifica com a eternidade de tudo o que constitui o cosmos.

Tal fato parece geralmente ocorrer quando o ser humano supera as condições da escravidão material, possuindo capacidade de encontrar em sua energia interna toda a força de compreensão.

Quando é possível entender que tudo o que existe é fruto das transformações da poeira cósmica que ensejou a formação dos mundos, que somos frutos destes, conquista-se uma visão holística, competente para contribuir para a paz interna.

A Física a partir da concepção dos "quanta" conseguiu explicar que toda matéria em si guarda a força da energia, e que é aquela um complexo de vazios onde gravita tal poder, sujeitando-se a mutações, sem provocar extinção.

Demócrito já enunciara tal máxima, esta que milênios depois Lavoisier comprovaria experimentalmente, ou seja, que tudo se transforma sem acrescentar ou perder coisa alguma perante o todo.

Se aceitas tais razões, desenvolvidas pelo benefício de observações e reflexões, fáceis se tornam as conclusões sobre o compromisso energético face à eternidade.

Entendido como premissas que: (1) a inteligência está presente em tudo; (2) a lei do cosmos é a da evolução; (3) nada se perde; (4) a transformação é na essência a função universal, logicamente o medo se dissipará em relação ao que é derivado do forte instinto de "posse" de uma vida que se julgue como a única.

A questão se situa, pois, mais em aceitar-se a condição de "ser" do que aquela transitória do "ter" que tanto alimenta o egoísmo e sustenta o medo.

Tal raciocínio, mesmo transcendendo ao que alguns estudiosos da Neurociência aceitam, filosoficamente, todavia, encontra pleno apoio (hoje estão de mãos dadas novamente a Ciência e a Filosofia).

Muitos dos vícios humanos se encontram na desconsideração de tais razões, especialmente os do egoísmo e da prepotência dos que se acham "donos do mundo", "senhores da verdade", imaginando possuir total poder sobre a vida.

Os defeitos de educação que conduzem ao ceticismo ou ao fanatismo são ferrolhos, confinam o pensar aos limites do mau entendimento sobre a utilidade da existência.

A consciência ética sadia, portanto, deve ter como fundamento a realidade do viver, esta que é apenas efeito do que permite o exercício da essência, ou seja, a energia cósmica que anima o ser.

Espírito (como energia), mente e corpo (como matéria) formam um complexo transitório em que só o primeiro, já o admitia a filosofia clássica, parece ter especial curso na evolução.

Assim lecionou Sócrates no estertor, quando não mais lhe restava alternativa sobre o que ele mesmo a si sonegara recusando defender-se, sobrepondo o interesse de sua filosofia face ao pouco tempo de presença material que no planeta pudesse ter.

Como ele bem disse, jamais morreu; continuou vivo na visão das coisas que legou, esta que se fundamentou na energia de saber-se eterno, de entender que a vida não se consome em uma simples etapa (da mesma forma como em seu século assim havia pregado Buda e quase meio milênio depois o faria Cristo).

Vida consciente e ética

A Neurobiologia tem-nos oferecido interessantes diretrizes na atualidade, reforçando uma visão holística.

Tal ótica avigora o argumento de que o exercício de uma vida inteligente depende do conhecimento de si mesmo, de um comportamento que enseje o bem-estar próprio e o de terceiros, tudo dependendo da formação de uma robusta consciência ética.

Não se pode, portanto, ter conhecimento da própria existência deixando-se guiar apenas por emoções, alheando-se diante das circunstâncias surgidas em cada momento.

Pode-se, sim, ao cometer enganos, continuar a existir fisicamente, mas impedir-se-á que a energia espiritual possa ser exercida em harmonia com o natural compromisso evolutivo que por natureza tenha.

Como um conjunto, alma, cérebro e corpo, afirmam os neurocientistas, devem cumprir um curso compatível com as necessidades existenciais pertinentes, através de comportamentos virtuosos, embora nem sempre isto seja conseguido, em razão da relativa autonomia de cada componente do referido sistema.

No entanto, a energia contida em cada ser exige dinâmica construtiva, porque a vida é uma infinitésima unidade da vultosa grandeza cósmica em evolução.

Se minúsculos fisicamente somos perante a imensidão universal, por outro lado vivemos como algo participativo, cuja dimensão não se mede senão pela representatividade do próprio existir, ou seja, mais tomamos parte por expressão qualitativa que quantitativa.

Cada coisa tem importância relativa ao que lhe é atribuído como função, pois a inutilidade não parece compatível com a inteligência que como energia a tudo preside.

O todo se constitui em partículas e sem estas deixa de existir.

Se não sabemos a razão final do existir, todavia não desconhecemos que existimos.

A consciência é essencialmente uma entidade cuja contribuição deve-se iniciar e evoluir dentro do ser em favor da missão que este tem a cumprir, não devendo, todavia, ser considerada isoladamente, mas como elemento de um conjunto.

Esse conhecimento, tão evidenciado pelas modernas teses no campo da especulação científica, enseja ao ser humano vivenciar, experimentar ou compreender seu mundo interior do ponto de vista ético, mostrando que não é apenas uma sensação, mas também tem deveres quanto ao desempenho.

O certo, o errado, como essências objetivas, devem formar objeto de consideração perante um virtual "conselho de juízes" dentro de cada ser.

De acordo com a Ética, um autêntico "sistema de valores" deve servir de modelo na aprovação ou desaprovação de condutas, atos e intenções próprias ou de outrem.

O aludido conjunto, entretanto, para que tenha o teor da essencialidade, dependerá sempre da estrutura edificada na mente.

Perante a consciência, a qualidade ética deve ser um padrão de valor, como a moeda o é no sistema comercial de trocas, por grosseira que possa parecer a comparação.

Tal construção de modelo qualitativo é exatamente o que cada pessoa deve edificar ao procurar conhecer-se.

Os responsáveis pela informação (como o são autores, professores, jornalistas, radialistas etc.) respondem por formações de paradigmas de virtude cuja responsabilidade lhes cabe.

A convivência que nos é imposta na vida em sociedade implica atitudes específicas, requerendo ações conscientes que as possam filtrar.

O existir é um relacionar-se consigo mesmo (espírito, mente, corpo) e igualmente com o ambiente externo (indivíduos, classes, sociedade, nação, natureza e até o cosmos).

Tal coisa requer competência que se deriva de um pleno conhecimento de si e do ser humano, assim como de uma visão holística sobre o sentido do existir se relacionando.

Da descoberta do fogo até o estudo das cadeias de ADN (abreviatura de ácido desoxirribonucleico, em inglês, DNA), o homem vem progredindo sempre em cultura, mas conservando ainda vícios que impedem a vitória plena da benevolência.

As ciências do "entender-se" e do "relacionar-se", todavia, não conseguiram constatar ainda a aplicação de todos os seus acervos com a intensidade suficiente, necessária à felicidade dos seres.

Importante, pois, é que cada um possa ver cumprida a sua missão no planeta de forma consciente, dentro dos preceitos da Ética, esta como conhecimento racional relativo aos procedimentos virtuosos.

Foi assim entendendo, por exemplo, que procurando conciliar o misticismo com um comportamento de natureza cristã que Tomás de Aquino (1227-1274), valoroso escolástico, com seriedade proclamou a superioridade que deve existir do intelecto sobre a vontade, do valor do conhecimento como condição essencial para a própria prática do amor.

Saber, convicção, justiça, comedimento, foram teclas básicas que segundo o pensador referido representavam a qualidade dos seres, nos quais o sentimento de uma consciência benevolente existe bem formado.

Embora necessário se faça estudar cada pensador de acordo com a época em que viveu, não se pode deixar de reconhecer a intenção manifestada.

Nem tudo o que Aquino escreveu, entretanto, se pode pela forma considerar, mas apreciar pela essência da intenção transmitida.

Se o ilustre pensador não conseguiu imediatamente influir como desejou na consciência moral de sua época (onde uma Igreja corrupta oprimia), teve o mérito, todavia, de abrir caminhos.

As ideias que o pensador referido projetou contribuíram para o Renascimento Italiano, despertando reações e ainda atualmente possuem influência em razão das verdades sobre as quais se fundamentaram.

Até hoje prevalecem os preceitos de Aquino quando se consideram fatores éticos e o valor de uma consciência formada por estruturas sólidas, com respeito ao intelecto e à força deste como fator de liberdade.

A absorção do progresso científico pela evolução da Ética não justifica o alhear-se ao postulado por grandes pensadores do passado.

Muito do progresso atual se deve ao esforço precedente, pois o terreno da ciência se forma de camadas superpostas, nem sempre implicando modificação da essência das mesmas.

Desafios, neurociência, biogenética, parapsicologia e ética

A dificuldade que tem existido em entender a mente reflete-se naquela do conhecimento de si mesmo.

Não tem sido fácil a tarefa dos estudiosos da Neurociência no sentido de compreender todos os meandros da questão, especialmente aos que se aferram apenas ao aspecto "biológico".

Embora não seja possível duvidar quanto à possibilidade dos estudos da Biogenética em revelar enigmas sobre a verdadeira origem das espécies (estes ainda existentes, não obstante as conquistas de Lamarck e Darwin), são admissíveis as promissoras indagações que a Parapsicologia vem efetivando sobre as origens do espírito, associadas àquelas da energia cósmica.

É aceitável como necessário harmonizar-se as conquistas da Neurociência, Biogenética e Parapsicologia, visando associar espírito, mente e corpo como um complexo que pode ensejar contribuições expressivas à Ética.

Até que limite será possível entender a consciência atada ao conceito de apenas uma crítica da razão é, todavia, ainda um desafio expressivo que se faz presente aos cientistas da mente e aos filósofos.

Se deveras recebemos em nossa formação genética um "programa" de caráter, relativo a informações precedentes, se tais heranças são determinantes na formação da consciência, se pertencem a um destino que não conseguimos mudar ou se é maleável ao arbítrio do ser, tudo isto é susceptível de ser desvendado e explicado.

Novos posicionamentos poderão ocorrer sobre os preceitos éticos, estes que há milênios são sustentados, mediante novas concepções que possam advir das descobertas que essas ciências novas estão a pesquisar.

Dever ético em ser presente

Muito dificulta a compreensão que um ser pode ter de si mesmo o fato de recusar ou deixar de esforçar-se quanto à análise de sua própria conduta e forma de pensar.

O velho refrão "conhece-te a ti mesmo", tão antigo quanto são as pirâmides do Egito, é hoje abraçado pela Neurociência, como foi referido.

Pouco se conhece ainda sobre o verdadeiro potencial da mente e esta muitas vezes faz do ser o que nem sempre ele gostaria de ter sido.

A falta da concentração da energia no próprio corpo, a evasão dos pensamentos que atormentam, sem o enfrentamento dos mesmos, são algumas das causas de grandes males.

A verdade é que não são poucas as vezes que o pensamento age como um tirano e faz com que o ser fuja de suas próprias pretensões.

Não são raras as dissociações entre o poder do espírito e a mente, ou seja, é comum constatar-se nos seres a não utilização de todas as reais possibilidades que possuem.

Tudo em razão do desconhecimento de que só dentro de si mesmo é possível realizar a interação entre alma e corpo.

A ignorância é o maior de todos os males, mas a pior delas é a que se refere ao próprio ser, lecionou Buda há cerca de 2.500 anos.

Procura-se frequentemente "fora" o que só dentro de cada um poderia ser obtido em recursos.

A maior parte do tempo as pessoas buscam em outros seres, ou, em certas coisas, a felicidade, sem se dar conta de que é junto delas que estão as fontes da satisfação.

Em razão disso, é pago um alto preço por tal afastamento dos próprios recursos internos.

A falta de reconhecimento dos referidos, a ignorância de como tratar com tal poder é a responsável pela maior parte das insatisfações.

Ou seja, cada ser, na maioria dos casos, é seu próprio algoz em razão da forma como se conduz eticamente.

Construir muralhas internas entre o pretendido e o permitido pela mente tem militado contra a vida de um sem-número de pessoas.

Não são poucas as vezes que o ser teme a si mesmo, ou seja, que se apavora com os medos que cria.

Outras vezes, e isso é comum, deixa de fazer um elo entre si e a consciência, coisas que muitos imaginam ser a mesma coisa, mas que em realidade são distintas.

Energia vital e mente devem estar em harmonia para que o comportamento do ser possa deveras ser ético.

Impedida a alma de atuar tal estado, arremete a vida a uma estrutura exclusivamente cerebral, e, esta, mesmo eficaz, não tem competência isolada para suprir totalmente a existência.

O corpo é meio no qual o espírito é o fim.

O "eu total" não é a própria consciência.

Dissociar a energia do instrumento que a permite ser exercida assoma-se como um equívoco no processo evolutivo da existência.

A consciência é fruto de uma construção composta de matérias mutáveis, mas tais transformações constantes, para que sejam eficientes, devem ter caráter evolutivo.

Como tudo se altera a cada segundo, os cenários de cada instante apresentam variáveis formas de observação e interpretação e tendem a causar a impressão de que já não se é a mesma pessoa.

Ao deixar-se absorver-se por tais imagens, como formalmente se apresentam, sem o filtro do espírito, ofusca-se a luz interna que capacita o autoconhecimento, que oferece condições ao exercício da concessão que é a existência.

Para que tudo seja visto como bom, é preciso que não exista um afastamento de si mesmo, pois, internamente, sempre se deve encontrar a bondade do viver.

Não se perde o que não se tem; por antítese, axiomaticamente, o que se tem pode ser perdido.

Nisso reside um encargo com a felicidade interna, ou seja, com o não permitir que se deforme o que por doação perfeito foi entregue.

A todo custo é preciso evitar o afastamento do que por natureza de bom nos foi legado e que inegavelmente se possui.

Não se deve cometer o erro de não saber usar um poder concedido quando este é todo um acervo valioso para a prática da benevolência.

Há uma inequívoca vocação moderna para a busca da "essência das coisas", ou seja, a "razão determinante" dos fatos ou "causa agente originária".

Prova eloquente do referido é, por exemplo, o que se operou no campo da indagação sobre os cromossomas como unidades das heranças aninhadas no núcleo da célula.

Mesmo sabendo que cada cromossoma é uma cadeia de substância ácida (ADN – abreviatura de ácido desoxirribonucleico, em inglês, DNA), os estudos não se contentaram e nem terminaram diante de tais convicções, prosseguindo em investigações que é de se prever venham a produzir surpreendentes revelações.

Essa a razão pela qual a ciência vem de há muito pesquisando sobre o espírito, este que a tudo move e que parece ser o responsável pela própria "vida", inclusive ensejando elucubrações teóricas de valor, fundamentadas em fortes razões como a deveras significativa que a seguir passa a ser exposta.

Moderno ensaio teórico de Charon e implicações científicas

Em matéria de especulação científica, a metodologia tem por tradição priorizado o raciocínio lógico, colocando-o acima mesmo do que imediatamente possa ser percebido, embora a observação seja o fundamento do conceito.

O critério dogmático do "e por que não?" que enseja a teoria preceder a aplicação tem sido fundamental nos critérios heurísticos, no campo da pesquisa.

Algumas ciências sequer se preocupam com a "prova" dos fatos, desde que o uso da razão seja a base para o entendimento.

Em meio das referidas, as Matemáticas possuem papel relevante, mas também sob alguns aspectos a própria Parapsicologia, esta que vem se servindo de inferência teórica oriunda de teses da Biogenética, Física e Química especialmente.

Ou seja, faz importação do que se constata como realidade para associar ao que ainda é tido como irreal, por contraditório que possa parecer o critério.

Dentre as especulações mais ousadas e modernas aplicadas à energia espiritual que foram feitas por cientistas, sem aspecto religioso ou místico, fundamentada em razões credenciadas, está a de Jean E. Charon, em sua obra *O espírito este desconhecido* (São Paulo, Melhoramentos, 1981).

Os ensaios teóricos da obra referida buscaram uma associação entre as incógnitas da ação humana e as da consciência, adotando metodologia rigorosamente científica.

Procurando uma ligação entre a Metafísica e a Física Moderna, na introdução de seu trabalho o emérito autor evoca o pensamento de Einstein sobre a ilusória conceituação de tempo, incorporando o mesmo tema de Sócrates quanto ao falecimento da matéria e a continuidade do espírito.

Assim, entendeu o notável físico, que face à eternidade não se torna admissível o passado nem o futuro, mas só um presente de transformações evolutivas e contínuas.

Como a concepção sugere um tipo de investigação que se subordina a tal preceito, como este tem a eternidade como anulação de passado e futuro, assim Charon aceitou a aludida hipótese como introdução ao desenvolvimento de sua tese.

Prosseguindo na evolução da justificativa de seu método, lançou um repto aos "materialistas", afirmando que a estes foi mais cômodo negar a existência do espírito que indagar sobre a natureza e o destino do mesmo.

Com tal posicionamento a orientar a metodologia de seu trabalho, atingiu duramente céticos como Umberto Eco, este que se prendeu mais a ideologias que a associação de verdades conquistadas pela ciência em favor do entendimento das razões da vida.

Evidenciou, pois, que ou se deve negar toda a Metafísica ou sobre o objeto dela se indagar, sendo incoerente qualquer atitude diferente.

Com fortes argumentos sobre a Física Nuclear, a Biociência, Charon manifestou seu respeito aos pensamentos e aos estudos sobre a pesquisa dos fenômenos que transcendem a experiência sensível e que podem fornecer subsídio a todas as ciências particulares, por meio da reflexão a respeito da natureza do ser, tal como Aristóteles entendeu.

Assim assumindo um curso de reflexão, consagrou a tese de que à ciência não se podem impor limites, sob o risco de se vedar a tentativa de conhecimento sobre a realidade dos fatos.

Assumiu o verdadeiro posicionamento de quem realmente busca a verdade e que tem a humildade de considerar todos os esforços para a conquista da realidade perseguida.

Em vez de prender-se ao comodismo de apenas negar o que não se consegue ainda explicar, apelou para todo o conhecimento disponível para a sustentação de suas indagações.

Situou-se como um especialista e não apenas como um crítico que se contenta em contestar e acusar sem se valer de argumentos que a ciência sobejamente hoje oferece.

Desenvolvendo uma teoria, em vez de negar a energia espiritual, postou-se Charon em oposição à Eco, este que não demonstrou em seus escritos atualidade de conhecimento face aos estudos avançados das ciências do macro e micromundo.

O crédito quanto à afirmativa sobre a realidade depende de aproximações com a verdade, esta que a ciência persegue, não bastando apenas opiniões fundamentadas em ideologias ou meras suposições.

Charon, pois, ao admitir como princípio que toda a história do universo está dentro de nós, que na essência do ser se encontra presente aquela de todas as coisas, valeu-se de todos os recursos que hoje são oferecidos pelas ciências da natureza, principalmente em relação ao átomo (Física Quântica) e ao gene (Biogenética).

Consagrou, portanto, sem desprezar a "Unicidade da Consciência", assimilando a proposição evolucionista de que tudo se transforma para um "progresso cósmico" e que nada se perde, ou seja, no fato da não existência de interrupção no curso da energia, logo, também, naquela do espírito.

Dissertou sobre uma "inteligência da célula" (nas cadeias do ADN, abreviatura de ácido desoxirribonucleico, DNA em inglês) e considerou-a detentora de uma "inteligência universal", esta sobre a qual dissertou.

Ou seja, Charon aceitou com seriedade que tanto no mundo orgânico (inteligência da célula) quanto no inorgânico (inteligência do átomo) o mesmo poder é manifestado, embora sob forma variada, este que alguns neurocientistas preferem denominar como "sensibilidade" (sem, contudo, definir o que por isto se deve entender).

No que tange ao conhecimento inato em tudo o que existe, pois, avizinhou-se da tese de Descartes, contestada por Hume, mas hoje cientificamente comprovada pelos estudos da Biogenética.

Vale lembrar que nos estudos de Biologia Molecular o curso evolutivo foi algo sintomático, comprovando a imensa riqueza do poder energético nas fases sequenciais de transformação, isolamento, reprodução e transformação do gene (este com unidade fundamental, física e funcional da hereditariedade).

O referido "gene" constituído por segmento de uma cadeia de ADN (abreviatura de ácido desoxirribonucleico, em inglês abreviado por DNA) é a síntese de uma proteína, competente para identificar heranças orgânicas, susceptível de transformação, produzindo pelo "transgênico" (organismo que contém um ou mais genes transferidos artificialmente de outra espécie) mutação da própria forma de vida.

Tais conquistas no campo do conhecimento são inequivocamente óticas que levam a uma nova concepção sobre a existência e o pertinente comportamento diante dela.

A história da ciência é um rico mosaico de esforços individuais de pesquisas e tanto as Neurociências quanto a Biologia Molecular trouxeram e continuarão a trazer importantes subsídios.

Os referidos progressos hoje estão a explicar no campo da Ética a razão de comportamentos especiais, notadamente os relativos às perturbações causadas pelo sentimento "emocional" em seu conflito com o "intelectivo".

Questões de maior profundidade, entretanto, não deixam de inquietar e, dentre outras, foram as que também levaram o eminente cientista Jean E. Charon a sustentar o fundamento de que em tudo existe a mesma "presença energética inteligente", sob diversas formas de manifestação, mas derivada de uma só essência constitutiva.

De suas argumentações não é exagero inferir-se seja a inteligência um tipo característico e universal de energia.

Isso fez com que Charon considerasse o "eu pessoal" como um "eu cósmico", o que equivale a este entender como uma "centelha energética universal".

Tal argumento encontra apoio na lógica do valor existencial, pois não haveria razão para o existir se por si mesma a existência não se justificasse.

Fazendo apologia do "sistema", organização comum ao micro e ao macromundo, concluiu que o que alimenta todas as coisas é o princípio do amor a si mesmo e a todas as coisas, base que justifica a virtude como aplicação natural de uma "grande causa".

Consagrou, portanto, como axioma, como macroverdade, que uma só essência se manifesta em miríades de formas expressas em corpos e energias, mas com a mesma natureza e teor, com onipresença e onisciência, em tudo expressando inteligência.

Com isto desejou afirmar que o espírito é algo universal, como já o dissera há cerca de 2.500 anos Buda, negando o antropocentrismo em relação à vida.

Fugiu, no caso, à falta de compromisso intelectual com a evolução, característica dos cépticos que se contentam apenas em negar sem argumentar com razões que possam inspirar confiabilidade.

Não poderia ser outra, portanto, a conclusão da obra de Charon, senão a de enunciar uma "Cosmologia neognóstica" ou da "Evolução do Espírito", defendendo a tese da interação entre as energias, estas que classificou e conceituou como "físico determinista" e as "psíquicas livres".

Considerando que o universo, pelo efeito transformador, é um "constante renascer", o eminente intelectual terminou por apresentar um valoroso ensaio sobre uma "Cosmologia do Espírito" (como a conceituou).

O importante estudo, de grande seriedade, estribado nas ciências modernas, apresentou em sua essência matérias que subsidiam o estudo da Ética ao enunciar a benevolência como efeito, em que o amor é a causa de todas as coisas, como legítima manifestação cósmica inteligente.

A essência das razões de Charon espelha-se em sua conclusão e está exatamente em considerar que tudo se resume nas condições fundamentais que envolvem "amor", "conhecimento", "ação" e "reflexão" como um conjunto de propriedades do espírito humano, estas que devem estar associadas ao desempenho do material.

Do concluído se infere que sob tal ótica, a Ética como ciência do comportamento humano teria a circunscrevê-la os referidos atributos.

Mesmo infinitesimamente participante, portanto, o ente não deixa de ter a natureza de todas as coisas, nem de ser responsável pelo que lhe toca no cumprimento de um grande destino, no espaço em que é colocado para agir, no limite de sua forma, mas centrado na responsabilidade da missão que traz por essência.

É possível aceitar pela teoria de Charon que o "Uno" se dividiu sem perder teor, apenas transmudando-se em formas para cumprir o determinismo de uma ação evolutiva.

Tal condicionante obriga a um posicionamento reflexivo competente para que não só se aprofunde no entendimento sobre a vida, mas, principalmente, do que são todas as coisas no contexto do universo.

Ou ainda, não é possível avaliar o comportamento humano isolado, mas compreendido em um imensurável contexto, como parte ativa dentro deste.

Assim também sugeriu Kant no século XVIII e desta forma vão comprovando as evoluções científicas operadas em relação ao micro e ao macromundo.

Pode parecer paradoxal, mas a influência da Filosofia no nascimento da Ciência está hoje sendo devolvida por aquela, ou seja, o progresso científico está a imprimir evoluções no raciocínio filosófico, inclusive no campo da Metafísica (não só no sentido kantiano da "razão pura", nem apenas aristotélico relativo à "natureza primacial do ser", mas de uma tendência realmente universal).

Isso porque a perseguição da verdade é meta comum, quer perante os objetivos filosóficos, quer quanto aos científicos.

Dever ético perante o desenvolvimento sustentável

A posição assumida por várias ciências na atualidade em relação à preservação do ambiente natural traz contribuições que influem sobre a matéria Ética.

Isso porque um espaço é ocupado pelos seres humanos para que vivam e este é o planeta Terra com todo o seu complexo natural.

Uma relação lógica existe, pois, entre a concessão e a ocupação do concedido, exigindo conhecimento e respeito à natureza, como há séculos lecionaram grandes intelectuais, dentre diversos com destaque Locke, Kant, Newton.

A formação sempre evolutiva da consciência humana foi permitida pelo destino para que possível fosse usar a vida como instrumento de utilidade não só particular, mas também perante o cosmos.

Ou seja, a todos nós foi conferida uma função e a capacidade de produção energética, eficaz perante a execução de um desempenho volvido a cumprir o que foi determinado pelo destino.

Cada um consoante sua forma, portanto, mas todos obrigados, cumpre uma passagem pela Terra, planeta que supre de recursos a sobrevivência de tudo que ao mesmo se agrega.

Não basta, todavia, apenas conhecer a natureza, os seres, necessário sendo como dever ético respeitá-los a partir de um estado específico de inteligência emocional.

Se a natureza é um patrimônio comum, é obrigação de cada ser, em reverência ao coletivo, preservar tais bens através de uma utilização racional que permita o que a ciência moderna denomina "desenvolvimento sustentável".

Não se trata o referido de algo hedonístico, artístico ou sentimental, sequer de crença, mas de uso da razão relativamente ao comportamento do ser humano.

Fé, emoção, razão são eventos comuns e constantes que se assomam, derivados de uma estrutura que possuímos e onde intensas produções energéticas movimentam neurônios que ensejam atitudes, mas o racional tem prevalência quando se trata de respeito ao ambiente natural.

Os sentimentos, embora não sejam manifestações exclusivas dos homens (porque outros seres da escala animal os possuem), nem por isto deixam de ser determinantes, mas devem ser subordinados a princípios para que sejam realmente humanos.

No que tange ao emocional, portanto, face à natureza, é preciso considerar que existem influências de ideias e valores que oferecem características próprias às diversas escalas da inteligência.

Se tudo tem um tipo de inteligência que lhe é atribuído, como defendeu Charon em sua tese sobre a energia espiritual, cada ente, entretanto, de acordo com a sua função, necessita desenvolver atitudes específicas.

Assim, as manifestações de fé, idealismo, racionalidade, criatividade, mesmo exclusivas do ser humano, devem subordinar-se às leis da virtude, estas que inserem o respeito a coisas e pessoas.

Não há dúvida de que a consciência, influenciada pela benevolência, fez do comportamento do *homo sapiens* ao longo dos milênios algo peculiar que passou a pautar-se pelos princípios científicos da Ética.

Há um caráter especial, portanto, a ser considerado.

Não se trata de uma "deificação", mas de missão de maior encargo imposta ao ser humano, compatível com a responsabilidade deste em cuidar da existência do planeta.

O curso do destino, mesmo sem fantasiar, parece mostrar que tudo se organizou cosmológica, geológica e biologicamente para entregar a um tipo de ser a administração de tantos recursos legados, para isso, outorgando-lhe a capacidade da formação de um estado especial de consciência.

Permitida foi uma espécie de vida que de outras deveria servir-se, mas também a essas devendo assegurar proteção, por tudo zelando de forma inteligente.

A Terra parece ter sido constituída para que racionalmente o homem a utilizasse com amor e, por isto, ao mesmo se ensejou a formação de uma consciência capaz de entendimentos.

É um dever ético preservar o que é fator de bem-estar e sobrevivência dos seres humanos.

Nem sempre, todavia, a responsabilidade referida tem sido assumida, deturpada que foi pela especulação egoística, ignorância e maldade, como são exemplos constantes as devastações efetivadas no planeta.

Basta observar, por exemplo, o que se está a fazer com as importantíssimas reservas dos parques nas proximidades de Belo Horizonte, berço de mananciais, para se ter convicção disto e expressivamente lamentar, assim como, também, o que há séculos se fez de mau, e ainda se faz, com a mata atlântica e com intensidade agora na Amazônia.

Crateras abertas no solo, poluição dos rios, destruição da camada de ozônio no ar, em suma, ofensas à vida da Terra, são fatos que demonstram a falta de responsabilidade do homem para com o corpo celeste que o abriga.

A exploração econômica predatória tem tido na atividade extrativa perniciosa um exemplo expressivo de atentado contra o planeta, assim como em tudo o que tem atingido a capacidade de sobrevivência dos seres diversos que habitam a Terra (onde muitas espécies se extinguiram e prosseguem sendo extintas por ação criminosa do homem).

Muitas empresas e indivíduos, pelo uso desregrado, especulação lucrativa, abuso de emoções, egoísmo ou perversidade, fazem sobrepor o exclusivismo à divina permissão que tiveram para exercer o poder de decisão perante a vida.

A omissão face à responsabilidade em exercer a existência em harmonia com o ambiente natural é um delito cujos efeitos tendem a perdurar.

A infelicidade causada pelo uso irresponsável do poder permitido aos seres é uma dívida cósmica, um procedimento aético cujo efeito não é permitido em toda a extensão avaliar, mas, por outro lado, não impede supor venha a ser objeto de dura cobrança pelo destino.

Equilíbrio desejável no comportamento humano e as conquistas da neurociência

A falta de equilíbrio comportamental não só cria situações anti-humanas, como também é algo considerado anômalo perante a Ética.

Existem seres que por desumanidade desrespeitaram até comunidades inteiras como foram, dentre alguns, exemplos cruéis: Nero, Átila, Mao Tsé-Tung, Adolf Hitler, José Stalin, verdadeiros transgressores da virtude.

Segundo depoimentos difundidos pela coeva de Mao Tsé-Tung, a escritora Juang Chang, esse autocrata matou de fome milhões de chineses negando-lhes alimento, visando acumular dinheiro com o qual comprou armas da Rússia de Stalin, para garantir perpetuidade no poder.

Merece crédito a afirmativa da intelectual a inferência que se pode tirar do que escreveu o ditador Mao, ou seja, o pensamento pernicioso e bem ao feitio de mentes doentias emersas na mácula da tirania: "O poder político nasce do cano da espingarda".

Em razão de tais anormalidades da consciência ética, como existem muitas pessoas que atingem fria ou raivosamente até os seres que mais as consideram a ciência moderna, passou-se a tratar a perversidade e a cólera como casos patológicos objetos de pesquisa.

Mao Tsé-Tung foi um triste exemplo desses perversos; praticamente assassinou seu assessor imediato, que tanto o serviu com lealdade, negando-lhe até a condição de tratar-se de doença grave que possuía, segundo depoimentos públicos da mencionada escritora Jung Chang pela televisão (2006) e evidenciado em livro que produziu.

Tais fatos, perturbadores nas relações humanas, passaram a ser matérias de importantes indagações pelas ciências da mente, face à peculiaridade mórbida das mesmas.

Atos perversos, palavras amargas, advertências duras, antagonismo veemente, tramas maldosas, manifestações coléricas, são paranoias que ferem dignidades e vitimam pessoas, sendo, sempre, lesões à Ética.

Natural em todas as pessoas normais é não apreciar a violência, a "exaltação" ou a "perversidade".

Normalmente todos desejam ser considerados, respeitados, tratados com atenção.

Portanto, indivíduos que se irritam com facilidade, urdem maldades, não possuem piedade, constroem muralhas em seus relacionamentos e ensejam ressentimentos a terceiros.

Cientificamente, todavia, está comprovado ser possível conter explosões emocionais e a malícia; técnicas de tratamento psiquiátrico em muito têm contribuído para corrigir tais graves defeitos.

Concluíram os neurocientistas que em um primeiro instante, ao ter sensações desagradáveis, ocorre no ser uma preliminar sensação de debilidade face à influência delas, mas, após, possível se torna um revide de igual intensidade.

Não obstante nem tudo crie possibilidade de uma resposta ou ato de vingança, os eventos que provocam contrariedade não deixam, todavia, de inspirar um sentimento de mágoa ou revolta interna.

Como a ciência se fundamenta no estudo de relações e como as relativas ocorridas entre o desagradável, a debilidade e o revide foram tidas como relevantes, buscaram os pesquisadores compreensão sobre os desequilíbrios emocionais.

Chegaram, após análises e experimentos, à conclusão de que se tratava de uma irradiação energética que nossos "neurônios-espelho" detectam, transmitem e que tendem a provocar "imitação".

Tal fato, estudado pelos analistas da Universidade de Parma, na Itália, explica a razão do agravamento nas discussões calorosas, ou seja, a promoção de revides constantes, estes derivados do mimetismo emocional.

Ou seja, ao perceber a irritação, a vocação de uma pessoa é também a de irritar-se.

No entanto, concluiu-se igualmente ser possível evitar as referidas situações desagradáveis face à plena capacidade mental existente para evitar o problema, neutralizando o impulso gerado.

Comprovou-se como verdade nos estudos modernos desenvolvidos na Europa que os circuitos cerebrais do córtex orbitofrontal podem enviar mensagens paralelas que promovem o equilíbrio das ações.

São, pois, energias contrárias: uma derivada de captação de terceiros e outra de produção própria de comando da mente, esta mais forte que a primeira recebida.

Tais fluxos, como comprovam as análises contemporâneas da Neurociência e diante do que evidencia a prática, ocorrem em milésimos de segundos.

Como dever ético perante si mesmo cabe ao ser "treinar" a mente, quer recorrendo a especialista, quer educando-a por esforço próprio.

Diante de uma situação de erupção emocional de outra pessoa é sugerível um sentimento contrário, ou seja, de paz, serenidade e conforme o caso até de "piedade" por quem não possui formação ética de dominar emoções explosivas ou sensibilidade para compreender que todos merecem respeito.

Conhecer por que alguém se encoleriza é uma substancial ajuda para o entendimento e, também, obrigação do ponto de vista ético.

Se não se conseguir entender o fato referido, o melhor é imaginar que nada está acontecendo.

Os centros executivos pré-frontais do cérebro quando em ação permitem o isolamento já referido, ou seja, o "não revidar".

O confronto colérico é um ato aético e tende a agravar problemas, raramente resolvê-los, podendo até ensejar atos de violência extrema.

Não são raras na história as guerras provocadas em defluência de atos coléricos.

Inúmeras discussões acaloradas terminaram em mortes.

Importante, pois, é buscar um "equilíbrio desejável", aguardando a oportunidade para respostas adequadas.

É norma de saudável comportamento o admitir que cada ser tenha sua parcela de responsabilidade pelo que acontece, assim como é a relativa ao que se decide sobre o que fazer com a própria vida.

Não imitar o erro derivado de atitude raivosa, esforçar-se para manter a paz interna e ensejar a de terceiros são deveres éticos.

A moderna contribuição científica sobre a serenidade está de acordo com o que foi lecionado por Buda há quase dois milênios e meio.

Apenas em nossos dias é possível entender o porquê da posição de equilíbrio no sentido de neutralizar os efeitos produzidos pelos "neurônios-espelho".

O estado de serenidade parece produzir um campo de força competente para impedir que situações maculadas pela cólera possam prosperar a ponto de causar prejuízos próprios e a terceiros.

Ética do perdão

René Armand Dentz Junior

Após a humanidade ter vivido um século de manifestações de extrema violência e do mal, entramos no século XXI com diversos problemas nas sociedades pós-modernas. Tais problemas parecem gerar, em algumas partes da sociedade, o sentimento de que a única solução é o endurecimento e a tomada de atitudes extremas em diversas áreas. No entanto, são atitudes que inauguram um círculo de ódio e mais violência. Por isso, propomos aqui uma ética urgente ao século XXI: a ética do perdão. Para tanto, apresento um dos filósofos mais importantes do século XX: Paul Ricoeur, o filósofo francês que abordou de forma substancial a temática do perdão.

Paul Ricoeur nasceu em 1913 em Valence, na França. No mesmo ano, perdeu sua mãe. Dois anos depois, seu pai, professor no liceu de Valence, morreu na guerra. Com sua irmã, foi levado à casa de seus avós paternos, residentes em Rennes. Do ano de 1920 ao de 1933, seguiu seus estudos até a obtenção de sua licença. A partir de 1933, assumiu a função de professor no liceu de Saint-Brieuc. Em 1934-35, ele participou de encontros organizados por Gabriel Marcel e descobriu o pensamento de Edmond Husserl, que o impactaria por toda sua trajetória intelectual. No mesmo ano de 1935, casou-se com Simone Lejas e foi nomeado professor no liceu de Colmar e, após um ano de serviço militar, professor no liceu de Lorient.

Até 1939 publicou diversos artigos, a maioria na *Revue du christianisme social*, publicação que privilegiava uma visão ética e política do Cristianismo, de forma a equilibrar o pensar e o agir. Em maio de 1940, foi feito prisioneiro, condição na qual permaneceu até 1945, no campo de Pomerânia, na companhia de Mikel Dufrenne, com quem escreveria uma obra sobre Karl Jaspers.

De retorno à liberdade civil, em 1945, ensinou, até 1948, no colégio Cévenol, em Chambom-sur-Lignon, depois de ter sido nomeado pesquisador no CNRS (Centro Nacional de Pesquisa Científica, da França). Durante esse período publicou as seguintes obras: *Karl Jaspers et la philosophie de l'existence* (1945), em colaboração com Mikel

Dufrenne, e *Gabriel Marcel et Karl Jaspers: philosophie du mystère et philosophie du paradoxe* (1948).

Em 1948, inicia sua carreira como docente universitário, ao ser nomeado, primeiro como conferencista e depois como professor, na Universidade de Strasbourg, na França. Foram anos de muito trabalho e produtividade. Ricoeur ensinava na universidade a "História da Filosofia". Pessoalmente, nessa ocasião já possuía cinco filhos. Além disso, encontrou aquele que viria a ser um de seus maiores amigos: Emmanuel Mounier, com o qual colaborou na revista *Esprit*.

Em 1950, publica uma tradução de *Ideen I*, de Husserl, depois sua tese: *Philosophie de la volonté I: le volontaire et l'involontaire*. No ano de 1955 surge outra publicação importante: *Histoire et vérité*, reunião de artigos escritos nos anos anteriores.

A partir do ano de 1956 ensina em Paris: primeiro, na Sorbonne, e depois, na nova universidade de Nanterre. Nesse entremeio, escreve obras fundamentais, tais como os dois tomos de *Finitude et culpabilité I: l'homme faillible* e *finitude et culpabilité II: la symbolique du mal*. Em 1965, escreve *De l'interprétation. Essai sur Freud*.

Em 1969, após aceitar o cargo de diretor na universidade de Nanterre, pede demissão depois de uma intervenção da polícia no campus, sob um clima de conflito na comunidade universitária. Ricoeur é alvo de fortes críticas por adotar uma postura de cautela em relação às propostas políticas marxistas e de extrema-esquerda.

Nesse mesmo ano publica *Le conflit des interprétations*, após *Exégèse et herméneutique*, e de 1970 a 1973, ensina em Louvain, na Bélgica. Das terras belgas, Ricoeur parte para os Estados Unidos, onde leciona durante 15 anos na cidade de Chicago. Foi um período de muita produtividade e mudança de direção em suas abordagens. Mesmo quando retorna à França, continua oferecendo cursos e seminários nos Estados Unidos.

Por uma fenomenologia do perdão

À questão da origem do sujeito, a partir de uma abordagem estritamente fenomenológica, Ricoeur acrescenta a questão da falta e sua superação, sua libertação por meio do perdão. Para ele, as questões da origem do sujeito e da origem do perdão são inseparáveis: a questão da identidade "Quem eu sou?" teria por consequência a questão do perdão, "Como eu posso efetivamente ser livre?". Sua descrição teórica da vontade evidencia a estrutura da liberdade própria ao homem. A liberdade é a condição de toda responsabilidade humana, sobre a qual se estruturará a culpabilidade, a qual, após Ricoeur, nenhum homem escapa: a culpabilidade é a liberdade reduzida em escravidão. Reencontramos a situação do culpado, descrita anteriormente, alargada a toda a humanidade. A humanidade é culpável, sua liberdade é assim inerente. Para tanto, ela não é destruída, ela se transforma em esperança de libertação. É precisamente isso que os mitos vêm dizer ao homem: o mito da inocência é o desejo, a coragem e a experiência imaginária que sustenta a descrição eidética do voluntário e do involuntário. A abordagem que Ricoeur faz sobre o perdão tem como síntese a memória, a história e o esquecimento. Ou seja, trata-se de uma retomada da fase fenomenológica de nosso autor, que, aliás, podemos afirmar que nunca foi deixada de lado, mesmo em seus momentos mais "hermenêuticos".

O problema do perdão em *La mémoire, l'histoire, l'oubli*

Foi em *La mémoire, l'histoire, l'oubli*[1] que o tema do perdão se sintetiza a outros temas, como o da memória, da história e do esquecimento, quando Ricoeur tem a oportunidade de pensá-lo de forma a estabelecer interfaces. A sua análise dialoga com diversos autores e obras relacionadas com a temática. No contexto de sua análise, nosso filósofo afirma a chamada "equação do perdão", situando em polos opostos a profundidade da falta (culpa) e a altura do perdão. Para além de uma concepção metafísica, essa concepção aponta para um fundamento antropológico que sinaliza para um fundamento insondável no qual o agir humano se enraíza. Nesse aspecto, a "equação do perdão" indica a ideia de Karl Jaspers de "situação-limite" como dimensão constitutiva da existência que escapa a qualquer conceito. Ao abismo da falta, Ricoeur evidencia a ideia levinasiana de *illeité*, para situar o perdão também como irrepresentável conceitualmente. A linguagem do perdão é aquela do "há perdão".

No fio condutor das investigações fenomenológicas contidas em *La mémoire, l'histoire, l'oubli*, o repertório dessas capacidades se alarga consideravelmente: poder lembrar-se ou memorizar, poder testemunhar, poder compreender historicamente, poder esquecer e, mesmo, por mais difícil que seja, poder perdoar. A "memória feliz" é um tema que constitui o caminho de Ricoeur até o perdão. Trata-se de uma tentativa de conciliar uma fenomenologia da memória a uma hermenêutica da memória. Trata-se, de igual modo, de um caminho estabelecido para delimitar sua concepção antropológica mais profunda, que se encerra na concepção do sujeito que pode perdoar.

Falar de uma "memória feliz" é recusar abordar o tema da memória a não ser pelo signo da falibilidade, ou seja, pelas suas disfuncionalidades. A memória passa a ser, desse modo, mais importante para a constituição de uma antropologia do que o risco de esquecimento. Fenomenologicamente falando, Ricoeur sustenta que o objeto primário

---

[1] RICOEUR, Paul. *La mémoire, l'histoire, l'oubli*. Paris: Seuil, 2000.

da lembrança são os eventos mais do que os simples objetos. Sendo assim, essa dimensão da lembrança parece fornecer uma nova ocasião de dúvida da legitimidade da expressão "memória feliz". A distinção entre "começar" e "continuar" exerce um papel constitutivo em uma fenomenologia da lembrança, pois é ela que permite colocar em questão o primado da percepção, deixando de ser a fonte original dos fenômenos. Ao contrário, o presente vivo está relacionado com o da alegria e da tristeza e com o da iniciativa do sujeito. O presente está fundamentado em uma "historicidade", em um "mundo da vida", em um "corpo-próprio" e em uma dinamicidade e fluidez da existência. Essa capacidade é a que permite ao sujeito não só alcançar o "pequeno milagre do reconhecimento", tema constante nas obras de Ricoeur a partir de *Soi-même comme un autre*, mas também pensar em um "homem capaz".

O testemunho e o perdão

No final da discussão que Ricoeur dedica ao conceito de testemunho, em *La mémoire, l'histoire, l'oubli*, afirma que a confiança, entendida como "atestação biográfica", exerce um papel importante à segurança linguística na qual uma sociedade tem necessidade para sobreviver. Nesse sentido, o "poder atestar" é também uma expressão fundamental do homem capaz, na ausência dela viveríamos em um completo caos social. Mas também enfatiza que essa "confiança presumida" não está sempre à altura da "solicitude das testemunhas históricas", que a experiência extraordinária dificulta a compreensão. Por exemplo, seria possível reconhecer o testemunho de um refugiado em campo de concentração em Auschwitz? Poderíamos atestar sua própria morte? Nem ele mesmo poderia fazer essa narrativa. Nosso sentimento estaria rodeado pelo horror e por uma estranheza no sentido de pensar que tais atos cruéis não seriam possíveis. No entanto, Ricoeur já havia abordado o tema do testemunho em 1994, em *Lectures 3 Aux frontières de la philosophie*, onde explica a relação entre testemunho e interpretação.

> *Uma filosofia do testemunho é possível? Eu gostaria de me empregar a mostrar que essa filosofia tem que ser uma hermenêutica, quer dizer, uma filosofia da interpretação. Essa filosofia da interpretação é uma elipse com dois focos que minha meditação tende a retomar, mas que ela não pode trazer de volta à unidade de um ponto focal. O que quer dizer, com efeito, "interpretar o testemunho"? É um ato duplo: um ato da consciência de si sobre ela própria e um ato da compreensão histórica sobre os signos que o absoluto dá, ao qual a consciência se reconhece.*[2]

Fica clara a necessidade da hermenêutica também na abordagem sobre o testemunho. Se "a dialética ultrapassável entre unidade e incomparabilidade no próprio

---

[2] RICOEUR, Paul. *Lectures 3: Aux frontières de la philosophie*. Paris: Seuil, 1994, p. 127.

coração da ideia de singularidade" evocada no instante tem um significado exemplar, não poderia igualmente aplicá-la a certas formas de experiência religiosa? Talvez a solidão dos testemunhos de alguns que experimentaram com toda sua força do *tremendum horrendum* da desumanidade extrema.

> *A grandeza da promessa patenteia-se em sua confiabilidade. Mais precisamente, é da confiabilidade habitual ligada à promessa anterior à promessa que cada promessa pontual extrai sua credibilidade em face do beneficiário e da testemunha da promessa. Essa distinção fiduciária prolonga no plano moral a análise linguística da força ilocutória que unia o engajamento em relação ao alocutário ao engajamento em fazer por meio do qual o locutor se coloca sob uma obrigação que o vincula. [...] No testemunho duas vertentes são articuladas uma à outra: por um lado, ele comporta a certificação ou a autenticação da declaração da testemunha por seu comportamento ordinário, o que denominávamos confiabilidade no caso da promessa.*[3]

Nessa hipótese, teríamos boas razões de perguntar-nos se as reflexões que Ricoeur consagra ao papel dos testemunhos na compreensão histórica não podem ser relacionadas com a ideia nabertiana de uma "hermenêutica dos testemunhos". Seus estudos sobre a ideia de testemunho em Nabert nos encorajam a dar uma resposta positiva a essa questão. O testemunho não se torna problema senão por uma filosofia na qual a questão do absoluto é levada em conta. É uma filosofia que não encontra nem no exemplo, nem no símbolo, a densidade dessa experiência, assim como aquela do perdão.

O perdão e o imperdoável?

É na dimensão do *tremendum horrendum* que os conceitos de "irreparável", de "imprescindível" e de "imperdoável" se enraízam. Mas mesmo assim não poderíamos colocar o perdão na querela do "perdoável e imperdoável", pois simplesmente "há o perdão". Como afirma Ricoeur: "Há o perdão, como há a alegria, como há a sabedoria, a loucura, o amor. O amor precisamente. O perdão é da mesma família".[4] O perdão se mostra no conjunto da obra ricoeuriana, como expressão dos limites do alcance da justiça. Em *La mémoire, l'histoire, l'oubli*, o autor evidencia a centralidade que o tema do perdão assume em seu caminho intelectual (e existencial). Podemos notar duas linhas de argumentação acerca do tema: o perdão propicia uma descontinuidade epistemológica na compreensão da reciprocidade, pois supõe o imperdoável e, ao mesmo tempo, releva de uma lógica do dom ou da generosidade e da superabundância; a partir de uma

---

[3] RICOEUR, Paul. *Parcours de la reconnaissance*. Paris: Seuil, 2004.
[4] *Op. cit.*, 2000, p. 605.

análise da nossa condição histórica, a reflexão sobre o perdão se desenvolve no horizonte da *Shoah*, como um desafio a se pensar o irreparável no século XX.

> "Há o perdão": é em torno dessa tese que se estabelece todo o epílogo do livro. Poderíamos glosá-la e interpretá-la dizendo: "Há o dom do perdão". Mas esse dom existe verdadeiramente? A resposta positiva não é evidente, levando em conta o que a "a equação do perdão" repousa sobre duas grandezas aparentemente inconciliáveis: o injustificável do mal e a impossibilidade de perdoar. É uma "longa odisseia", ou uma longa caminhada através das instituições sociais confrontadas com esse problema, que permite Ricoeur transformar o "pequeno milagre do reconhecimento" no que Derrida chama uma "possibilidade impossível", e Hannah Arendt o "milagre do perdão", para fazer dele o grande milagre da reconciliação.[5, 6]

Se, para Ricoeur, o perdão não pode ser institucionalizado, ele não deixa de igual modo de portar um gesto político. No entanto, trata-se de um gesto poético. O perdão exerce sua influência sobre a dimensão política por meio de uma conversão da imaginação coletiva que alimenta em profundidade a memória e a identidade dos povos. Amenizar o peso da dívida das faltas passadas é uma possibilidade ofertada aos indivíduos e às culturas, pelo viés de um *ethos* coletivo de comportamentos éticos e espirituais. Entre o fato do perdão e sua realização potencialmente política, existe a mediação poética das heranças culturais das quais o Cristianismo faz parte.

Renovar com suas promessas do passado e trabalhar para que os outros renovem suas capacidades humanas é, em conjunto, a marca de uma maior efetivação do perdão no mundo e no homem. Dessa forma, toma corpo essa humanidade que avança em resposta ao apelo do perdão, humanidade que não era mais do que simbólica nas narrativas, e muito reduzida à única pessoa da vítima: os homens que pronunciaram as promessas que nos são deixadas por além dos anos e das tradições e os homens desfigurados pela miséria que aspiram ser reconhecidos como homens apesar disso. Alguns estão mortos, outros estão ainda vivos, mas como testemunhos vivos do mal que afeta a todos. Acolher uns aos outros, e renovar como eles, alguns segundo a promessa, outros segundo a justiça, eis a maneira de expansão em que o perdão pode ser acolhido, preparando, uma vez que é possível, o reencontro efetivo entre a vítima e o culpado.

---

[5] GREISCH, Jean. *Le buisson ardent et les lumières de la raison*. L'invention de la philosophie de la religion. Paris: Cerf, 2004.
[6] *Op. cit.*, 2000, p. 594. *"Il y a le pardon": c'est autor de cette thèse que se noue tout l'épilogue du livre. On pourrait la gloser et l'interpréter en disant: "Il y a le don du pardon". Mais ce don existe-t-il véritablement? La réponse positive ne va nullement de soi, compte tenu du fait que "l'équation du pardon" repose sur deux grandeurs apparemment inconciliables: l'injustifiable du mal et l'impossibilité de pardonner. C'est une "longué odyssée", ou une longue marche à travers les institutions sociales confrontées à ce problème, qui permet à Ricoeur de transformer le "petit miracle de la reconnaissance" ce que Derrida appelle une "possibilité impossible", et Hannah Arendt le "miracle du pardon", pour en faire le grand miracle de la réconciliation.*

> *O perdão não é então mais somente escatológico, é vivido efetivamente, a cada vez que ele se manifesta em um encontro ou em uma nova instituição e, por toda parte, no segredo das consciências ou como incógnito na consideração. Sua alteridade parece ainda nesta alternância onde ele aparece e desaparece, introduzindo uma nova temporalidade ordenada a esses eventos. O perdão acolhido coloca os parceiros na mutualidade e no insubstituível. Uma distância justa percorrida, que é o segredo da verdadeira amizade, e mais amplamente de toda relação respeitosa. A desproporção do perdão, antes de ser força contra o mal, é sustento de toda relação feliz como das instituições que a permitem.*[7, 8]

O perdão aparece no encontro de duas pessoas que dividem, por um instante, a felicidade da condição humana, apesar de tudo. Ao mesmo tempo, ele é a dinâmica que permite se lembrar de tal encontro, de se alegrar, e que faz esperar viver de novo esse encontro, agindo para que ele se torne possível. Nesse ponto, o percurso inteiro de Ricoeur sobre a dimensão do perdão faz sentido: o culpado foi conduzido à dimensão da confissão. Sobre essa dimensão ele foi reconduzido ao perdão por uma "comunitariedade" que introduz em sua história, sua cultura literária, filosófica e religiosa. Diante do perdão, a vítima pode ser conduzida por aquilo que podemos chamar de a voz do perdão, a fim de poder, ela também e antes de todos, acolhê-lo. Cada um, em seu próprio momento, é colocado na posição de renovar com suas promessas do passado – aquelas de sua história pessoal, como aquelas da história do seu país, tecidas em outras histórias, e de permitir retomar, cada um, suas capacidades. O perdão, vivido antecipadamente, revela que já existia antes do mal e que ele não espera mais do que ser reconhecido, sendo nomeado, simplesmente, a ser colocado em ação.

É possível destacar quatro condições fundamentais para o "perdão difícil": a falta, a justiça, a excepcionalidade e a memória. A confissão, o arrependimento e o reconhecimento da falta são elementos que também contribuem para o acontecimento extraordinário. A concretização do horizonte do perdão cria as condições para que o mesmo possa separar passado e presente, retirando parte da dor e do sofrimento causado pelo passado e que está refletindo no presente.

Segundo Derrida (2004, p. 45), Ricoeur parece sempre caminhar nos limites da filosofia. Essa característica é que parece conduzi-lo a acreditar que o perdão possa nos

---

[7] CAUSSE, Guilhem. *Paul Ricoeur*: mal et pardon. Paris: Éditions Facultés Jésuites de Paris, 2013.
[8] *Le pardon n'est alors plus seulement eschatologique, il est vécu effectivement, de loin en loin lorsqu'il se manifeste dans une rencontre ou dans une nouvelle institution et, tout au long, dans le secret des consciences ou comme incognito dans la consideration. Son alterité paraît encore dans cette alternance où il apparaît puis disparaît, introduisant dans une temporalité nouvelle ordonnée à ces événements. Le pardon accueilli pose les partenaires dans la mutualité et dans irremplaçable. Une juste distance est rendue, qui fait le secret de l'amitié fidèle, et plus largement de toute relation respectueuse. La disproportion du pardon, avant d'être force contre le mal, est soutien de toute relation heureuse comme des institutions qui la permettent.*

levar para um lugar que não é um lugar, e que o termo horizonte designa mais corretamente. Ou seja, o perdão é apresentado como uma "escatologia da representação do passado" que não se situa em lugar nenhum, mas é um horizonte, uma busca. Trata-se de um caminho traçado pelo homem capaz de viver e falar de forma apaziguada e de lutar pelo seu apaziguamento. É uma busca não por calar o mal, mas por dizê-lo em um modo apaziguado, sem cólera.

O horizonte comum – da memória, da história, do esquecimento e do perdão – é a experiência pretérita ou mesmo a memória que é "representação presente de uma coisa ausente marcada pelo selo da anterioridade, da distância temporal".[9] Nesse sentido, a história se mostra como herdeira dos problemas que Platão e Aristóteles colocavam à memória, com destaque para o enigma da presença em imagem da coisa ausente e da questão da anterioridade. Como a memória e a história, o perdão porta a marca da representação presente da coisa ausente.

O perdão difícil e outros questionamentos

Dessa forma, Ricoeur delimita o tema do perdão na obra citada sob o título de *Le pardon difficile*, introduzindo a ideia de que o perdão está inserido em uma problemática filosófica (e, como procuraremos sustentar, teológica). Trata-se de uma proposta, apesar de dela ser horizonte, distinta da trajetória abordada a partir da memória, da história e do esquecimento. Se a problemática do esquecimento transpassa aquela da memória e da fidelidade ao passado, a do perdão é a da culpabilidade e da reconciliação com o próprio passado.

> *O perdão, se ele tem um sentido e se ele existe, constitui o horizonte comum da memória, da história, do esquecimento. Sempre se afastando, o horizonte escapa da apreensão. Ele torna o perdão difícil: nem fácil, nem impossível. Ele coloca o selo de inacabamento sobre a empreitada inteira. Se ele é difícil de dar e de receber, ele o é igualmente de conceber.*[10]

Com isso, seu ponto de partida, a análise da confissão do culpado, que parte da tomada de consciência reconhecendo uma falta cometida. Esse processo leva o indivíduo à interiorização de uma acusação que as leis consideram como "infrações". Isso levanta uma problemática: "como desligar o agente de seu ato?" Visto que "o que os códigos desaprovam são as infrações à lei, mas o que os tribunais punem são pessoas".[11] Essa

---

[9] RICOEUR, Paul. *A memória, a história, o esquecimento*. Campinas, SP: Unicamp, 2007, p. 502.
[10] *Ibidem*, 2007, p. 593.
[11] *Op. cit.*, 2007, p. 497.

tentativa de escatologia da memória está cuidadosamente presente ao longo de todo o percurso do livro:

> O perdão coloca uma questão principalmente distinta daquela que, desde as observações desse livro, motivou nossa proposta inteira, aquela da representação do passado, no plano da memória e da história e sob o risco do esquecimento[12].

Ricoeur[13] apresenta um argumento de Nicolai Hartmann que afirma a impossibilidade e a inseparabilidade do ato e do agente: "a ipseidade culpada tem um caráter imperdoável de direito". Se, portanto, o indivíduo tem "um caráter imperdoável ao direito" podemos então dizer, em réplica, que esse imperdoável estabelece a ideia de "perdão impossível". O autor propõe uma possibilidade de separar o agente de sua ação, isto é, um desligamento entre o perdão e a culpa, uma oportunidade do culpado recomeçar, o que seria a máxima desse desligamento.

> Quando releio Nabert, que emprega, lado a lado, as expressões "desejo de ser" e "esforço para existir", observo que a palavra "esforço" não é absorvida pela palavra "desejo", porque, no esforço há sempre um preço a pagar. Mas é em benefício da vida e de seus múltiplos começos e recomeços. Isto me lembra o que eu escrevia, há cinquenta anos, em "O voluntário e o involuntário" em que pedia que se refletisse sobre o nascimento mais que sobre a morte. Depois encontrei, com estupefação Hannah Arendt citando os Evangelhos, citando Isaías 8, 23-9,5 "Uma criança nasceu, um filho nos foi dado". Para ela também, o nascimento significa mais que a morte. É isto, desejar permanecer vivo até a morte.[14]

Ser possível começar de novo está intimamente relacionado com a concepção de perdão, pois o mesmo tem fundamento a partir da dialética do ligar e desligar. Arendt e Ricoeur consideram que o perdão seria a solução para o problema da irreversibilidade da ação humana.

> Esse ato de desligamento não é filosoficamente aberrante: ele permanece consistente à linha de uma filosofia da ação onde o acento é colocado sobre os poderes que junto compõem o retrato do homem capaz. Por sua vez, essa antropologia filosófica se apoia sobre uma ontologia fundamental que, na grande polissemia do verbo ser, segundo a metafísica de Aristóteles, dá a preferência ao ser como ato e como potência, à diferença do sentido substancialista que prevaleceu na metafísica até Kant.[15]

---

[12] *Ibidem*, 2007, p. 593.
[13] *Ibidem*, 2007, p. 497.
[14] RICOEUR, Paul. *A crítica e a convicção*. Lisboa: Edições 70, 1995.
[15] *Op. cit.*, 2007, p. 639.

No entanto, poderíamos indagar se esse desligamento seria, de fato, possível. Derrida, outro filósofo contemporâneo que aborda a temática, afirma que "perdoar o culpado sem deixar de condenar sua ação seria perdoar um sujeito outro que não aquele que cometeu o ato".[16] Também para Ricoeur, a justiça, a lei pela lei, estabelece um confronto com a ideia de perdão e arrependimento, assim o perdão passa a ser considerado "o cerne inaugural do arrependimento".[17] O arrependimento parece provir daquela propensão do homem para o bem que leva a crer que "a disposição primitiva do homem é boa", e é nessa disposição primitiva para o bem que reside a possibilidade de reestabelecimento.

Ricoeur defende a inclusão do perdão nesse regime de troca, que implica a tomada de consciência acerca da relação bilateral entre a demanda e a oferta do perdão, sendo que, entretanto, permanece não reconhecida a diferença entre os níveis da condicionalidade e da incondicionalidade. Disso decorrem dilemas emergentes da confrontação dos discursos do culpado que declara sua falta e o da vítima que poderá perdoar. Tais dilemas surgem como interrogações: "pode-se perdoar àquele que não confessa sua falta? É preciso que o anunciador do perdão tenha sido o ofendido? Pode-se perdoar a si mesmo?".[18]

Sobre o primeiro dilema, o autor entende que a espera da confissão do culpado corresponde a respeitar seu orgulho, sua dignidade de pessoa. O segundo dilema traz desdobramentos que envolvem a legitimidade da questão. Por um lado, o conjunto das vítimas sempre aumenta, em razão de vínculos familiares, comunitários ou culturais. Assim sendo, há que se questionar se caberia apenas ao ofendido primeiro a possibilidade de perdoar. Por outro lado, o pedido de perdão não precisaria necessariamente proceder primeiro do ofensor, mas também de outros a ele ligados, por exemplo, pelo vínculo de uma instituição. Cabe neste caso questionar, se instituições teriam suficiente representatividade para pedir perdão.

Quanto ao terceiro dilema, o entendimento preliminar do autor destaca dois pontos: que, havendo a dualidade de papéis, agressor e ofendido, somente este pode perdoar; adicionalmente, que a diferença de níveis entre o perdão e a confissão não é reconhecida se projetada em uma perspectiva horizontal, que seria o caso do autoperdão. Ele considera que tal desconhecimento "onera a identificação apressada do perdão com uma troca definida apenas pela reciprocidade".[19]

---

[16] Derrida, 1998, p. 498.
[17] *Op. cit.*, 2007, p. 499.
[18] *Ibidem*, 2007, p. 485.
[19] *Op. cit.*, 2007, p. 486.

Referindo-se ao trabalho de Jankélévitch (1974), o autor coloca a oposição entre o irrevogável e o irreversível, este último significa a impossibilidade de alguém voltar ao seu passado, como também de este voltar como tal. Já o irrevogável traduz a condição de aquilo que foi feito não poder ser desfeito.

> *Vamos pisar fora do círculo da acusação e da punição, círculo no interior do qual não há lugar que margeie para o perdão. Esse passo é suscitado por uma questão como aquela que colocava Jankélévitch: "nós pedimos o perdão?". A questão pressupõe que, se o agressor tinha pedido perdão, lhe perdoar seria uma questão recebível. Ou essa suposição própria se opõe frontalmente à caracterização maior do perdão, sua incondicionalidade. Se há o perdão, nos disse com Derrida, então ele deve poder ser acordado sem condição de pedido. E ainda que creiamos, em uma crença prática, que existe alguma coisa como uma correlação entre o perdão pedido e o perdão acordado. Essa crença transporta a falta do regime unilateral da acusação e do castigo no regime de troca. Os gestos dos homens de Estado pedindo perdão às suas vítimas chamam a atenção sobre a força do pedido de perdão em certas condições políticas excepcionais.*[20]

Outro aspecto acerca do perdão trabalhado por Ricoeur foi a partir do contato com o pensamento de Hannah Arendt. Nela, nosso autor verifica uma importante relação entre liberdade e ação. É justamente na possibilidade de começar de novo que o autor francês imagina o fundamento último do perdão. São os homens que fazem milagres, esses homens que, por terem recebido o duplo dom da liberdade e da ação, são capazes de instaurar uma realidade que lhes seja própria.[21]

Sendo assim, a possibilidade de começar algo novo está intimamente relacionada com a concepção de perdão. Ricoeur concorda com Arendt quando esta relaciona o perdão ao ligar e desligar o agente do ato.

Já que todos nós chegamos ao mundo em virtude do nascimento, estamos aptos, como recém-chegados e principiantes, a começar algo novo; sem o fator nascimento nem sequer saberíamos o que é a novidade e qualquer "ação" não passaria de comportamento ou preservação em comum. Nenhuma outra faculdade senão a linguagem, nem mesmo a razão ou a consciência, diferencia o homem tão radicalmente das outras espécies animais. Agir e começar não são a mesma coisa, mas estão intimamente ligados. Nenhuma das propriedades da criatividade é adequadamente expressa por metáforas retiradas do processo vital.[22]

---

[20] *Ibidem*, 2007, p. 619.
[21] RICOEUR, 1999, p. 19-20.
[22] ARENDT, Hannah. *La condition de l'homme moderne*. Paris: Agora, 2004.

O que permanece no ser humano é sua capacidade de começar, que propicia todas as suas atividades. O sujeito é capaz, existe uma aposta e um otimismo no ser humano. A ação humana é complexa devido às suas características, entre as quais a imprevisibilidade de suas consequências. No entanto, o ser humano, ao se deparar com o caos, com o imprevisível, tem sempre a possibilidade de agir e não estar paralisado.

> *Parece-me claro o risco da vida pública. A gente se expõe à luz da vida pública e isto acontece como pessoa. O segundo risco é o seguinte: nós começamos alguma coisa, jogamos nossas redes em uma trama de relações, e nunca sabemos qual será o resultado. Estamos reduzidos a dizer: "Senhor, perdoai-os porque eles não sabem o que fazem"! Isso vale para qualquer ação, e é simplesmente por isso que a ação se concretiza – ela escapa às previsões. É um risco. E agora, acrescentaria que esse risco só é possível se confiarmos nos homens, isto é, se lhes dermos nossa confiança – isso é o mais difícil de entender – no que há de mais humano no homem; de outro modo seria impossível.*[23]

Ricoeur também afirma a posição de Hannah Arendt quanto à procedência do perdão: o remédio não provém de outra faculdade eventualmente superior, mas é uma das virtualidades da ação humana... Ninguém pode perdoar a si mesmo, e as duas faculdades, do perdão e da promessa, dependem da pluralidade. A solidão não oferece condições para que tais experiências ocorram, já que têm seu fundamento na presença de outrem. Arendt considera a exegese de textos evangélicos, que dizem poder os homens esperar o perdão de Deus apenas se trocarem o perdão entre si; assim, fica caracterizada a humanidade do perdão.

Outro aspecto considerado por Ricoeur refere-se à relação do perdão com o amor, em contraposição à sua caracterização política, cujo exemplo é dado na figura do *grande inquisidor*, no romance *Os irmãos Karamazov*, de Dostoiévski, que oferece a remissão dos pecados em troca da submissão. O perdão, ao contrário, promove a dissociação da dívida de sua culpabilidade; ele busca desligar o agente do seu ato.

Ao analisar a relação entre culpa e mal tendo em vista as catástrofes da Segunda Guerra, nosso autor afirma que a referência ao mal sugere a ideia de um excesso.

> *Não é um simples contrário, que eu compreenderia ainda, por oposição ao admissível – são males que se inscrevem em uma contradição mais radical que aquela do admissível e do não admissível, e suscitam uma pergunta de justificação, que o cumprimento do dever não satisfaria nunca. Não se pode sugerir este excesso do inadmissível, senão atravessando o admissível pela passagem ao limite. São males, são rasgos do ser interior, conflitos, sofrimentos sem apaziguamento concebível.*[24]

---

[23] *Ibidem*, 2004, p. 143.
[24] *Op. cit.*, 2007, p. 601.

Dessa maneira, no ato do mal extremo realizado por meio da ruptura do vínculo humano, se coloca o índice deste outro extremo, o da maldade íntima daquele que cometeu o mal. Nesse momento, são presenciadas as noções fundamentais do enigma do perdão: irreparável, o imprescindível e o imperdoável. Eis a problemática fundamental do perdão.

> A descontinuidade, penso eu, justificaria que se passe de uma eidética do voluntário e do involuntário ao modo husserliano a uma hermenêutica aberta sobre os símbolos primários da falta, tais como corrupção, contaminação, pecado, e sobre os símbolos secundários estruturados pelos grandes mitos que nutriram em particular o pensamento do ocidente, para não dizer dos mitos racionalizados, aqueles das diversas gnoses, compreendida a gnose cristã anti-gnóstica do pecado original. Para nossa enquete essa atenção prestada aos mitos da culpabilidade guarda um interesse, não tanto pela especulação sobre a origem do mal, que a vaidade me parece irremediável, mas por uma exploração dos recursos de regeneração permanecidos intactos. É a eles que será feito recurso ao termo de nosso percurso. Em um tratamento narrativo e mítico da origem do mal se desenhará puramente um lugar para o perdão.[25]

Nesse momento de tensão, Ricoeur afirma a altura do perdão. Trata-se de uma voz distinta daquela que se deixa ouvir, um discurso da sabedoria, poético, que possibilita a suspensão das experiências-limite que estão vinculadas ao perdão a partir da culpa, do excesso do mal e da crueldade.

> Ela é enunciada no presente, por ser o tempo da permanência, da duração mais abrangente. Ela não passa nunca. Ela fica. Ela permanece mais do que as outras grandezas: em resumo, a fé, a esperança, a caridade, permanecem todas as três, mas a maior dentre elas é a caridade. Porque ela é a Altura mesmo. Se a caridade desculpa tudo, no todo está compreendido o imperdoável, pois, caso contrário, ela própria seria negada.[26]

No entanto, para ampliarmos os fundamentos do perdão apresentados por Ricoeur em *La mémoire, l'histoire, l'oubli*, é preciso retomarmos o caminho estabelecido pelo filósofo, aquele do perdão como ponto de encontro entre a memória, a história e o esquecimento.

---

[25] *Ibidem*, 2007, p. 603.
[26] *Ibidem*, 2007, p. 605.

Bibliografia

ABICALAFFE, César. *A fórmula de sucesso empresarial e profissional*. São Paulo: Gente, 1995.

ABREU PAEZ, Victor. Corrupção e crise e participação do contador público. *Seminário Interamericano de Contabilidade*. Fortaleza, 1994.

AMORIM, Amilcar. *Introdução às ciências sociais*. Aveiro: Estante, 1995.

ANDERSEN-ESPING, Gosta. Um estudo de bem-estar social para o século XXI. *In:* GIDDENS, Anthony (org.). *O debate sobre a terceira via*. São Paulo: Editora da Unesp, 2006.

ANTONACCIO, Gaitano Laertes Pereira. *A decadência das forças morais*. Manaus: Associação dos Escritores do Amazonas, 1997.

ARAUJO JORGE, Maria Manuel. *Da epistemologia à biologia*. Lisboa: Instituto Piaget, 1994.

ARENDT, Hannah. *La condition de l'homme moderne*. Paris: Agora, 2004.

ARGANDOÑA, Antonio. El tratamiento de los problemas éticos en las instituciones y los mercados financieros. *In: La dimensión ética de las instituciones y mercados financieros*. Bilbao: Fundación BBV, 1995.

ARISTÓTELES. *A política*. 3. ed. São Paulo: Athena, s/d.

ARISTÓTELES. Ética a Nicômano. São Paulo: Abril, 1973. (Os pensadores, nº 4.)

BACHELARD, Gaston. *A epistemologia*. Lisboa: Edições 70, 1981.

BARATA, Alberto da Silva. *Contabilidade, auditoria e ética nos negócios*. Lisboa: Editorial Notícias, 1996.

BARINGOLTZ, Eleonora. Ética y economia. *Metodologia de las ciencias sociales*. Buenos Aires: Macchi, 1999.

BENNETT, William J. *O livro das virtudes*. Rio de Janeiro: Nova Fronteira, 1995.

BENNETT, William J. *O livro das virtudes II*: o compasso moral. Rio de Janeiro: Nova Fronteira, 1996.

BERTIN, Claude. *Jacques Coeur e Fouquet*: os altos funcionários. Genebra: Ferni, Lisboa: Amigos do Livro, s.m.d. (Os grandes julgamentos da história, v. 21.)

BERTIN, Claude. *Luís XVI e Danton*: os processos revolucionários. Genebra: Ferni, Lisboa: Amigos do Livro, s.m.d. (Os grandes julgamentos da história, v. 6.)

BLALOCK JR., H. M. *Introdução à pesquisa social*. 2. ed. Rio de Janeiro: Zahar, 1976.

BOMBASSARO, Décio Osmar. A ética aristocrática de Nietzsche. *Da habilidade humana em perscrutar o ente*. Caxias do Sul: UCS, 1998.

BONFANTE, Pietro. *Storia del commercio*. 2. ed. Turim: Giappichelli, 1946.

BONFANTE, Pietro. *Storia del diritto romano*. 4. ed. Roma: Istituto di Diritto Romano-Reale, Univesitá, 1934. v. 1 e 2.

BOUZADA, Manuel Ortigueira. *La corporación cibernética*. Granada: Centro de Estudios Municipales, 1984.

BOUZON, Emanuel. *As leis de Eshnunna (1825-1787 a.C.)*. Petrópolis: Vozes, 1981.

BRANDÃO, Carlos Rodrigues. *O que é educação*. 5. ed. São Paulo: Brasiliense, 1982.

BUNGE, Mario. *Epistemologia*. São Paulo: Edusp, 1980.

BUNGE, Mario. Status epistemológico de la administración. *Metodologia de las ciencias sociales*. Buenos Aires: Macchi, 1999.

CAMARGO, Ynel Alves de. Da responsabilidade civil do contador na função de auditor independente. *Revista Brasileira de Contabilidade*. Brasília: Conselho Federal de Contabilidade, nº 104, mar./abr. 1997.

CANABRAVA, E. *Elementos de metodologia filosófica*. São Paulo: Nacional, 1956.

CAÑIBANO, Leandro. El problema de los juicios de valor en las ciencias empresariales. In: *Estudios monograficos de contabilidad y de economia de empresa*. Madri: ICE, 1980.

CARREL, Alexis. *O homem perante a vida*. Porto: Educação Nacional, 1950.

CARVALHO, Antonio Pires de. *Comércio e civilização*. Coimbra: Edição do autor, 1992.

CASAGRANDE, Lino. A dimensão crítica da filosofia. *Da habilidade humana em perscrutar o ente*. Caxias do Sul: VCS, 1998.

CAUSSE, Guilhem. *Paul Ricoeur: mal et pardon*. Paris: Éditions Facultés Jésuites de Paris, 2013.

CHARDIN, Pierre Teilhard de. *O fenômeno humano*. Porto: Tavares Martins, 1970.

CHARON, Jean E. *O espírito este desconhecido*. São Paulo: Melhoramentos, 1981.

CHEININE, I. *L'intelect intégré*. Moscou: Preogrés, 1982.

CÍCERO, Marco Túlio. *Dei doveri (de oficiis)*. Bolonha: Zanichelli, 1969.

CÍCERO, Marco Túlio. *Della amicizia (de amicitia)*. Bolonha: Zanichelli, 1969.

COSTANZO, Gaetano. *Ditadura dos sábios*. Rio de Janeiro: Francisco Alves, 1995.

CRC-Rio Grande do Sul. *Ética e prerrogativas da profissão contábil*. 2. ed. Porto Alegre: CRC-RS, 1993.

DAMÁSIO, António. *O sentimento de si*. 12. ed. Lisboa: Publicações Europa-América, 2001.

DURKHEIM, Émile. *Lições de sociologia*: a moral, o direito e o estado. São Paulo: T. A. Queiroz, 1983.

ECO, Umberto; MARTINI, Carlo Maria. *Em que creem os que não creem*. 9. ed. Rio de Janeiro: Record, 2005.

EINSTEIN, Albert. *Como vejo o mundo*. 12. ed. Rio de Janeiro: Nova Fronteira, 1953.

ESPINOSA, Baruch. *Ética*. São Paulo: Abril, 1973.

ESPINOSA, Baruch. *Tratado da correção do intelecto*. São Paulo: Abril, 1973.

ESPINOSA, Baruch. *Tratado político*. São Paulo: Abril, 1973.

FERRARI, Alfonso Trujillo. *Metodologia da pesquisa científica*. São Paulo: McGraw-Hill, 1982.

FERREIRA, Rogério Fernandes. Deontologia profissional: independência e colaboração. *JTCE*. Lisboa, nº 388, jan. 1998.

FERREIRA, Rogério Fernandes. Ética na prestação de contas. *Revista de Contabilidade e Comércio*. Porto, nº 212, 4º trimestre 1996.

FILGUEIRAS, Carlos A. L. *Lavoisier, o estabelecimento da química moderna*. Rio de Janeiro: Odysseus, 2002.

FRANCH, José Juan. Problemas eticos en los mercados financieros. *In*: ARGANDOÑA, Antonio (org.). *La dimensión etica de las instituciones y mercados financieros*. Madri: Fundación BBV, 1995.

FRANCO, Hilário. Capacitação técnico-cultural e ética profissional. *Revista Paulista de Contabilidade*. São Paulo, ano LXXIV, nº 472, out. 1996.

GELARD, Cédric. La profession comptable dans l'Union Européenne. *Revue Française de Comptabilité*. Paris: número especial do 15º Congresso Mundial, nº 293, oct. 1997.

GOLEMAN, Daniel. *Inteligência emocional*. 63. ed. Rio de Janeiro: Objetiva, 1995.

GRAWITZ, Madeleine. *Méthodes des sciences sociales*. 4. ed. Paris: Dalloz, 1979.

GREISCH, Jean. *Le buisson ardent et les lumières de la raison*. L'invention de la philosophie de la religion. Paris: Cerf, 2004.

GUSDORF, Georges. *Da história das ciências à história do pensamento*. Lisboa: Pensamento, 1988.

HEGEL, G. W. F. *Enciclopédia das ciências filosóficas*. Rio de Janeiro: Athena, 1936. 3. v.

HELLER, Agnes. *Uma teoria da história*. Rio de Janeiro: Civilização Brasileira, 1993.

HUNTER, Jorge Santesteban. Ética y normas de ética. *Contabilidad y Auditoria*. Buenos Aires: Instituto de Investigaciones Contables Professor Juan Alberto Arevalo, número extraordinário, nov. 1996.

JENNY, Ernest G. *Les fraudes en comptabilité*. 2. ed. Paris: Dunod, 1947.

KANT, Immanuel. *Fundamento da metafísica dos costumes*. São Paulo: Editora do Brasil, 1936.

KNEALE, William; KNEALE Martha. *O desenvolvimento da lógica*. Lisboa: Fundação Calouste Gulbenkian, 1962.

LEAL, Rosemiro Pereira. *Soberania e mercado mundial*. São Paulo: Editora de Direito, 1996.

LEE, Thomas F. *El proyeto genoma humano*. Barcelona: Gedisa, 2000.

LEWIS, Geneviève Rodis. *Descartes*: uma biografia. Rio de Janeiro: Record, 1996 [1995].

LÖHNERT, Bettina. La estructura del sistema bancario alemán y sus implicaciones éticas. *In: La dimensión ética de las instituciones y mercados financieros*. Bilbao: Fundación BBV, 1995.

LOSEE, John. *Introdução histórica à filosofia da ciência*. Lisboa: Terramar, 1998.

MACHIAVELLI, Nicolo. *Opere complete*. Milão: Ugo Mursia, 1973.

MENEU, José Juan Franch. Problemas éticos en las instituciones y mercados financieros. *In: La dimensión ética de las instituciones y mercados financieros*. Bilbao: Fundación BBV, 1995.

MOLES, A. *Criação científica*. São Paulo: Perspectiva, 1981.

MONDOLFO, Rodolfo. *O pensamento antigo*. 3. ed. São Paulo: Mestre Jou, 1973. 2 v.

MONTESQUIEU. *Do espírito das leis*. São Paulo: Abril, 1973.

MOUTARDIER, Annie. Quel avenir pour les experts-comptables? *Revue Française de Comptabilité*. Paris: número especial do 15º Congresso Mundial, nº 293, oct. 1997.

NÉRICI, Imideo G. *Metodologia do ensino*. São Paulo: Atlas, 1981.

NEWTH, Erik. *Breve storia della scienza*: la ricerca della verità. Salani: Florença, 1998.

NORDAU, Max. *As mentiras convencionais da nossa civilização*. São Paulo: Brasil, 1945.

PALAU, J. Xirau. *O sentido da verdade*. Coimbra: Atlantida, 1973.

PLUTARCO. *Como ouvir*. São Paulo: Martins Fontes, 2003.

PLUTARCO. *Della vera amicizia*. Cles: Oscar Mondadori, 1994.

PRAT, Margarita T. La mesa redonda de Caux: principios internacionales para empresas internacionales. *Tecnica Economica*. Madri, nº 157, dic. 1996.

RAMOS, Miguel Martinez. Una aproximación a los origenes y contenido de la contabilidad de los recursos humanos. *Tecnica Contable*. Madri: nº 583, jul. 1997.

RIBAS JR., Salomão. *Uma viagem a Hessen*: a função dos tribunais de contas, as realidades no Brasil e na Alemanha. Florianópolis: Tribunal de Contas de Santa Catarina, 1996.

RICOEUR, Paul. *A crítica e a convicção*. Lisboa: Edições 70, 1995.

RICOEUR, Paul. *A hermenêutica bíblica*. São Paulo: Loyola, 2006.

RICOEUR, Paul. *A memória, a história e o esquecimento*. Campinas: Editora Unicamp, 2007.

RICOEUR, Paul. *Finitud y culpabilidad*. Madrid: Editorial Trotta, 2004b.

RICOEUR, Paul. *L'herméneutique biblique*. Paris: Les Éditions du Cerf, 2000b.

RICOEUR, Paul. *La critique et la conviction*. Paris: Calmann-Lévy, 1995a.

RICOEUR, Paul. *La mémoire, l'histoire, l'oubli*. Paris: Seuil, 2000a.

RICOEUR, Paul. *Lectures 3: Aux frontières de la philosophie*. Paris: Seuil, 1994.

RICOEUR, Paul. *Parcours de la reconnaissance*. Paris: Seuil, 2004.

RICOEUR, Paul. *Pensando biblicamente*. Bauru: Edusc, 2001.

RICOEUR, Paul. *Penser la Bible*. Paris: Seuil, 1998.

RICOEUR, Paul. *Refléxion Faite*. Esprit, 1995b.

RODRIGUEZ, Miguel Angel. Inovación y sostenibilidad. In: *La responsabilidad social de la empresa*. Barcelona: Real Academia de Ciencias Económicas y Financieras, 2007.

RUSSEL, Bertrand. *História da filosofia ocidental*. São Paulo: Nacional 1969.

SÁ, Antonio Lopes de. O dever ético da explicação. *Revista do Sescon/SP*, ano 9, nº 109, out. 1997.

SÁ, Antonio Lopes de. Dever ético da ajuda na prática da virtude. *Revista Brasileira de Contabilidade*. Brasília: Conselho Federal de Contabilidade, nº 105, jul. 1997.

SÁ, Antonio Lopes de. Ética da perfeição e contabilidade. *Revista Brasileira de Contabilidade*, nº 115, Brasília: CFC, jan./fev. 1999.

SÁ, Antonio Lopes de. Ética e opinião em auditoria. *Revisores e Empresas*. Lisboa: Croc, jun. 1999.

SÁ, Antonio Lopes de. Uma bíblia da ética na contabilidade. *Revista Brasileira de Contabilidade*. Brasília: Conselho Federal de Contabilidade, nº 108, nov./dez. 1997; e em *Euro-Contas*, Lisboa: jan. 1998.

SANTUÁRIO, Luiz Carlos. Lacan e a ética da psicanálise. *Da habilidade humana em perscrutar o ente*. Caxias do Sul: UCS, 1998.

SCARANO, Eduardo R. Epistemologia de la tecnologia. *Metodologia de las ciencias sociales*. Buenos Aires: Macchi, 1999.

SCHOPENHAUER, Arthur. *Dores do mundo*. São Paulo: Brasil, 1951.

SOARES, Antônio C. K. Sobre o mentiroso no contexto de uma lógica da mentira. *Da habilidade humana em perscrutar o ente*. Caxias do Sul: UCS, 1998.

STIGLITZ, Joseph. Uma agenda para o desenvolvimento no século XXI. In: GIDDENS, Anthony (org.). *O debate sobre a terceira via*. São Paulo: Editora da Unesp, 2006.

U. S. SENATE. *The accounting establishment*. Washington: U. S. Government Printing Office, 1977. (Relatório da Comissão Particular de Inquérito sobre Conluio em Contabilidade; número de estoque da publicação 052.071.00514-5, 1.760 p.)

VASQUEZ, Adolfo Sanches. *Ética*. 9. ed. São Paulo: Civilização Brasileira, 1986.

VIDARI, G. *Elementi di etica*. Milão: Hoepli, 1922.

VOLTAIRE. *Dicionário filosófico*. São Paulo: Athena, 1947.

WATANABE, Ippo. A profissão contábil no Brasil. *Revista do Conselho Regional de Contabilidade do Estado de São Paulo*. São Paulo: ano 1, nº 0, dez. 1996.

WATTS, Thomas. *Metodo para la formación del hombre de negócios (1716)*. Leon: Universidad de Leon, 1993.

WEISINGER, Hendrie. *Inteligência emocional no trabalho*. 4. ed. Rio de Janeiro: Objetiva, 1997.

WERHANE, Patricia H. La ética en los mercados financieros: la experiencia anglosajona. In: *La dimensión ética de las instituciones y mercados financieros*. Bilbao: Fundación BBV, 1995.

WHITE, MICHAEL. *EQUINOX*. RIO DE JANEIRO: EDIOURO, 2007.

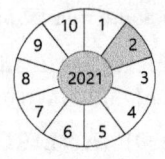